企业人工智能

技术创新 与 社会责任

陈力田 等●著

Enterprise Artificial Intelligence
Technology Innovation and Social
Responsibility

经济管理出版社
ECONOMY & MANAGEMENT PUBLISHING HOUSE

图书在版编目（CIP）数据

企业人工智能技术创新与社会责任 ／ 陈力田等著.

北京 ： 经济管理出版社，2024. -- ISBN 978-7-5096
-9908-9

Ⅰ．F272.7

中国国家版本馆 CIP 数据核字第 20247UG211 号

组稿编辑：张巧梅
责任编辑：张巧梅
责任印制：许　艳
责任校对：陈　颖

出版发行：经济管理出版社
　　　　　（北京市海淀区北蜂窝 8 号中雅大厦 A 座 11 层　　100038）
网　　　址：www. E-mp. com. cn
电　　　话：（010）51915602
印　　　刷：唐山玺诚印务有限公司
经　　　销：新华书店
开　　　本：720mm×1000mm/16
印　　　张：19.25
字　　　数：356 千字
版　　　次：2024 年 12 月第 1 版　　　2024 年 12 月第 1 次印刷
书　　　号：ISBN 978-7-5096-9908-9
定　　　价：88.00 元

基金项目：

国家自然科学基金面上项目（批准号：71972170），价值认知激活、企业创新能力异变与高质量创新效率：基于"柔性—效率"均衡视角

浙江省哲学社会科学重点培育研究基地浙江工商大学数字创新与全球价值链升级研究中心自设课题重点项目（批准号：SQP2023－003），中小企业数字化转型、绿色创新与国际化广度关系研究

浙江省属高校基本科研业务费专项资金资助（批准号：2024ZDAPY05），变革性制度环境、企业环保战略与绿色创新能力演进——基于反复理论与最优区分理论的整合

前　言

　　人工智能技术，从 1956 年约翰·麦卡锡等在达特茅斯会议上首次提出概念，到今天被应用创造了已出现在人类身边的围棋机器人阿尔法狗、无人驾驶等产品，正以人们意想不到的方式逐渐参与到人类生活当中。由艾瑞咨询发布的《2023 年中国人工智能产业研究报告》测算，人工智能核心产业规模已突破 2137 亿元，大模型带来的底层技术革新为中国人工智能产业的规模增长带来更多的存量扩张与增量空间。技术创新和社会责任已成为当前阶段鲜明的主题词。

　　本书针对人工智能技术在企业研发、应用和商业化过程中面临技术创新功能性、社会责任外部性等目标冲突带来的机遇和矛盾，设计了七个子研究。本书一共包括 11 章，各章的主要内容如下：第 1 章"企业人工智能技术创新现状及带来的机遇和挑战"，主要说明研究企业人工智能技术创新与社会责任的现实背景和理论背景，阐述该研究主题的研究意义，介绍具体内容及框架，同时指出本书的创新之处。硕士研究生钟俊红、田瑞华完成了部分研究和整理工作。

　　第 2 章"企业人工智能技术创新管理研究综述"，主要梳理了企业人工智能技术创新能力、人工智能技术责任、企业面临的制度压力、采取的竞争战略、价值认知的研究现状，充分理解和吸收其优秀的研究成果，然后从理论和综述出发，为确定本书的理论模型、研究假设和实证设计奠定了理论基础。硕士研究生王文静、薛赛戈、王宇峰、钟俊红、王玲参与了部分研究和整理工作。

　　第 3 章"研究设计"，根据研究问题选择模糊集定性比较分析方法、案例研究和数理实证研究方法，设计了四个研究主题和对应的七个子研究，详细阐述了各子研究的研究内容、样本选取、数据来源以及子研究之间的逻辑关系。硕士研究生吴蕊、常欣冉、沈泽红参与了编写工作。

　　接下来在第 4 章至第 10 章中，展开了七个子研究。从理论基础与假设开始，在文献梳理的基础上，对研究变量间的关系进行深入思考与分析，从而提出研究假设。基于此，分别得到七个子研究的假设模型，并使用 Stata 分析软件对取得的样本数据进行回归分析。然后采用描述性统计、相关性分析、多元回归分析与稳健性检验来检验本书提出的假设是否成立。第 4 章"子研究一：人工智能技术在后发企业智能制造应用中注意力配置提升策略"，硕士研究生王玲参与了部分整理工作。第 5 章"子研究二：专利质量导向下企业专利数量增长能力重塑——基于'专用、通用和权变'能力特征视角"，硕士研究生王书瑶参与了部分整理工作。第 6 章"子研究三：创新能力异变事件对企业专利质量的影响路径"，硕士研究生吴蕊、常欣冉参与了部分研究和写作工作。第 7 章"子研究四：专利数量和质量均衡导向下人工智能企业技术创新能力提升策略研究——创新能力异变幅度和价值认知的调节作用"，硕士研究生钟俊红参与了部分研究和写作工作。第 8 章"子研究五：人工智能企业双元创新与运营效率的关系研究——价值认知复杂度和成本粘性的调节效应"，硕士研究生王宇峰、姚惠君和张正宇参与了部分研究和整理工作。第 9 章"子研究六：企业社会责任效果的影响因素研究——高管团队断裂带及其激活情境的作用"，硕士研究生曹煜婷和吴淑宁参与了部分研究和写作工作。第 10 章"子研究七：企业人工智能企业技术责任提升策略研究——创新能力和制度理论的整合"，硕士研究生薛赛戈、王文静参与了部分研究和写作工作。第 11 章"企业人工智能技术创新和社会责任的矛盾与耦合——研究结论与未来趋势"，结合数据分析结果得出相应的研究结论，进而提出研究结果的理论贡献和实践启示，最后提出本书中的不足之处，并对未来研究提出展望。硕士研究生吴淑宁和王书瑶参与了部分研究和写作工作。在本书的编校过程中，上述研究生每人编校文字 1 万字以上。

由于作者水平有限，书中难免存在疏漏和不足之处，敬请广大读者批评指正。

陈力田

2024 年 10 月于浙江杭州

目　录

目 录

第1章 企业人工智能技术创新现状及带来的机遇和挑战^①

1.1 人工智能技术的概念和发展

1956 年，McCarthy 等在著名的达特茅斯夏季研讨会上，首次提出了人工智能（Artificial Intelligence，AI）概念；2016 年，AlphaGo 战胜人类棋手，从此开启了新一波人工智能浪潮；2020 年，公共卫生安全事件激发了人工智能技术商业化场景的应用和落地，促使人工智能在医疗、城市治理、教育等领域迸发出强大的潜力，推动了突发事件下社会中各主体的价值共创和可持续发展；2021 年，DeepMind 团队开源 AlphaFold2 数据集，研究人工智能技术如何解决蛋白质结构预测问题，人工智能创新领域迈向新的台阶。2023 年，华裔科学家李飞飞公布空间智能技术创新产物——VoxPoser 和 VIMA 机器人智能体，前者将大模型接入机器人，可在无须额外数据和训练的情况下将复杂指令转化为具体行动，后者能像 GPT 一样接受多模态输入（文本、图像、视频或它们的混合模式），然后输出动作并完成指定任务。经过 60 多年的研究和发展，人工智能已经成为引领未来和驱动新一轮科技和产业变革的重要战略性技术，形成了一门用于模拟、延伸和扩展人的智能的理论、方法、技术及应用系统的技术科学。基于机器学习、自然

---

① 本章内容来源于：钟俊红 . 研发强度与人工智能企业专利数量和专利质量研究：研发跳跃和价值认知的调节效应［D］. 浙江工商大学，2023.

语言处理和深度学习三大核心算法，人工智能技术快速实现行业渗透，正在不断推动制造业、交通运输业、医疗健康业等的重大变革与升级。据艾瑞咨询发布的《2023 年中国人工智能产业研究报告》测算，人工智能核心产业规模已突破 2137 亿元。党的二十大报告指出，推动战略性新兴产业融合集群发展，构建人工智能等一批新的增长引擎，加快发展和促进数字经济和实体经济的深度融合，打造具有国际竞争力的数字产业集群。

作为国家战略的重要组成部分，人工智能技术是未来国际竞争的焦点和经济发展的新引擎。底层技术应用为人工智能产业规模增长带来更多存量扩张与增量空间的同时，兼具矛盾性和耦合性的人工智能技术创新和社会责任已成为人工智能发展到当前阶段鲜明的主题词。

1.2 企业人工智能技术创新现状

人工智能技术是一个计算进步的前沿领域，它在解决越来越复杂的决策问题时参考了人类的智能。随着技术的飞速发展和数据基础的不断完善，人工智能已经开始广泛应用和渗透到我国社会生活的各个领域，新的"智能+"经济格局已经初步形成，并且成为中国经济的新兴动能。同时，人工智能强大的自主性和更深的学习能力也给企业技术创新提供了前所未有的机会。

据《2024 年中国新一代人工智能科技产业发展报告》中对于人工智能企业的统计，依托科技创新资源富集和互联网产业发展优势，超过 10 亿元研发费用的人工智能企业占比高达 9.97%，超过 20% 研发强度的人工智能企业占比高达 15.77%，低于 5% 研发强度的人工智能企业占比仅为 22.62%。这组数据足见我国企业对人工智能技术创新的重视。

但总体上，我国人工智能企业还处于产业形成期，目前其技术应用和深度研发仍受到诸多影响与限制，导致其重大原创科技成果和应用难以实现突破。主要表现在如下几点：

第一，由于复杂学科深度融合的技术本质，人工智能技术具有高度的技术复杂性和产出结果的不确定性，这导致企业难以预测人工智能技术研发是否成功、成功时间以及商业化落地能否满足日益变化的消费者和行业发展需求。

第1章　企业人工智能技术创新现状及带来的机遇和挑战

第二，由于在算法、芯片等核心技术上缺乏相应的理论基础和研发人员的积累，我国人工智能企业在回报周期长的核心技术领域缺乏相应的高端定位和长远布局，出现了价值链核心研发环节"受制于人"的资源依赖现象，关键核心技术长期被谷歌、微软、英特尔等国际巨头公司垄断。企业的价值创造嵌入在某一条或多条价值链中，人工智能强大的自主性和学习性赋能价值链中企业技术研发和应用过程，推动企业利用人工智能设计智能产品、新颖服务以及发明新的商业模式和组织模式乃至实现战略变革。因而，对于人工智能新兴技术行业，企业要想在激烈的价值链头部竞争中提高自己的核心竞争力以获得持续竞争优势，就必须依靠基础技术研发这一技术创新的力量源泉。

第三，为了快速占据行业位势，近年来我国人工智能专利申请量激增，一跃成为全球人工智能技术来源国，但质量上与其他国家相比仍有较大差距，"数量与质量"替代的争论广泛存在。现阶段，我国人工智能企业研发投入"头重脚轻"，多数企业为了获得阶段性的成果，倾向于产出更多的应用型成果，因而存在"高利用、低探索""高渐进、低突破""高数量、低质量"的研发轨迹和专利产出的特征。对于人工智能这种具有独特性特征的前沿新兴技术，为实现从"量"的累积跳跃至"质"的发展，需要企业着重考虑研发投入策略，把握合适的研发时机。如避免过度聚焦于当前已有的技术能力和拥挤的技术领域，同时还能避免企业过度聚焦探索未来而导致其陷入"失败危机"。即企业在涉及人工智能领域创新战略发展中，需考虑如何基于研发投入在研发轨迹动态转换时机、方向和创新资源价值链认知的不同情境下推动我国人工智能企业捕捉关键核心技术机会，真正实现"数量"与"质量"的双增长和价值链嵌入过程中运营效率的提升。

由此可见，人工智能领域的产品生命周期短、科技含量高、市场需求大，且涉及研发、设计、生产、营销等多个价值链创造环节，仅有大量研发投入并不一定能给企业创新带来很大价值，还需要在技术应用中考虑所需的知识基础和竞争战略定位，在技术研发过程中考虑运营效率提升导向和"专利数量—专利质量"均衡导向的研发布局策略、创新能力异变幅度和价值链认知情境，并在技术创新和社会责任目标出现冲突的情况下平衡不同制度压力作用下创新能力的提升策略。

1.3 企业人工智能技术创新带来的机遇和挑战

尽管在以提高工作质量和与机器人合作的适应性为目标的第五次工业革命浪潮的推动下，人工智能技术应用和创新发展受到世界各国的关注与重视，且在诸多领域取得了一系列重要突破，但人工智能的难以预测性也使得管理者需应对人工智能所带来的一系列棘手而复杂的挑战。随着人工智能技术在社会中的应用，就业安全、隐私安全、无人驾驶、算法歧视等一系列安全问题和伦理问题也随之凸显。企业需要克服人工智能带来的信任、安全、道德、伦理等问题。例如，人工智能技术在智能化工厂中的应用过程中，可以通过自动化和机器人、预测性维护、智能传感器、自适应制造、数据驱动决策、自学习系统、安全和风险管理、供应链智能化、人机协作等方式提高制造灵活性和产品质量，但也会造成工作替代和人机协同障碍问题。再如，基于人工智能技术的产品创新也常因为立法等制度问题造成技术伦理判定困境，2016 年 3 月发生的微软人工智能聊天机器人 Tay 因恶意数据输入而在网民互动中出现性别歧视等言论的事件，逼迫微软不得不让 Tay 暂时"下岗"并中止实验；2018 年 3 月发生的世界上第一例由于自动驾驶导致人员死亡的事件，致使该项人工智能新兴技术的引入受阻，优步暂停其在美国和加拿大的自动驾驶项目；2024 年 1 月，麻省理工学院一项研究发现，工作场所中人工智能技术应用比人类预期的要缓慢得多。对于大部分此前被认定为"容易被人工智能取代或影响"的工作，企业若想通过人工智能实现流程自动化，既会难以控制经济成本也会因社会规范问题阻碍经济效益。

面对以上种种问题，各国政府、科学家及学者纷纷提出"科技向善"理念，要对人工智能技术创新和发展施加规范伦理要求，以确保人工智能始终朝着造福人类的方向发展。2019 年 6 月，我国发布的《新一代人工智能治理原则》强调未来要发展"负责任的人工智能"。2024 年，"人工智能+"首次被写入《政府工作报告》，目的在于通过新技术催生"新质生产力"，为经济社会各个领域带来新产业、新模式、新动能，发挥人工智能与产业、治理、生活等方方面面的乘数效应。企业作为人工智能技术应用的实现终端和创新主体，在兼顾人工智能技术创新和伦理规范过程中，具有不可推卸的社会责任。受经济利益驱动的本质目标影响，为了使具有大量前期研发投入的人工智能产品避免因不符合社会规范而带来损失，企业在进行人工智能技术研发时应当积极关注相关技术的研发策略和伦理规范，引导和满足利益相关者的需求，为可持续发展奠定了资源支持和基础。

世界上一些著名的科技公司，如腾讯、百度、Microsoft、Google、IBM 等已经开始采取行动，将人工智能的伦理规范嵌入企业社会责任框架之中。例如，腾讯于 2024 年 3 月发布并利用了自研游戏 AI 引擎的技术优势，参与生物多样性保护行动，推进碳中和目标，提升数据安全；微软于 2023 年 9 月推出 Copilot 全球版人工智能副驾，在确保用户数据隐私和安全前提下基于 Windows11 集成互联网内容与智能，为其工作场所生产力工具带来全新一代人工智能的强大功能，助力全球客户和合作伙伴客户务实创新、成就业务，拥抱人工智能转型。由此可见，在仍存制度空隙的市场和政策环境下，技术领先型企业自我驱动地在研发人工智能技术时关注人工智能伦理的主动性，要大于企业外部环境要求企业人工智能研发行为符合伦理规范的被动性。那么，在受利益驱动的目标激励下，当我国人工智能企业在进行运营效率提高和"数量—质量"均衡导向下人工智能技术研发行为时，对企业社会责任会持怎样的态度和行为，是会积极履行企业社会责任，还是会规避对企业社会责任问题的关注？另外，为了引导科技向善，在我国特有的社会主义市场经济体制下，如何促使企业在研发应用人工智能技术时积极履行企业社会责任，促进人工智能技术创新与社会责任这对具有矛盾关系的发展目标之间的耦合，以实现我国人工智能行业规范发展？对以上问题的探究，在企业人工智能技术创新带来机遇和挑战的当今环境中尤为重要。

第 2 章　企业人工智能技术创新管理研究综述^①

2.1　企业人工智能技术创新管理的概念

2.1.1　企业人工智能技术创新和应用的概念

企业人工智能技术创新主要涵盖语音识别、机器翻译、计算机视觉、机器学习和机器人等技术领域（Eggers et al.，2017；Ransbotham et al.，2018），具有强大的学习性、自主性和难以预测性。这三个特征相互依存、彼此影响，学习性有助于自主性，两者均会导致不可预测性，导致人工智能技术创新可能出现各种后果。因此，人工智能始终是新生的、边缘的和新兴的，且是流动的、转瞬即逝的，企业人工智能技术创新管理永远不可能一蹴而就，而是一个承担技术研发和将新技术应用于生产制造各环节的不断反馈、迭代的问题解决式动态过程，是一个不断涌现和执行的过程。此过程中，作为创新主体的企业需要平衡经济导向的"数量—质量"创新产出目标、运营效率提升目标和具有外部性的社会责任目标。

---

① 本章内容来源于：王文静. 企业人工智能责任注意力与短期绩效研究：舆论监督和破产威胁的调节效应［D］. 浙江工商大学，2022；薛赛戈. 研发强度对企业人工智能责任的影响研究——制度压力的调节作用［D］. 浙江工商大学，2022；王宇峰. 人工智能企业双元创新与运营效率的关系研究——价值认知复杂度和成本粘性的调节效应［D］. 浙江工商大学，2023；钟俊红. 研发强度与人工智能企业专利数量和专利质量研究：研发跳跃和价值认知的调节效应［D］. 浙江工商大学，2023；王玲. 知识基础、竞争导向与企业对新兴技术的注意力——基于智能制造背景的实证研究［D］. 浙江工商大学，2021.

第 2 章　企业人工智能技术创新管理研究综述

第一，人工智能技术有深度和强化学习的能力。企业人工智能技术创新使其可进入涉及音频和物体识别等复杂决策环境，实现大规模的技术进步。1956 年，麦卡锡等在著名的达茅斯夏季研讨会上，首次将人工智能定义为"认识、模拟和扩展人的自然智能，目的是为人类服务"。Russel 和 Norving（2010）将人工智能定义为一个模拟认知功能的系统，能够以类似人类的理性行为执行任务。Mikalef 和 Gupta（2021）定义人工智能是系统识别、解释、推理和学习数据以实现预定组织和社会目标的能力。Berente 等（2021）认为人工智能始终是解决越来越复杂决策问题的计算技术进步前沿。

第二，人工智能技术有自主性能力。企业人工智能技术创新可产生基于更强大的算法并在无干预情况下自主决定相关事项（Baird and Maruping，2021）和产生具有行动能力的产品（Murray et al.，2021）。例如，自动驾驶（Frazzoli et al.，2002）和机器人顾问软件（Lee and Shin，2018）等。Solomonoff（1964）认为通过数据和经验自动归纳改进的能力是人工智能的核心概念。王烽权等（2020）认为人工智能在大数据、机器学习算法和算力的基础上，模拟人类系统思维和自主决策能力，以便替代人类高效地完成复杂工作。贝伦特等（2021）将人工智能定义为在处理日益复杂的决策问题时，参考人类智能的计算进步前沿，且正在性能和维度两方面重新定义自己的边界。

第三，人工智能技术产出结果有难以预测性。首先，人工智能自主性和学习能力的提升，使得一些模型和算法输出针对特定人群，其他边缘人员无法理解。其次，越来越复杂的学习算法，导致其应用的人工智能环境具备的多样性和复杂性呈现爆炸式增长，从而带来了黑箱问题（Castelvecchi，2016）、人工智能难问责（Martin，2019）或算法可操作性难题（Gunning et al.，2019）。最后，人工智能应用范围的不断扩大，导致其涉及任务越来越普遍，提高了企业人工智能技术创新产出结果的复杂性（Benbya et al.，2020）和不确定性。

人工智能企业为"研究与开发用于模拟、延伸、扩展人的智能的方法、技术及应用系统的企业"（Liu and Han，2022）。同花顺人工智能板块自推出之后就备受各大企业关注，其人工智能概念股上市公司被界定为"以人工智能相关产品、技术、服务和相关解决方案为主营业务或者正在进行人工智能技术的开发和应用的上市企业"。可从技术、产品、行业三个维度对人工智能企业进行划分，技术维度的人工智能企业主要指算法平台、基础硬件、语音视觉等通用技术的提供和制造方，主要技术包含语音方向、视觉方向、自然语言处理方向、基础算法及平台方向、基础硬件和基础支撑技术方向。而产品和行业维度的人工智能企业主要包含各类人工智能产品的生产商以及各类垂直行业解决方案的提供商，产品分类包括智能机器人、智能驾驶以及无人机。截至 2022 年 9 月，同花顺所属概念为"人工智能"的上市企业达 210 家，随着人工智能技术的不断发展，人工智能概念股上市公司规模还在持续扩大。表 2-1 所列为典型的同花顺人工智能概念股上市公司。

表 2-1　典型人工智能概念股上市公司

公司名称	人工智能概念解析
虹软科技	视觉人工智能技术的研发和应用，可提供一站式视觉人工智能解决方案，AI 视觉龙头，服务方向为智能手机、智能汽车、物联网（IoT）等
恒生电子	已组建 300 多人人工智能研发团队，并成立"人工智能平台架构组"，致力构建智能金融工具平台等
远光软件	公司在人工智能技术和产品方面有多年的积累。公司人工智能产品分为 AI 机器人系列、RPA 机器人系列和智能硬件机器人
科大讯飞	公司专注语音合成与识别领域，在语音合成、语音识别、语义理解等领域是应用王者。依托科大讯飞公司建设智能语音国家人工智能开放创新平台等
川大智胜	公司成功开发了国内第一套三维人脸识别系统，公司在三维人脸照相机和人脸识别系统等创新业务积极布局，基于人工智能技术和三维人像模型库的识别算法开发已全面开展

资料来源：同花顺官网。

2.1.2　企业人工智能技术责任的概念

企业人工智能技术责任本质上属于企业社会责任的范畴。根据已有社会责任研究，可以被分解成两个维度：企业人工智能责任伦理和企业人工智能技术优势。其中，企业人工智能责任伦理是指企业在应用人工智能技术的过程中预防和解决因人工智能技术产生的伦理问题；而企业人工智能技术优势是指企业在战略上把人工智能技术上升到解决社会问题的伦理层面。

企业社会责任是经济发展到一定阶段，社会对企业所提出的一种期望与要求，最早起源于美国，其发展由于涉及的内容比较多并且一直随着时代而改变，因此目前为止尚没有统一的结论。学术界一般认为企业社会责任的概念最早是由英国学者 Sheldon 于 1924 年提出的，Sheldon（1924）认为企业在经营过程中应当考虑所有内外部利益相关者的需求。在随后的 30 年中，由于当时特殊的历史背景，大众更为关心企业财务情况，对企业应当承担的社会责任并不重视，导致接下来学者并没有对企业社会责任进行深入研究，直到 1953 年，美国学者 Bowen 正式提出企业社会责任的定义，书中指出商人的社会责任即商人在进行生产经营决策和各项活动时应该考虑社会认可与期望的目标和价值，并且这种决策可以为企业带来更多的经济和社会效益，由此，Bowen（1954）也被大家誉为企业社会责任之父。随后，Davis（1960）在 Bowen 的理论基础上提出了著名的"责任铁律"，即企业在谋取利益的同时，有责任履行社会对其寄托的在经济和道德上的义务。

1971 年，美国经济发展委员会发表《工商企业的社会责任》报告，首次提出企业社会责任同心圆模型。其中，内圈责任是企业最基本的经济责任；中圈责任是指企业在履行经济责任的同时也要承担对环境和社会变化的责任，如保护环境、关注员工关系、回应顾客期望等；外圈责任是指企业应承担更大范围内促进社会进步的责任，如消除贫困、改善社会环境等。

1979 年，Carroll 提出企业社会责任金字塔模型并于 1991 年进行了修正完善。该理论模型通过使用金字塔的分层结构将企业社会责任分为不同的四层，处于最底层的经济责任为企业最为基础且重要的一种责任，可理解为员工希望可获得稳定且持久的收入，股东期望自己的投资可以获得收益，这些都是企业在经营过程中应当做到的最基本的责任；从下往上第二层为法律责任，是指企业在经营中应遵守法律法规；再往上为第三层道德责任，即企业需要遵循社会价值取向；最高层为自愿责任，包括企业的慈善捐助等行为。从 20 世纪 80 年代开始，关于企业社会责任的定义研究及创新性观点逐渐减少，企业社会责任的可操作性研究取而代之成为学术界研究的重点，学者们开始尝试在定性基础上建立一系列指标体系来量化企业社会责任。

国内关于企业社会责任的研究起步较晚，1985 年华惠毅发表的《企业社会责任——访南化公司催化剂厂》一文中首次出现词语"社会责任"，文中提到只有尽到社会责任的企业才会有强大生命力。随后，尤力和王金顺（1990）提出企业社会责任是为了自身和社会的健康发展，企业不仅要承担最为基础的经济责任，同时也必须要承担法律和道义上的责任。卢代富（2001）在总结国外学者关于企业社会责任的定义后，提出企业社会责任是指企业除了要追求股东利益最大化，同时也应负有维护和增进社会公益的义务。张兆国等（2012）通过对以往国内外学者对企业社会责任的研究进行归纳总结，把企业社会责任的内涵分为三种并分别指出不足之处，然后从利益相关者的角度出发，将企业社会责任定义为企业要对股东承担经济责任的同时，基于正式制度和非正式制度的影响也要对客户、员工、供应商和社区等其他利益相关者以及环境所应尽或必尽的责任，并且提出了企业社会责任的五大特征。刘计含（2016）认为企业社会责任是指企业在与自然及社会进行物质、能量及信息交换时所需负担的全部责任，这些责任既包括企业必须履行的经济、法律等基础社会责任，也包括企业在生产经营过程中应履行的其他社会责任，如环保、慈善等。综上，国内外学者虽然对企业社会责任的定义不尽相同，但在应用到企业人工智能技术和研发过程时，都指出企业在通过人工智能技术获取经济利益的同时，也应当承担一定的社会责任。

2.2 企业人工智能技术创新管理的前因研究

2.2.1 企业人工智能技术使用的前因研究

2.2.1.1 注意力的相关研究

（1）企业注意力基础观。Ocasio 于 1997 年提出企业注意力基础观（Attention-based View of the Firm），将注意力配置定义为企业决策者将自己的时间与精力用于关注、编码、解释并聚焦在某些议题（Issue）和答案（Answer）的一系列过程。议题（Issue）指的是组织就所处外部环境以及内部环境的认知需决议的问题，如机遇和所面临的挑战和竞争；答案指的是为解决这些议题的备选行动及计划集合，如提议、项目流程、规划、目标等。奥卡西奥（2011）总结企业注意力会受双重影响，一方面是自上而下进行认知图式的驱动式认知，另一方面是自下而上的外部刺激驱动认知。基于此过程，他将注意力分为三个部分：①注意力觉察，即自上而下的动机机制以及认知的过程；②注意力选择，有因素影响或无意进行关注的特定结果，该结果集中观察经过挑选后的刺激因素；③注意力施加，基于以上认知过程以及结果，持续性注入认知资源，进一步引导事件发展或选择目标的完成。

企业注意力基础观强调组织是一个决策整体，只考虑决策者个人特征是不够的，组织所处环境与组织对环境的认知过程及结果。换句话说，决策虽是个体行为，但是个体处于一定环境中，影响个体决策行为和结果的议题和答案分布在整个企业以及环境中。奥卡西奥统一注意力配置结构性因素、沟通渠道、组织程序等因素，将决策者个人认知与组织结构结合，强调决策者、组织与环境会产生交互影响，从而将企业作为研究主体，研究企业注意力配置。

企业注意力基础观提出，通过理解企业的注意力配置可以解释企业行为以及预测企业的下一步行动计划。该观点基于以下三个密切相关的原则：①注意力焦点：决策者做出何种决策在于其关注的议题以及答案；②注意力情境：决策者在意的议题和答案及相应的决策在于组织当前所处的环境以及其对环境的认知过程和结果；③决策者对环境的认知以及结果取决于企业所拥有的资源（Resource）、规则（Rules of Game）、参与者（Players）以及结构性位置（Structural Position），这几个因素影响和控制了决策者对于议题和答案的注意力在组织程序、沟通渠道中的分布和配置。为了使上述理论更容易理解，奥卡西奥做出了注意力配置与企业行为模型图，如图 2-1 所示。

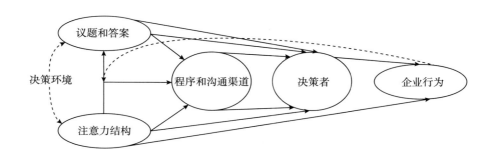

图 2-1 注意力配置与企业行为模型

（2）企业注意力的测量。除了将注意力作为一种解释机制外，将注意力作为变量计算主要有三种衡量方式：案例研究法、问卷调查法、文本分析法。

案例研究法对研究人员的要求较高，通常辅以访谈法、观察法、文件和档案等。陈晓萍（2012）在书中提到的案例分析需要依据多个数据来源，且不同的数据需要在三角验证中收敛，因此对研究的信度、效度要有保证。如叶竹馨等（2016）使用多案例研究法并结合问卷、半结构化访谈、二手数据、企业资料测试企业的创新注意力。

问卷调查法是一种常用的社科研究方法，在注意力的测量实证中也较为常见，对于中小型公司来说不失为一种有效的研究方法。但这种方法对设计问卷的要求较高，难以保证其信度与效度。如卫武（2019）使用问卷测量管理者对公司外部环境信息的注意力来探究其对企业预测能力的作用。

文本分析法是当前用于管理者注意力测量的最常用方法。它是定性和定量方法的组合，已广泛用于社会科学的各个领域。它主要是确定管理者注意力配置的方向，找出与之较为相关的一系列关键词。确定关键词后，在企业相关的文件中（主要是致股东的信、董事会决议与讨论、企业年报、财务报告等）算出出现的频数，从而测出管理者或组织的绝对以及相对注意力强度。国外主要使用的公司文件数据为致股东的信，国内对注意力的测量多采用的是董事会讨论报告（2015年后改为管理层讨论与分析）。如 Eggers 和 Kaplan（2006）使用致股东的信数据测量组织对新技术的关注程度对其进入新领域的时间间隔的影响；陈星平等（2018）通过对中央政府的工作报告文本进行文本分析测量政府对推进人才科技创新和创业的注意力；吴建祖和龚敏（2015）使用董事会报告数据进行文本分析测量企业对创业的注意力。本书考虑数据资源的可得性、客观科学性以及效力，使用该方法测量后发企业对新兴技术的注意力强度。

（3）企业注意力配置的影响因素。如前所述，研究决策者或高层管理人员的注意力可解释、预测组织行为。注意力的影响因素分为组织内部和组织外部两个方面。

根据企业注意力基础观，决策者对议题和答案的选择以及解释关键在于注意力结构，涉及经济、文化以及社会结构，它们决定组织决策者如何在需要决策的问题上分配时间与精力。另外，奥卡西奥（1997）也提出，企业所拥有的资源、规则、参与者、结构性位置是企业注意力配置的调节器。关于企业注意力配置的影响因素，组织内部因素主要有企业自身资源、决策者/高管团队（Top Management Team，TMT）、参与者、企业行动规则等。

公司资源被定义为允许公司开展业务并生产其产品和服务的有形和无形资产（Wernerfelt，1984）。March（1992）指出企业资源会对注意力焦点产生重要影响。Kyriakopoulos（2016）指出市场营销资源是注意力的引导机制，并对创新活动具有重要的影响。Stevens 等（2015）指出其他关注结构，如资源可用性、价值体系、功利认同性对目标的关注具有重要影响。知识作为一种企业资源，也会对注意力配置产生重要影响。Sapienza（2005）从学习理论出发补充了企业注意力基础观。他认为学习是影响企业注意力配置的关键因素，还能由此提高注意力转化为实际行动的可能性。鲍温（2008）指出知识结构会塑造管理者对特定问题的注意力。卫武（2018）、赵晨（2017）等认为通过组织学习积累经验可提高对特定事物的注意力。由此延伸，Kim（2016）和 Terjesen 等（2015）认为吸收能力对于知识的消化进而转化为注意力具有重要的影响。叶竹馨等（2016）提出交互记忆系统，认为注意力是一个认知过程，其中包含新旧知识的吸收和消化，因此知识会影响企业的注意力配置。艾格斯和卡普兰（2009）通过宝格丽案例分析强调了新技术知识注意力的重要性。Barton（1992）、Levinthal 和 March（1993）认为公司在面对不连续技术时，对现有知识的关注会阻碍其注意到新的技术。而 Dong 和 Netten（2017）发现对信息技术的投资一方面增强了企业获取知识的能力，但若"知识超载"可能会导致企业的注意力视角受限——依赖外部知识源。Piezunka 等（2015）也指出企业会倾向于对自身拥有的知识投以注意力而不是通过外部搜索等得到的遥远知识，因此可能会出现知识窄化组织注意力视角的现象。

规则可以解释企业正式与非正式的行动，由规则制导和约束决策者完成公司的战略目标（Ocasio，1997）。Barton（1992）、Levlnthal 和 March（1993）认为公司在面对不连续技术时，公司现有的运作规则会阻碍其对新技术的关注。Thornton 和 Ocasio（1999）将制度逻辑与注意力基础观结合，桑顿（2004）明确制度逻辑是能够规范和塑造公司行为的文化信念和规则。Garg 和 Priem（2003）认为企业主导逻辑规则将会影响企业的注意力选择，但会随着环境变化或重要事件发生转变。吕斯尧（2018）指出公司战略导向反映了其注意力配置，二者相互影响。许晖和郭净（2013）认为组织管理者对于国际的注意力与其营销的动态能力以及竞争战略之间存在重要的影响关系。郑莹和陈传明等（2015）指出具有不同制度规则的决策者和企业，其注意力的配置和方向也会有所差异，企业行为和取得的成效也会相应不同。

企业内部的决策者也会给注意力配置带来影响，内部决策者主要涉及的是 CEO、TMT 以及中层管理者。TMT 的特征是影响企业注意力配置的主要因素，因为不同的高管团队具有不同的认知特征以及行为风格，因为注意力配置也会有所不同。如 Kozlowski 等（2003）指出当 TMT 的异质性更大时，组织将会获得更多的资源，如时间、注意力方向等。Cho 和 Hambrick（2006）表明高管团队的人口统计学特征影响组织的注意力配置，从而改变其战略。Yadav 等（2007）认为企业 CEO 对于未来的定位会影响其对新技术的关注。Koryak（2018）研究了 TMT 团队组成对组织关注于研发投资和持续改进程度的影响，并得出了团队人数和 TMT 异质性会影响组织的注意力分配。Gerstner 等（2013）指出 CEO 的自恋程度会影响其对不连续技术的关注，自恋程度越大，关注就越强。吴建祖（2018）通过实证探讨了 CEO 自恋对企业战略变革的影响，CEO 自恋程度越高，其对创新、承担风险等注意力会更高。有研究分析了 CEO 自恋程度对企业社会责任关注的影响（Chen et al.，2019）。叶竹鑫等（2016）提出了创业团队的交互记忆系统，指出团队效能感、冒险精神、团队成员的相互认同感、承担风险的责任感等都会影响企业的创新注意力。Ren 等（2011）基于注意力的观点，探讨了中层管理者在公司创业过程中的作用。中层管理者可利用闲置资源和其结构性位置，瓦解公司特定的注意力结构，实现不同的创业机会。此外，奥卡契等（2018）强调了沟通在组织注意力与战略行动中的重要性，使用不同的沟通方式：修辞策略、词汇等可动态地塑造管理者的注意力，从而提高对某些议题的注意力；Tuggle 等（2010）通过分析数百次董事会会议记录，发现先前的绩效会影响其对于董事会监管这一职能的关注。企业注意力基础观提出探究组织的注意力应与情境因素结合，因此不仅要关注公司内部因素对注意力的影响，还要考虑公司外部环境因素的影响。作者经过梳理，以往的文献研究主要集中在环境变化、利益相关者等因素上。环境变化主要有技术（Li et al.，2013；Maula et al.，2013）、竞争（Mc-mullen et al.，2009）和外部监管（Sullivan，2010）。Nadkarni 和 Barr（2008）发现，管理者认知结构包括注意力焦点和因果逻辑，在行业变化速度和企业战略反应速度之间处于中介位置，即行业变化速度会影响企业的注意力配置以及认知结构。Dutt 和 Joseph（2019）通过实证指出环境的变化如监管不确定性会使公司的注意力产生变化。子公司与总公司变化不同，子公司对于监管不确定更加敏感。奥卡契（1997）在注意力结构中指出环境主体还包括消费者与供应商、政府机构、金融公司、咨询公司、商业出版社等。Maula 等（2013）认为技术的不连续性给公司高层管理者带来了严峻的挑战，并提出组织间的关系可引导或使管理者远离不连续技术。与风险投资公司的合作会使管理者更容易注意到这些新兴技术。Dai 和 Liao（2019）指出与企业与非正式机构的政治联系以及区域机构之间的互动将会影响企业对放松管制后再投资的关注。Belenzon 等（2019）通过实证表示子公司与母公司之间的"组织距离"将会影响母公司对子公司的关注程度，组织距离越大，关注程度越低。

2.2.1.2　新兴技术的相关研究

（1）新兴技术的定义与范畴。新兴技术源于英文"Emerging Technology"，我国学者华宏鸣在 1995 年把新兴技术定义为一种未被商业化的技术，但在未来的 3~5 年将会商业化，或是现在已经被应用但是将会发现明显变化的技术。李仕明等（2005）将新兴技术定义为建立在生物、信息技术和其他技术的基础上发展起来的技术，其存在可能对产业、企业、组织管理、组织结构等产生巨大的影响，并且具有高度不确定性，并将新兴技术的特征总结为具有不确定性、造成创造性毁灭以及"赢者通吃"等局面。Rotolo 等（2017）认为新兴技术是一种在知识生产成果的过程中快速聚集资源并且能够进行快速发展并迅速对社会和经济产生较大影响的技术。Tang 等（2019）认为新兴技术将是国家与国家之间的竞争，如何识别、选择新兴技术，并且致力于将新兴技术进行商业化和产业化产出，这是目前国家和企业都面临的难题。综上，新兴技术可以理解为一种具有创造性力量的正在发展的技术，这种技术会在较短的时间内对产业、经济、社会产生重大影响。20 世纪 90 年代，美国为振兴本国的经济增长，就本国制造业面临的问题提出了先进制造的概念，一时间先进制造成为学术界研究的热点，先进制造技术也成为当时具有代表性的新兴技术范畴。约瑟夫在 1984 年发表著作《理解制造过程：实施 CAD/CAM 的成功之道》，随后美国工程协会开始关注这一领域，并有根据地提出了"嵌入型系统"并加以推广。自此，基于人工智能等新兴技术的"智能制造"开始逐渐进入工业化的视野。

（2）新兴技术发展的影响因素。新兴技术是一种对产业以及社会均会产生重要影响的技术，其重要性不言而喻。先前有大量的研究强调了新兴技术轨道下后发企业进行追赶甚至赶超的可能性。李廉水等（2019）指出当前制造业发展的走向就是企业层面乃至产业层面的智能化的改造与应用。周济（2015）认为互联网、先进制造业与现代服务业的结合将成为我国经济高质量稳步增长的动力源。Klaus 等（2017）认为全球第四次工业革命如火如荼，美日德等制造业大国决策者纷纷出台政策与采取相应的行动，未来的智慧工厂与人的智慧相结合，创造性地生产小批量的产品以满足消费者个性化以及高度动态化的需求。魏江（2015）以美国和德国的汽车产业为研究样本，明确了将非线性技术范式转变为我国的战略机会。美国的特斯拉公司正是抓住了新能源汽车这个技术风口，至此该新技术的技术能力和产业优势将德国汽车制造业丢在身后。这种新能源技术的颠覆式的创新重构了汽车产业的竞争格局，可进行跨越式的跃进。Lee 等（2017）认为，后发企业既可以通过路径跟随和路径跳跃等创新战略在既有技术轨道上实现追赶，也可以采取路径创造战略成为新兴技术轨道上的在位领先企业。

本书梳理文献，将影响新兴技术特别是智能制造等领域新兴技术发展的因素分为外部因素和内部因素。外部因素有政府因素、市场因素、FDI等，内部因素有技术研发、成本压力、人力资本、企业自身能力等。

政府因素分为政府干预和环境规制两个方面。黄清煌和高明（2016）认为目前环境保护愈加成为政府和企业关注的重点，在环境规制下，企业需要通过一些措施来减少能源消耗与污染排放，智能化改造是其中一种重要方式，因而环境规制可以作为也是影响制造业智能化的重要制度因素。李琳和卢佳佳（2018）分析了近15年城镇化系统与资源系统的发展状况，认为我国制度上的安排缺乏合理性，且绿色技术的转化欠佳，因此绿色治理以及环保投入的效率低下。要制定合理的绿色治理激励政策，引导企业通过推进智能制造实现节能减排，产生绿色引流的示范效应。张青雷等（2015）认为新能源装备制造业是装备制造业的发展前端，这种装备制造业是高端装备，也是工业强基，因此应该进行正确的政策引导，使其在我国智能制造进程中起到标杆作用。市场因素包括行业的规模化效应、市场需求、金融方面的支持，行业的比较优势丧失等。周方召等（2014）认为大中企业会首先注意到智能制造等先进技术并且起示范效应从而促进整个行业的智能制造水平。另外，大中企业在进行智能制造改造更容易发生边际成本减少的效应，因此会更愿意发展智能制造。芦锋和韩尚容（2015）认为资本的介入、金融市场对该行业的预测前景会提升智能制造的发展水平。另外，蔡瑞林等（2014）认为中国的人口红利逐渐消失，伴随着"第三次工业革命"的兴起，中国制造业正面临美日德等制造业强国的猛烈冲击，生产效率等不再具有比较优势（黄群慧和贺俊，2015），因此这些因素会倒逼企业进行智能制造方面的探索。鲁钊阳和廖杉杉（2012）认为仅凭丰富的劳动力资源和潜在市场难以促进制造业的发展，因而FDI成为技术和资本引进的重要方式，产生的知识与技术溢出可能有助于制造业智能化的深入推进。

夏海力等（2016）通过对苏州装备制造业技术创新效率产生影响的因素进行研究发现，市场需求会对企业的技术创新能力与效率产生积极的影响作用，但是当市场处于膨胀的无序状态时，这种市场需求反而会降低企业技术创新效率；外商投资是技术创新效率的主要阻力，但是技术平台的建立、国际市场的竞争以及政府政策的支撑都会对装备制造业的新技术创新效率产生积极的促进作用。

企业内部的因素主要有企业自身的技术水平和创新效率、企业的人资、内部的成本压力、企业自身实力以及战略等。Mu 和 Lee（2005）认为影响华为等中国通信企业实现技术追赶的关键因素是知识获取和扩散，以及中国新兴市场的细分。Xiao 等（2013）研究了不同技术水平情境下后发企业的新兴技术战略选择，结果证明知识获得能力及知识壁垒是影响企业新兴技术发展的重要因素。李强和郑江淮（2013）认为制造业智能化需较高素质水平的劳动力参与才能有效推进实施，而人力资本是劳动力素质水平的重要体现。林炜（2013）提出随着中国人口红利的消失，劳动力成本逐渐成为制造业成本的重要组成部分，对制造业企业形成成本压力从而直接影响到其在智能化方面的投入。谢兴启等（2016）通过梳理与分析我国智能制造发展所存在以及面临的问题，认为企业知识管理的相对滞后是桎梏中国智能制造发展水平的关键因素。孟凡生（2019）认为产业合作可以解决新能源装备制造业企业资源获取不足等问题，从资金、技术和知识等多个要素引导企业的智能制造发展，企业可从这些因素中获得智能制造发展的前瞻性信息，并且降低企业进行新技术研发和应用的风险。成力为和李翘楚（2017）提出企业的能力是其智造发展水平的动力抑或是羁绊。企业在制造转型过程中必定会投入大量的资源，在此过程中还需要企业具有相应的技术集成应用能力，能够对制造流程以及技术工业等进行深度的改造与融合。杨德明（2018）从战略的角度出发，认为企业的信息化转型与企业自身战略息息相关，企业的低成本以及差异化战略的实施都会产生不同的影响，"互联网+"则能很好地满足企业成本领先及差异化战略的需求，网络技术与实体经济深度融合，这能降低企业乃至整个社会的交易成本并且提高市场的交易效率。

（3）企业对新兴技术的注意力相关研究。约瑟夫（2012）基于注意力基础观提出，管理注意力是企业在适应其商业环境和开发新产品和服务方面采取不同行动的主要原因。奥卡契（2005）提出决策者或高管团队的注意力对企业的战略行动具有重要的影响。企业对于新兴技术的注意力与促进企业创新产出、技术创新、研发强度等密切相关。

艾格斯（2009）、卡普兰（2008）在研究中指出当企业需要做出市场创新、技术创新、管理创新等组织创新性行为时，高管或决策者对该行为的注意力能够使其更好地捕捉环境中的创新机会。而管理者将注意力放置于新兴技术将加速进入该领域，将注意力集中于现有技术将放缓进入新技术领域的速度，Nadkarni 和 Bari（2008）研究发现环境变化可影响管理者认知，进而影响其对新技术的战略相应速度。因此，管理者对于新兴技术的注意力是进入该领域的关键要素。同时，Maula（2013）强调在不连续技术变化的时代，高层管理者的注意力分配过程是塑造企业对新技术范式有效反应的核心。

吴建祖和肖书峰（2016）通过 A 股上市公司数据验证了利用式和探索式创新注意力对研发跳跃的不同影响；陈守明和胡媛媛（2016）通过实证指出企业高管可通过提高对员工的注意力来增加员工信心、提升工作满意度、提高其创新主动性，从而提高创新产出。此外，Ren 和 Guo（2011）指出企业创业不仅是组织能力的一种功能，而且取决于这些能力如何引导到预期的活动中，而 Sakhdari 等（2017）指出注意力可引导组织的吸收能力等向创业活动流动，从而获得更好的创业成果。吕荣杰等（2020）认为高管团队对于智能制造的注意力能够促进企业的技术获取，企业会通过技术联盟或者技术购买以及自主研发等方式获取技术。Magistretti（2018）认为公司开发新兴技术基于以下三个维度：技术开发的深度、广度以及驱动力。首先，广度涉及与技术应用领域相关的维度。其次，深度维度涉及所探索的各种技术解决方案。最后，驱动力维度检查采用技术的原因（功能或意义），并提出可通过聚焦、深入、广泛、整体性四种策略探索新兴技术。谭海波（2019）认为地方政府的政务数字化转型中，注意力分配是促成网站建设的重要一环。李楠博（2019）认为企业在进行绿色技术的创新时，环境规制以及高管团队断裂带会对企业的注意力配置产生影响，从而影响企业的绿色技术产出。

2.2.1.3 知识基础的相关研究

（1）知识基础的概念与测量。企业的知识基础指的是企业所拥有的各领域的知识元素，如关键技术、信息、科技、营销和管理等技巧，是企业重要的资源。知识基础具有可转移性、可持续性、复杂性等特点，竞争对手难以超越，因此是企业保持竞争优势的来源（Wiklund，2003）。知识具有不同的载体，并且呈现不同的形态。马尔契（1992）指出知识基础可以以存量和知识元素间的两方面关系来体现知识的数量和结构。现有的研究主要从知识深度、知识宽度、多元度等方面体现知识基础的结构。Katila（2002）将知识基础的结构分为知识深度和知识宽度：知识深度指的是知识的主体在某领域积累知识的复杂程度和熟悉程度；知识宽度（也有学者将其称为知识广度）则反映了企业的知识所涵盖的知识领域范围和数量。蔡虹、刘岩等（2013）在此基础上将知识基础的结构特征分为一致性、分解性、广度，其中，一致性反映了组合对于知识的整合能力，体现了知识元素间的紧密程度；分解性体现了聚集性知识元素间的紧密程度；广度反映了组织所拥有的所有知识元素以及元素覆盖的范围。刘岩等（2015）从技术的角度提出技术知识基础多元度的概念，并借鉴（Kraffl，2011；Chen and Chang，2012；Carnabuci，2013）使用熵指数进行计算，知识基础多元度反映了知识资源的分布情况。此外，有学者从知识基础的动态性、认知距离、互补性、替代性、网络中心性、结构洞等分析知识基础的特征（Colombelli，2014；Wang et al.，2014；Guan and Liu，2016）。结合以上研究，本书选取知识存量与知识多元度两个变量来反映企业知识基础的存量与结构。

1）知识存量的概念与测量。知识存量既能够给组织带来直接和间接的经济价值，还能够反映出一个组织的竞争力和实力。杨志锋和邹珊刚（2000）认为知识存量是企业或经济主体所拥有知识资源的总量，能够随着时间的推移进行量的积累，并且能够在环境发生剧烈变化如技术范式的改变、技术环境变化速度极快时具有不连续性的积累。李顺才等（2001）提出知识存量的构成主要有：知识产业、科学文献、专利、人力，专利是测量企业知识基础的重要途径，但由于知识的复杂性，因此很难找到通用的标准去衡量，因此知识的测度往往结合情境。贺卫和王浣尘（2001）提出可以从物理以及价值两个维度对知识存量进行度量：基于知识的载体进行物理性的测量，基于对经济领域的贡献值作为价值维度的测量。李顺才（2001）分析了知识存量的价值体系，认为知识存量可从其载体上区分，具体分为：以人为载体，以员工的工作时间等为指标；以市场为主体，通过顾客满意度衡量；以物为载体，以组织所拥有的技术成果，如专利作为指标；以组织架构为载体，通过管理费用来测度。Glazer（1998）提出在进行知识管理时，知识测量需进入知识的主体或使用者，发展一些定性的测量方式。

2）知识多元度的概念与测量。知识多元度反映的是企业知识资源的分布情况，多元化的知识基础不仅意味着企业知识基础的复杂性，同时也给企业的知识整合提供了更多的选择（Chen and Chang，2012）。

有学者将知识基础多元度分为相关多元度与非相关多元度，相关多元度指的是企业的知识基础在相关技术领域的分布程度，非相关多元度指的是知识基础在新技术领域的分配程度（刘岩等，2019）。现有的研究对于知识多元度的测量多使用专利数据，引入熵指数法对此进行测量较为广泛（Kraffl，2011；Chen and Chang，2012；Carnabuci，2013）。此外，也有学者使用赫芬达尔指数法计算知识多元度（徐娟等，2016；张辽等，2020）。

（2）知识基础与新兴技术的关系研究。Miller 等（2007）指出知识基础观，并认为知识基础是企业在创新过程所依据的最重要的因素，同时也是创新活动专业并且多元的关键。Grant（1996）强调知识基础是组织竞争力的重要来源，并与企业的绩效密不可分。Sosa（2011）指出企业的知识基础是创新过程中的重要源泉，员工从知识基础中获取灵感，从而将其转化为创新行为和创新结果。

　　企业具有更加雄厚的知识基础可以基于此对未来趋势进行更好的预测，从而帮助企业具有更强的商业敏感性，能够更快地识别环境中存在的潜在的商业价值以及新技术机遇，在战略行为上也具有强适应性，表现出更强的主动性（Thoben，2017）。对于智能制造等领域新兴技术，众多学者强调了知识基础对智能制造这种跨学科领域的重要性，并且认为知识基础是产生智能制造创新的基础和关键，如张劲松（2006）曾指出中国制造业缺少对知识资本的管理，而智能化企业的本质特征就是利用知识管理与创新来建立竞争优势，他提出知识管理的共享和传递技术、存储技术、创造的主要技术都将对制造业企业的智能化进程产生重要影响。谢兴启等（2016）通过发掘国内智能制造面临的问题，经过分析得出：企业知识管理落后，而企业的知识化和知识自动化是实现智能制造的重要落脚点。鲍世赞等（2018）以智能制造技术为基础，讨论了企业具有何种知识系统会更有利于智能制造知识的产生：知识的创新需要以一定的知识储备以及知识储备的完善为基础，进行知识的重构来确定其位置，同时他还提出智能制造的创造首先要进行开放式的创新以及知识的共享才能加以促进。金子祺等（2018）以智能制造领域研究团队作为研究对象，认为在智能制造这种典型的跨学科领域，知识元素是其创新源泉的源头所在，其对知识的整合以及思维的关联是在这个领域取得成果的支撑。王坚（2018）提出智能制造的关键驱动因素是数据，如何将海量的数据转化为可用的知识将为企业的智慧服务管理提供动力。

　　以往对知识基础的研究多集中于其对创新的影响机制上，并且对于创新的作用多集中在产品与技术的创新上，因此对于创新绩效的衡量多使用的是创新意愿、新产品开发、技术（多集中于专利）指标。如 Nickerson（2004）介绍了知识基础对创新活动的影响机制：企业可以通过分析知识基础来判断其知识的结构，据此得出哪些知识是关系到企业未来发展的知识。通过强调该类知识，并且结合外部知识库的获取或者内部知识库的投资与更新，来进行知识的整合和利用，从而形成独特的竞争优势。在知识存量方面，Katz（2008）认为企业的创造灵感可能会因为丧失知识的积累而降低技术创新效率。Forsman（2001）认为知识的积累越多越有利于创新产出。然而，部分学者持相反意见：Roper 和 Hewitt

（2015）在探索企业的知识存量与创新之间的关系时，发现组织可能会存在一定的路径依赖，而不是竞争优势的积累，优势来自内部知识基础的投资和外部知识的搜索；周健明等（2014）研究了知识惯性与新产品开发绩效间的关系，认为主体在解决问题时，更习惯于使用原有经验、程序去解释和处理问题，因为知识"僵化"现象不利于组织的创新和发展。

在知识多元度方面，Leten（2007）提出知识基础多元度越高，资源的分配有限，创新效率会越低。Alonso-Borrego 等（2010）提出尽管技术多元化能够给企业带来创新收益，但是过度多元化不仅分散了企业技术创新资源，还无形中增加了技术研发复杂性并产生了较高的融合、协同等管理成本。刘岩（2015）将技术多元度分为相关多元度和非相关多元度，技术相关多元度与技术创新绩效呈正相关，技术非相关多元度与技术创新绩效呈倒 U 型关系。Lahr 和 Mina（2015）指出技术多元化过程实现了不同专业技术知识的交叉组合和跨界应用，有利于帮助企业获取长期竞争优势。事实上，这种不同技术领域知识的融合不仅扩展了企业创新活动轨迹，还在一定程度上降低了单一领域开展技术创新的风险。刘岩等（2019）从组织核心技术的研发者角度出发，认为知识基础多元度对于企业成为关键技术的研发者具有正向的影响。徐露允等（2018）认为知识对于企业的探索式创新具有重要的作用，非相关多元度高的知识基础对于企业的技术创新程度影响效应更强。

与普通的新技术不同，对智能制造领域来说，它是典型的跨学科技术，涵盖机械制造、电气自动化、计算机、通信、交通等多个学科技术，是不断更新的具有变革性的新兴技术；对其技术创新的衡量来看，专利是体现其技术水平的最佳指标。然而专利技术难以辨认其价值和属性，无法确认其是否要使用于智能制造领域，因此无法仅根据专利的数量或者是否是新专利就判定其是对智能制造的注意力或者创新。现有的文献肯定了知识基础对智能制造发展的重要性，但鲜有人就知识基础存量以及结构两个角度剖析其对智能制造的注意力是否有影响。因此，本书使用的是文本分析法分析年报衡量企业在智能制造领域的注意力，使用专利作为企业的知识基础探究两者之间的关系。

2.2.1.4　竞争战略的相关研究

（1）竞争战略的概念与测量。Chandler（1962）认为战略就是组织为了实现目标而进行决策、行动以及对企业所拥有的资源进行分配的一种模式。Miles 和 Snow（1978）认为企业的竞争战略可以分为探索者、反应者、防御者、分析者这四种反应模式进行判断与分析。White（1986）将企业的竞争战略分为低成本、差异化、低成本与差异化兼具、无明显竞争导向这四个方面。

Porter（1980）认为企业的竞争战略就是其面临五种竞争力时，才采取的一系列防守或主动进攻的计划与行动。他将企业的竞争战略分为成本领先、差异化、聚焦战略三个方面。成本领先战略是指企业强调低成本，与市面的产品价格相比，以较低的价格进行生产和销售，从而建立竞争优势的过程。成本领先的企业会在最大限度上压缩自己的成本，并且追求规模的扩张以实现规模经济来进行盈利，通过设计、生产、销售、广告与营销、服务管理等环节边际成本的降低，以更低的成本和价格提供一般价值的产品来满足消费者的需求。差异化战略是指企业通过与其他企业建立差异，提供差异化的产品与服务，它所采取的是非价格的竞争，来满足消费者个性化以及多元化需求。在此过程中，企业通过研发新产品或者建立差异化的分销渠道使得企业在技术特点、企业对外形象、经销与服务、产品外观等与竞争对手区分开从而获得竞争优势。聚焦战略通常是指企业在某一细分市场进行经营，在这一特定的目标市场进行竞争时也可能会运用到低成本以及差异化战略。首先，波特的竞争战略被广泛地应用于制造业，因此本书应用波特的竞争战略讨论企业的竞争导向；其次，由于聚焦战略是将低成本战略与差异化战略应用到某个细分市场的结果，因此本书主要讨论差异化战略和低成本战略对企业的新型技术注意力的影响。

现有的文献研究成本领先与差异化战略与企业之间的关系，本书对竞争战略的识别与测量、两种战略的组合应用等方面进行如下梳理。为验证不同竞争战略对企业绩效的影响，国内外学者对两者之间关系进行了广泛的研究与分析。部分学者认为成本领先战略优于差异化战略。Dess 等（1984）对竞争战略对企业绩效的影响进行了实证研究，结果证明低成本能给企业带来更高的绩效，差异化战略则表现稍逊；Acquaah 等（2008）对制造业企业进行了实证研究，低成本企业对企业绩效促进有更大的作用。雷辉等（2015）考察了竞争战略对企业绩效是否具有时滞性，差异化的企业的持续性较短，低成本企业对企业绩效的影响时间更长。更多的学者则提出了相反的意见，Zottet 等（2008）检验了公司战略与业务模型之间的契合度，并通过数据验证了差异化战略对提高企业绩效的有效性，而低成本则基本无积极的促进作用。刘睿智和胥朝阳（2008）通过实证验证了两种战略对企业短期绩效和长期绩效的影响，两种战略都会明显提高企业的短期绩效，但是低成本带来的优势难以为继，差异化倾向的企业竞争优势持续性更强。

本书梳理文献，现有研究对成本领先与差异化战略的识别与测量主要包括：①问卷法，即设计量表，由外部专家、企业高管、调研人员来判定企业的战略类型。如 Akan（2006）设计了包含 25 种竞争战略的量表，测定中国和美国的样本公司，结果显示两国公司最常使用成本领先战略。阿夸亚等（2008）通过对加纳200 多家企业进行问卷调查，并结合因子分析识别出企业使用的竞争类型，并验证企业使用"夹在中间"战略对使用单一战略绩效更佳。使用上市公司财务数据衡量作为战略维度。如 Gani 等（2006）使用研发强度、总体毛利率、资产周转率来对竞争战略进行测度，并通过聚类分析对成本领先战略与差异化战略进行分类与识别。雷辉等（2015）选取固定资产周转率、员工效率、总资产周转率三个指标作为低成本战略因子来衡量低成本战略，以使用期间费用率、营业毛利率、研发强度来构建差异化战略因子衡量企业的差异化战略，并且通过实证证明企业竞争战略对企业绩效的影响具有一定滞后性。任娟等（2015）引用杜邦体系，采用总资产周转率和营业利润率财务指标分辨差异化战略、低成本战略和低成本差异化战略，并由此研究了不同战略对企业的创新效率具有何种影响。②文本描述法，Hambrick（1980）提出可采用文本描述法即用综合性文本方式描述战略；Banker 等（2014）使用文本分析的方法对企业战略进行分析，研究战略与企业绩效的可持续性间的关系。还有研究使用企业年鉴和归类法识别中国企业使用的是低成本还是差异化战略（Gao et al.，2010）。

　　以往的学者认为差异化战略与成本领先战略之间是各行其是，无法并行不悖。金（1988）认为成本领先战略的企业需要建立严格的科层制组织机构以及标准化的生产流程以建立更大的生产规模，而差异化的企业则需要较为宽松的管理制度从而有益于组织创新成果的产出，提供差异化的产品从而满足较小规模市场的需求。戴斯（1984）和 Nayyar（1993）从产品的层次分析企业，也认为企业只能选择其一建立竞争优势。而也有众多学者提出了不同的观点。Murray（1988）则认为成本领先战略驱动因素主要来源于范围和规模经济，而差异化的驱动因素主要是产品质量以及消费者偏好进行驱动，二者的动力因素并不相同，因此可以并行。涉及的是范围和规模经济，而差异化主要来自产品质量、消费者偏好等，二者的驱动因素并不相同，因此可以共存。韵江（2003）认为在全球化竞争下，使用单一战略存在巨大风险。他建立了 SOD 战略模式分析企业的竞争战略，从战略协同的角度致力于建立竞争优势。龚志文（2017）认为信息时代以及互联网经济使得两种战略融合不再成为悖论，可以通过梳理企业价值链、产业

价值链、产业集群价值链的方式将两者融合从而发挥竞争优势。综上所述，首先，随着现代经济以及互联网经济的发展，现代企业很可能使用的不是简单的成本领先模式或者差异化模式，如小米科技有限公司兼具了两者的特点；其次，使用问卷法难以排除调研人员或者高管以及外部专家的主观性判断的误差，而使用财务数据来将公司的竞争模式定义为差异化或成本领先有"一刀切"之感。而王雄元等（2017）认为使用文本分析对概念进行测度是常见的方式，年报的信息披露可以提高信息质量并对分析师预测行为产生影响。自 2003 年开始，中国证监会也逐步规范年报披露并加强对上市公司披露相关信息的披露要求。因此，本书借鉴 Wingo 数据库使用文本分析法来测量公司的竞争战略导向。

（2）竞争战略与新兴技术的相关研究。

1）低成本战略与新兴技术的相关研究。新兴技术发展不是单一的，而需聚集大量资源，且呈现综合学科的倾向。无论是何时的新兴技术，都凝结着大量前人的心血，无论是人力成本还是物力成本。

智能制造是制造业基于其内在逻辑发展出来的产物，它不仅是信息化以及所谓的个性化定制，而且是集聚技术创新、模式创新、组合管理创新的先进制造业系统，包含了集成制造、精益生产、敏捷制造、网络化和虚拟制造等模式的糅合。因此，中国制造业想要发展智能制造，进行新兴技术的改造需要巨大的成本预算。有部分学者认为中国制造业正面临转型升级的关键时期，网络时代的来临以及人口红利的逐渐消失会给制造业带来巨大的机遇与挑战。李健旋（2020）提出成本、人力资源、技术创新是影响中国制造业发展的关键因素。其中人力成本的逐渐提高会提高企业的创新能力，有利于改善制造业的智能化装备水平，而张杰等（2014）则持不同意见，他认为中国人口红利将会在未来 20 年内继续存在，长期的低劳动力会造成企业对低成本盈利模式和路径依赖，而大大忽略对研发经费的投入以及以技术创新去改进企业生产与制造来获取竞争优势的可能性。任娟等（2015）认为低成本企业为了应对激烈竞争，会进行内在动力学习，避免路径锁定，进行转型升级，突破低成本壁垒。但蔡瑞林等（2014）指出中国制造业低成本战略所带来的竞争优势逐渐式微，中国企业开始尝试进行低成本创新，即低时间成本、财务成本、更低风险及不确定性的工艺以及产品的较小幅度调整式的创新。智能制造领域具有高端装备制造、较大的技术变革以及脑力密集型特征，因此低成本的创新没有办法满足该需求。王文华等（2019）认为制造业实施低成本战略大多通过工艺流程方面的优化以缩减不必要的生产步骤，降低成本获取低成本优势以形成规模效应，这种意义上的创新常常是出于自保式需求的创新，是为了应对市场变化进行模仿式创新，而不是具有颠覆性力量的技术创新。杨德明和刘泳文（2018）认为互联网以及信息技术，如大数据、云平台等能够提高产业以及市场的运营效率，降低市场交易成本，因此在面临这样的优势以及趋势，企业一定会进行信息化的跟进与改造。但张辽和王俊杰（2018）经过实证验证，中国制造业在整体局势上智能化改造比例并不高，并且呈现二元分化现象，部分龙头企业走在智能化改造与应用的前端，但也有相当一部分企业处在小县城或者乡镇，人力成本较低，因此智能化改造有限，且企业创新动力不足。低成本战略的企业对于研发新产品及新市场开发投放资源较少，而企业更愿意关注如何挖掘现有产品和服务的潜在用户，去吸引价格敏感型用户。采用低成本竞争的企业通常使用的是标准化生产，一旦需要进行产品创新就需调整生产线，价格优势是其制胜的关键，因此技术创新依赖性较弱，需要调整时多为外部购买（马鸿佳，2016）。

低成本竞争的企业由于强调成本及销售规模扩张，对新兴技术这类具有风险性的投资，这类企业相对来说会比较保守，因为这类投资风险大，成本收回的周期较长（靳亭亭，2018）。此外，低成本竞争的企业研发强度相对较低，而新兴技术的研发与应用需要大量的研发投入，在这种战略下企业进行创新研发投入可能会使企业的绩效表现欠佳（鲍新中，2014）。综上，智能制造等新兴技术涉及的不仅是信息化，譬如"互联网+"的简单应用，降低销售费用，而更多的是技术的颠覆性创新，企业生产、销售、管理流程的改造和升级，因此本书认为强调成本领先的制造业企业对智能制造的关注度会较低。

2）差异化战略与新兴技术的相关研究。实施差异化战略的企业通过差异化的产品与服务来获得竞争优势。为了使这种竞争优势具有持续性，企业必须具备一定的技术创新能力以及核心能力。这类企业往往会通过提高与众不同的产品、服务、营销渠道等来满足客户需求，并提高客户的忠诚度，通过一系列的创新活动来打造自身独特的标识（李健，2012）。鲍新中（2014）和 Leonidou 等（2015）认为差异化战略的企业会增加大量的研发投入来增强企业的创新活动。在智能制造方面，学者普遍认为差异化战略能够促进企业的新兴技术活动。李敏波（2006）就曾提出中国制造业获取竞争优势的必要条件是低成本，但必须警惕这种低成本模式带来的盈利不具有可持续性，必须要考虑改变战略模式，对企业进行差异化管理，以适应后续的激烈竞争。杨德明（2018）认为企业依托各种

APP、云平台等工具可以提高企业的运营效率，这种智能化的活动本身就是企业差异化战略的行为。万兴和杨晶（2017）提出差异化源于企业自身的特征：企业本身的禀赋、日常的创新活动、运营管理等的改善需求，而这种差异化本身可以很好地与新一代互联网技术，如云平台、大数据、深度学习等相对应。另外，差异化还源于需求的差异化，制造业企业除了要满足客户低成本的需求，在消费者日益个性化的今天，传统的制造业企业在面对这种需求的差异性也难以实现规模化的量产（杨德明，2018）。黄群慧和贺俊（2015）认为"第三次工业革命"背景下生产制造的自动化、智能化对劳动力进行了一定程度上的替代，中国将会失去低劳动力成本优势，迫使中国从比较优势向竞争优势迈进。在这种背景下，中国工业经济作为后发主体，去模仿和追赶的收获甚微，必须要克服这种低端锁定，要制造差异化的模块，形成自身的核心能力。肖静华等（2016）认为要使中国制造业由大变强，除了要进行智能设备的追随升级，更应该进行智能制造应用知识管理的差异化，以激发创新性，向更高水平的智能制造跃升。

2.2.2 企业人工智能技术创新的前因研究

2.2.2.1 研发投入

（1）研发投入的内涵。随着信息技术浪潮的到来，研发成为很多企业生存和发展的关键。研发即为研究与开发，研究旨在推动基础科学和技术的发展，而开发旨在实现和确定某些技术的商业应用（Garcia et al.，2003）。早期研究认为其就是工艺或技术的首次应用于产品的行为，或者是改进服务或产品以实现绩效提升的行为，均以结果为重（Mansfield，1998）。而现代企业研发旨在创造竞争优势和增加企业价值（Jaffe，1986），并反映了企业的战略选择和对发展内部企业特定能力的承诺，以促进其科学研究和发现。增强研发能力有助于企业开发新的技术知识，这些知识可以与当前的技术、组织流程、产品和服务集成。

研发强度的概念最早解释于熊彼特的《经济发展理论》中的"创新理论"，据熊彼特所言，研发本质上是构建新的生产函数的过程，其中科技进步能促进经济增长。研发强度反映了企业创新研发投入力度，其涵盖各种有形、无形和人力资源，一般用企业研发投入费用占营业收入比例来衡量。研发投入强度对增强企业的竞争力和保障企业长远发展等方面具有重要作用（Shefer and Frenkel，2005）。

（2）研发投入的理论基础。资源基础观起源于彭罗斯所提出的企业成长理论，其建立了一个企业"资源—能力—成长"的分析框架，并揭示了一个非常重要的问题，即企业的成长是否完全取决于外部环境，还是受到了某种内部特征的影响，这种内部因素是否给企业的成长速度带来变化。彭罗斯还提出企业要实现基业长青，就必须创造新的资源和能力，而资源和能力的发展是需要企业投入资金等才能获得的。随后一些学者的研究也认定了企业内部资源对企业发展的决定性作用（Dierickx and Cool，1989；Prahaland and Hamel，1990）。

Birger（1984）最早提出了资源基础观的概念框架，随后其他学者跟进发展和完善了其理论。依据资源基础观，企业的竞争优势是企业资源和能力的函数，企业拥有价值性、稀有性、不完全的可模仿性和缺乏可替代性的资源（Grant，1991；Roberts and Dowling，2002），其竞争优势会更强，因为宝贵的资源能够帮助企业充分地利用存在的机会和减少环境中存在的威胁，从而有助于企业制定和实施战略，以达成提高企业效率和收益的目的。公司内部资源是由各种有形资源、无形资源、人力资源所组成的（Barney，1991），这些内部资源共同构成了企业战略发展的基础资源。

资源基础观强调企业内部资源的重要性，但单纯的资源投入并不一定能够带给企业长久的发展，企业还需动态合理地配置资源。企业技术创新过程观强调企业会在不同技术轨迹上投入和管理研发资源，以实现企业创造新知识的愿望（Artz et al.，2010；Crossan and Apaydin，2010）。也就是说，企业要想实现创新，既需要前期研发资源投入作为基础，也需要针对实现不同技术路径轨迹所需资源基础进行合理的管理和分配，以实现技术创新过程中"数量—质量"并重的期望。

（3）研发投入的相关研究。研发是创新的主要动力，关于研发投入强度的相关研究，国内外学者从不同的角度开展，其中比较多的研究是基于对其研发投入强度与专利产出和创新方面的研究，且绝大多数学者认为研发投入的增强总是能为企业增加创新产出。Scherer（1965）通过调研分析研究了美国 500 强企业，其结果表明，企业研发投入强度大小与企业专利授权数量存在相辅相成的关系，该结论在随后 Narin 等（1987）的研究中也证实了这一发现，并认为研发投入强度的增强能够促进企业申请更多的专利，企业专利数量的增加能够正向影响企业研发人员的招录，两者是相辅相成的关系。有研究发现研发投入与专利产出之间存在显著的正相关关系，且认为专利代表了企业技术创新能力（Zhang et al.，2012）。Raymond 等（2015）运用非线性联立方程研究荷兰和法国制造业的研发投入强度与企业创新绩效的关系，其研究发现研发投入强度与企业的创新绩效和企业生产效率均存在显著正相关。尚洪涛和黄晓硕（2018）通过建立 PVAR 模型，研究 2008~2015 年中国医药制造业上市公司 148 家企业的面板数据，结果表明，研发投入与以全部专利申请数来衡量的创新绩效存在滞后 1~3 期的相互促进关系，且非国有企业要比国有企业更显著。张庆垒等（2018）通过对中国主板上市公司的专利和财务数据进行研究发现，研发强度与利用式创新和探索式创新之间均是正相关的关系。肖延高等（2019）为了研究专利创造、运用和保护能力是否有助于提升企业的竞争力，以深圳市 219 家知识产权优势示范企业作为样本，其结果表明，研发强度显著正向影响技术创新强相关的专利申请动机，而与技术创新弱相关的专利申请动机无显著相关关系。张晨宇和白朴贤（2019）运用沪深 A 股上市公司面板数据研究发现，相对于非大学生控制的上市企业而言，大学生控制的上市企业研发强度与专利产出具有正相关关系。Zhu 等（2020）研究表明了企业研发强度能够促进企业创新绩效的提升。

部分学者的研究也发现了研发强度的增强并不一定总是能够带来创新水平或专利产出水平的提升，而是随着投入量的增加呈现倒 U 型的趋势，这表明其也是有极值点的，一旦达到技术创新最大的极值点后，研发投入再多，反而会使其创新水平下降。康志勇（2013）以中国本土制造企业为研究样本，通过实证研究发现，研发强度与创新绩效呈倒 U 型关系，过度的研发强度对企业创新的投入反而不利于企业创新绩效的提升。王康和周孝（2017）研究认为持续的研发投入强度与创新绩效之间会产生非线性的关系，呈现"负向—正向—负向"的变化趋势，因此需要及时调整研发投入或合理分配研发资源，避免产生过多的损失。张洁（2018）以创业板 355 家企业为样本开展实证研究，其结果发现研发投入强度与以发明专利数量为测度的创新绩效呈倒 U 型关系，从专利产出的角度来看，企业应该控制研发投入，及时评估研发投入与产出间的关系。Dong 等（2020）以我国人工智能领域 A 股上市企业为研究对象，构建面板回归模型，研究结果表明人工智能企业的研发强度与创新绩效间存在倒 U 型关系。企业研发强度的提高促进了新技术或新产品的诞生，并向市场发出了企业将赢得更多未来竞争优势的信号，显著提高了企业创新绩效。随着研发强度的不断加大，企业创新决策面临挑战。技术和环境不确定性的风险急剧上升。创新绩效在面临不确定性下的回报减少，因此影响了企业创新绩效的倒 U 型曲线关系。金（2020）通过对 14 个国家分行业研究，得出研发投入强度与创新绩效间存倒 U 型关系。

第 2 章　企业人工智能技术创新管理研究综述

基于研发的创新本质上是存在风险的，企业增加研发投入并不一定能够带来突破性的技术，即不一定具备创新性的产出结果，企业在研发上投入再多，预算也可能更倾向于如何增加企业专利数量而不是考虑长远的提升专利质量，因此一部分学者也研究了存在负向关系和无显著关系的研发投入与专利产出。Cyert 和 March（1963）从行为学视角出发，认为企业可能会陷入增加专利数量的惯性中，会更多地依靠既有的技术，驻扎现有领域中，这就导致了企业为什么更倾向于将其研发更多地用于专利数量的增加中去（Rosenkopf and Almeida，2003）。McDermott 和 O'Connor（2002）研究认为重大的专利质量突破是罕见的，通常需要长期发展和大额投资，而一旦在专利质量提升上的投资失败，就会增加研发投入的沉没成本。Hurmelinna-Laukkanen 等（2008）发现研发强度对突破式的创新发生率无显著影响，认为必须考虑到研发强度的适当性和有效性，需要从战略上利用最好的机制组合来实现大量研发投入所带来的创新。Jones（2009）的"知识负担"解释了为什么大量的研发投入却无法总是与大规模质量的提升相联系，因为创新者学习更多的知识才会增加创新潜力，但同时获取的成本也会更高，因此创新者也会权衡以寻求避免拥挤，这一方面缩小了专业知识范围，另一方面也导致失去突破式创新的机会。冯文娜（2010）运用问卷调查的方式，研究研发投入与创新绩效的关系，得出研究结论：研发人员的投入与创新绩效间的关系是负向的。李春越和余越（2011）以高新技术企业为样本进行研究，其研究表明，研发投入与专利产出不存在显著的正相关关系。有研究利用 1999~2003 年 4 个先进国家的 1267 家企业年观测数据，探究研发强度与探索式创新间的关系，其研究表明，研发强度负向影响企业探索式创新，其认为较高的研发强度会提高企业利用式创新的能力，而探索式创新能力较弱（Li et al.，2020）。

2.2.2.2　创新能力异变

（1）创新能力异变的内涵。创新能力异变是企业在间断平衡下进行积极有效研发管理的显著性标志，其反映了企业在研发支出方面紧凑而显著的变化（Mudambi and Swift，2011），即企业研发投入变化的一种极端情况，这种极端情况表明企业正在适应其竞争优势价值的重要变化。企业创新能力异变的幅度越大，就表明企业偏离既定的轨道的幅度越大，其研发管理策略的转换就越彻底；反之，企业创新能力异变幅度越小，就越表明企业偏离既定轨道的幅度越小，其研发管理策略就越是趋于平稳。

（2）创新能力异变的理论基础。"间断平衡学说"最早起源于 1972 年 Eldredge 和 Gould 对跃变论的新阐述，该学说基于化石记录考察生物进化模式，主要发现：大部分的时间变化是很微小的，处于一个非常稳定和相对平衡的时期。但短时间出现的急剧变化会打破这种平衡。即漫长的微小演化后出现快速的急剧变化，两者交替出现，推动生物不断进化。

技术的进步是由无数的渐进式创新驱动的（Myers and Marquis，1969），即技术演变的规律是连续、循序渐进且漫长的，只有当企业因探索而产生的突破性技术才会使现有技术突破惯有的技术轨迹，改变其技术轨迹的发展方向和速度。而此时突破性的创新会开创一个变动的时代，在这个时代，突破性技术的竞争最终会选择一种占主导地位的新技术配置，并且在相当长的时间内会不断地对新技术配置进行完善直到下一次突破性技术的出现再占据主导地位。Anderson 和 Tushman（1990）认为，间断式平衡描述并解释了技术在某段特定时间内通过不断演化所表现出的规律。即这种利用在时间上进行交替转换从而平衡两种相互排斥又相互关联的活动就是间断式平衡。

March（1991）明确了探索和利用的概念，认为探索和利用对企业来说都是必不可少的，但它们会争夺稀缺性的资源，他们的研究结果表明，比探索式更快的利用式，虽然在短期内会让企业获益匪浅，但是长期而言是破坏性的，因此提出企业需要均衡利用和探索之间的关系。Benner 和 Tushman（2003）将利用和探索注入技术创新范畴，解释了利用式创新和探索式创新之间的区别和联系。利用式创新以技术轨迹上微小变化为特征，建立在企业现有的知识基础上，旨在满足现有客户需求，改进企业现有的流程、技术，强调效率、精简与可衡量性；探索式创新从根本上改变了技术轨迹和企业的组织能力，脱离、超越现有知识和技能，旨在探索新兴客户或市场需求，注重实验、风险承担与灵活性。两个相互排斥又相互关联的活动要求组织设计不同的流程、制度以及更加灵活性的战略来适应企业在两种活动间的交替。

间断平衡是企业平衡利用与探索的一种重要战略（Burgelman，2002；Mudambi and Swift，2011），因此，企业在时间上交替进行两类活动，有助于企业实现创新发展以及对研发资源的有效管理和配置。

（3）创新能力异变的相关研究。大量的研究表明，研发强度是企业创新生存的关键，而一味地增强研发强度并不一定能创造更多有价值的创新。创新能力异变表现了企业对其创新策略和研发管理所进行的灵活性调整，企业会根据实际创新过程所产生的变化及时地调整企业研发的重点以及资源的配置，以创造出符合创新的价值表现。

关于创新能力异变的研究，国内外的学者尝试从不同的角度开展。部分学者研究了创新能力异变的后因，主要是从对企业绩效和组织绩效的影响出发。Kor 和 Mahoney（2005）的研究表明，研发投入的波动性变化，代表了其对研发投入的有效管理和资源部署，能够提高企业的经济回报。Mudambi 和 Swift（2014）研究了美国制造型企业的非平衡面板数据，发现研发投入的波动性变化代表了企业在利用式和探索式创新间的转换，同时也代表了企业研发动态管理。吴建祖和肖书峰（2015）基于注意力基础观，认为研发投入的绝对量和相对量均会对企业绩效产生影响，但实际其是否能够提高企业绩效却取决于能否被有效管理和利用，认为其只有提高了管理决策者的双元创新注意力后才能促进绩效，同时证实了管理者注意力与研发策略转换之间的必然联系。李海东等（2018）的研究表明，研发正向跳跃能够促进企业长期绩效，而研发负向跳跃则能促进企业短期绩效。海本禄等（2020）运用 2007~2017 年中国沪深两市 902 家制造企业的相关数据得出研发正向跳跃和研发负向跳跃均能促进企业绩效的提升。赵文等（2022）研究了创新能力异变对企业失败的影响，其研究结果表明，研发正向跳跃负向影响企业失败，而研发负向跳跃对企业失败无影响。

然而一些学者也认为创新能力异变是探索式创新和利用式创新之间的转换，在转换的过程中势必会带来一定的风险。Swift（2016）研究表明创新能力异变是深刻的组织变革，研发支出紧凑而显著的变化是探索性研发和利用性研发间过渡的先决条件，在两者间飞跃存在一定的难度，因此认为基于研发的探索和利用之间的移动都与组织失败有关。成力为和刘诗雨（2021）运用 2010~2017 年我国深市 A 股及创业板 345 家企业与美国纳斯达克市场 247 家企业数据对中美两国企业进行实证分析研究，结果表明研发轨迹转换促进中国企业经营绩效，削弱价值绩效，而美国企业结论与之相反，反映两国在开拓性技术上的差异。陈力田和张媚媚（2022）研究了创新能力异变对企业运营效率的影响，其研究结果表明创新能力异变幅度会负向影响企业的运营效率。

2.2.2.3　价值认知复杂度

（1）价值认知复杂度的内涵。管理者被认为是"信息工作者"，即他们需要在复杂、模糊和丰富的信息世界里吸收、处理和传播有关企业管理的问题、机会等信息（McCall et al.，1985）。因此，管理者需要使用一组知识结构来应对信息处理和决策，管理者的知识结构就构成了管理者认知，明确知识结构可促进管理者的有效决策。管理者的知识结构包括高层管理者对环境、战略、业务组合和组织状态的信念（Porac and Thomas，1990），是其在长期企业管理中积累的经验及对特定事物的自我理解。

价值认知复杂度将企业高层管理者的认知结合企业创新价值链视角，指的是管理者认知结构中所涵盖的知识广度，即管理者关注创新价值链环节的数量。价值认知复杂度涵盖了决策者认知结构的差异化和一体化。差异化代表了管理者在创新价值链上认知结构中核心概念的多样化程度，而一体化则代表了管理者在创新价值链上认知结构中核心概念的关联程度（尚航标等，2014）。

（2）价值链认知视角。Porter 于 1985 年在《竞争优势》中首次提出价值链概念，其认为企业在设计、生产、销售以及辅助产品的过程中，都可以用一个价值链来表示，即企业的创造活动都是基于价值链上完成的。波特认为企业的价值链活动是由主要活动和支持活动共同构成的。早期的主要活动涉及企业进出货物流、生产运营、营销、售后服务；支持活动包括采购、技术发展、人力资源管理、企业基础建设。该价值链在 20 世纪 80 年代的企业经营模式中非常受用，随着 21 世纪的到来，知识经济、信息技术、创新经济逐步改变了企业发展态势，全球的经济生产方式都产生了巨大的变化（Friedman，2006），企业的技术创新成为价值创造效率。创新经济和信息技术时代的到来，早期的技术发展和采购等支持活动逐步发展成研发、设计等主要活动，为价值链形态创新发展注入新的动力。支持活动中逐渐分离出了信息管理、关系管理、运营管理等。

管理认知指的是企业高层战略决策者在长期的企业管理过程中，利用一组知识结构，即"概念"与"概念与概念间关系"来实施战略决策（Nadkarni and Barr，2008）。企业高层管理者的价值认知和战略行为在很大程度上受到企业价值链的深刻影响。创新价值链过程贯穿研发、生产、营销等各个创造环节，每个环节都会受到企业高层管理者认知的影响。价值链认知视角下企业高层管理决策者依据管理认知的知识结构来识别创新价值链上的相关环节，获取相应的信息后，做出对企业创新发展至关重要的战略决策。

（3）认知复杂度的相关研究。管理者认知会影响到企业研发创新过程中的各项决策，即管理者认知会极大地影响企业战略行为，因此学者大多基于此方面开展研究。Child 和 Mansfield（1972）的研究发现，CEO 等企业高层决策者，其认知结构与企业战略选择和战略行为息息相关。Stimpert 和 Duhaime（1997）通过问卷调查的方式从认知和行为视角，研究了企业管理和管理者的多元化发展。

Ander 和 Helfat（2003）认为管理者认知是影响企业高层管理者在制定和实施战略行为上的关键性因素，其决策者的管理认知是由其过往企业经验、自身能力、心智模式以及知识结构所构成的。Levy（2005）等基于管理认知和高层视角研究提出高管的认知能力显著影响全球化努力，其研究表明，管理者的注意力模式或对环境的"注意和构建意义"的认知过程会影响企业的战略态势。Nadkarni 和 Narayanan（2007）从认知角度研究快节奏和慢节奏行业对企业战略模式、战略灵活性以及公司绩效间的关系，战略模式的两个属性：复杂性和焦点，其结果表明，在快节奏的行业中认知复杂性促进了战略灵活性，而在慢节奏的行业中，认知集中性培养了战略持久性。Kabanoff 和 Brown（2008）通过测量高层管理者在年度报告中对迈尔斯和斯诺用于描述其主要战略类型的战略问题和主题的关注程度的差异，探索了高层管理者战略知识结构的内容。尚航标（2010）研究表明战略决策团队的认知偏好对企业生存和发展具有决定性的影响作用。邓少军（2010）等研究了管理者认知复杂性和认知柔性对企业动态能力的影响，其结构表明，高层管理者的复杂性和柔性均可加强企业资源配置的效率。奥卡契（2011）从管理认知角度进行研究和解释注意视角如何塑造战略适应。

部分学者也开拓了一些较为创新性的研究。吴东（2011）从价值链视角研究认知复杂度与海外投资间的关系，其研究认为高管的价值认知和价值取向以及其战略行为在很大程度上会受到价值链的影响，因此将其引入战略管理的研究范畴，并且运用价值链的手法刻画企业高层管理者认知的知识结构。其研究结果表明，在高认知复杂度下，企业更愿意通过低资源承诺的方式实现海外投资行为。尚航标等（2014）从管理者认知的复杂度和聚焦度两个方面切入，认为高层管理者认知的集中体现主要表现在组织和高管团队层面的认知方面，其研究结果表明，管理认知复杂度正向影响企业战略行为，而管理认知聚焦度则负向影响企业战略决策和行为选择。苏敬勤和单国栋（2016）基于认知视角，采用探索性单案例研究方法，深入考察和分析了高层决策者的认知结构特点。Martinez 和 Brusoni（2018）研究认为管理者认知结构越具备高度的灵活性就越能使决策者实现显著更高的决策绩效。张璐等（2020）研究发现管理者认知能力从适配情境到组织整体的逻辑，都对企业战略发展具有巨大的影响，认为企业高层管理人员应该根据内外部环境的变化，改变其注意力配置方式，积极地提高自身的认知能力。

2.2.2.4　成本粘性

（1）成本粘性的内涵。成本粘性是指销售收入增加时销售管理费用上升幅度大于销售收入减少时销售管理费用的下降幅度。Anderson 等（2003）最早提出了成本粘性概念，他们通过研究 7529 家美国上市公司发现，销售费用、一般费用和管理费用随着营业收入的上涨而增加，随着营业收入下降而减少，但三者减少的幅度低于增加的幅度。基于此，他们将这一现象定义为成本粘性。营业收入变化幅度需达到一定阈值，成本才会出现粘性。Yasukata 和 Kajiwara（2009）通过研究日本金融行业发现，当期的营业收入较上期增加或减少 5%，成本产生粘性，否则成本没有粘性或粘性较小。Banker 和 Byzalov（2013）进一步扩大样本，选取 20 个国家上市公司进行研究，发现 80% 以上的国家普遍存在成本粘性现象，说明成本粘性在全球是普遍存在的。我国对于成本粘性的起步较晚。孙铮和刘浩（2004）是我国最早研究成本粘性的学者，选取我国 292 家上市公司作为样本，以主营业收入作为自变量，将营业成本和管理费用之和作为因变量，发现我国企业存在成本粘性现象。

成本粘性本质上是一种资源的冗余，是一种处于闲置状态、使用效率低下，有待开发和使用的资源，在企业内部普遍存在。由于冗余资源的合理性一直饱受争议，导致其与企业创新活动的关系也有不同的结论，包括正相关、负相关和非线性关系。有学者认为成本粘性与企业创新呈简单的线性关系。其中部分学者认为成本粘性阻碍了企业创新活动的展开。Greve（2003）研究认为，企业中存在冗余资源容易导致管理者在战略决策过程中从个人权力角度出发，盲目选择多元化战略。Herod 等（2016）认为，企业存在适量的冗余资源，可以促进企业创新活动的展开。Kim 和 Lee（2008）研究认为，冗余资源是企业内部经营不善导致的结果，本身就是一种资源浪费的表现，并且冗余资源可能使得管理者对企业当前现状产生误判，盲目乐观，导致冗余资源被用来满足企业内部小部分利益团体的个人私利，而非用于企业的创新活动。部分学者认为成本粘性是企业经营发展过程中不可避免的结果，有利于企业创新活动的展开，且对创新起积极影响。

（2）成本粘性的影响机制。相关学者主要从两方面论述成本粘性对企业创新的积极作用：一是为创新提供资源缓冲；二是有利于企业创新氛围的构建。

1）成本粘性的存在可以为企业创新提供候补资源，包括人力、物力、财力等，从而起到缓冲作用，及时满足企业在创新过程中对各要素的需求。冗余资源可以显著缓解企业资源紧缺情况，被视为企业的"缓冲池"。在动荡的市场环境中，冗余资源可以为企业实施大胆的创新策略，如颠覆式创新提供强有力的物质保障。Cyert 和 March（1963）研究认为冗余资源是企业资源的一部分，其价值可以为企业技术创新提供禀赋保证。Sharfinan（1988）研究认为冗余资源可以帮助企业快速应对外部环境变化，从容应对危机。方润生和龚毅（2003）研究认为，不同的冗余资源对企业创新的促进作用有所差异，分散性冗余资源对提升企业产品创新能力有显著的推动作用，而组合冗余资源则有利于企业的过程创新。孙爱英和苏中锋将冗余资源进行分类，分为吸收冗余和已吸收冗余，研究发现为吸收冗余有利于企业探索式创新活动的展开，而已吸收冗余有利于企业利用式创新活动的展开。陈晓红等（2012）以 2008~2010 年上市公司为样本，研究发现财务资源冗余与企业技术创新呈正相关关系。李晓翔等（2014）研究认为，冗余资源具有独特的缓冲功能，可以保护企业内核。张文红和赵亚普（2015）以我国制造业为研究样本，发现冗余资源的存在可以为我国制造业企业的创新战略提供物质支持，同时削弱由资源刚性引发的阻力，最终有利于提升企业服务创新。赵亚普和李立（2015）通过实证分析同样认为冗余资源有利于企业创新研发活动的展开，并且，跨界搜索能力在两者的积极关系中发挥着调节效应。

2）在构建创新氛围方面，冗余资源的存在使企业更有能力应对创新失败。Bourgeois（1981）研究认为，企业中存在冗余资源有利于在组织内部塑造勇于积极创新的企业文化。Thompson（1967）研究认为存在一定冗余资源的企业面临市场机遇时，往往会主动选择创新战略。钟和平等（2010）根据代理理论和激励理论建立模型，研究认为企业通过采取积极措施，调动基于冗余资源进行的创新研发的热情和动力，可以最大化发挥冗余资源的正面效应。也有部分学者认为成本粘性与企业创新活动呈非线性关系。Bourgeois（1981）研究认为，冗余资源与企业技术创新并非单向的正相关或负相关。Nohria 和 Gulati（1996）通过发放 264 份调查问卷实证研究发现，冗余资源与技术创新呈现出倒 U 型关系。Herold 和 Jayaraman（2006）在此基础上进一步研究，从专利数量的角度出发衡量企业创新活动，再次证明了冗余资源与其并非单一的线性关系。Kim 和 Lee（2008）以韩国 1998~2003 年制造业为研究样本，通过实证研究也得出类似结论。Geiger 和 Makri（2006）在前人研究的基础上，将冗余资源进一步划分探究两者关系，发现潜在冗余资源与创新研发呈线性的正相关关系，而可利用冗余资源与企业创新间呈现非线性倒 U 型关系。郭立新和陈传明（2010）研究认为，冗余资源与企业创新呈阶段性变化，即先增后减。连军（2013）以民营企业为样本，研究发现不同的冗余资源对企业创新发挥的作用不同，即可利用冗余资源促进企业创新，可恢复冗余资源阻碍企业创新。王亚妮和程新生（2014）从我国制造业企业出发，研究发现两者呈非线性关系，即具体表现为 U 型。万伦来和吴少卿（2016）研究发现，冗余资源与企业创新绩效呈倒 U 型关系，具体而言，当企业冗余资源高于最优存量，此时会阻碍企业创新绩效的提升，当冗余资源低于最优存量，此时有利于企业创新绩效的提升，并且企业内部治理和企业成长性在冗余资源和创新绩效之间发挥调节效应。

2.2.3　企业人工智能技术责任的前因研究

2.2.3.1　研发强度

研发强度与企业社会责任的相关研究。McWilliams 和 Siegel（2000）指出以往学者们关于企业社会责任与财务绩效之间的关系研究结果有正向、负向乃至中性，出现这种情况的原因是因为他们的实证模型有缺陷，忽略了已经被证明对企业盈利能力具有重要决定作用变量的影响，其中一个变量就是企业的研发强度。他们认为企业研发强度与企业社会责任高度相关，因为二者都与企业的产品与工艺创新有关，随后通过实证研究证实了他们的假设。自此国内外学者开始普遍研究二者之间的关系。

在国外研究中，McMilliams 和 Siegel（2001）从公司的战略角度提出企业应当将企业社会责任当作战略资源来使用，对企业的未来可持续发展进行战略投资，生产能够传达企业履行社会责任的产品，这样就会促使企业在研发投入的过程中更加关注如何将企业社会责任行为或理念融入到企业的产品研发中。Luet-kenhorst（2004）表示，企业必须要考虑给利益相关者的企业社会责任，在企业的发展战略中实施符合利益相关者要求的战略，持续改善生产技术、生产更高质量的产品，不断加大对研发的投入。Husted 和 Allen（2007）以西班牙的 500 家企业为样本进行研究，发现企业创造价值的最佳途径就是履行更多的社会责任。当企业积极履行企业社会责任并拥有一定的声誉后，消费者就愿意以更高的价格来购买公司的产品与服务，由此企业通过履行企业社会责任创造价值。当企业以新的方式组合并提高这些资源的潜在生产力时，就会发生价值创造。因此，企业的社会责任与创新是相关的，两者之间互相正向影响。Hull 和 Rothenberg（2008）研究表明企业不仅可以通过不断研发创新来获得区别于其他企业的产品，同时也可以通过积极承担社会责任来获得市场差异化优势，而且创新能力强的企业为了避免其研发创新成果因不符合社会价值而造成损失，他们在研发创新时会积极关注社会大众对企业社会责任的要求，所以企业的研发创新也可提高企业主动关注、承担企业社会责任的表现。Padgett 和 Galan（2010）最先基于资源基础观的理论视角来对企业研发强度与企业社会责任之间的关系进行实证研究，研究发现企业研发正向影响企业社会责任行为，因为企业研发可以被当作是一种投资形式，这种投资会带来与企业社会责任相关的产品与工艺的创新。同时，这一关系在制造业中更明显。

国内学者也对二者之间的关系进行了大量的研究。陆庆平（2006）从利益相关者的视角出发，指出企业进行技术创新所需要的资金主要来自利益相关者，积极承担社会责任的企业更容易从利益相关者处得到资金支持，从而有利于企业的技术创新。石军伟等（2009）在研究企业社会责任与组织声誉之间的关系时指出，现代投资者更加关注融入企业社会责任的创新研究。吴家喜（2009）以民营企业为研究样本，发现民营企业可以通过积极履行企业社会责任来促进企业与利益相关者之间的信息交流与知识分享，并且有利于组织创新文化的形成，促进企业进行技术创新。周璐和王前锋（2013）先通过对企业社会责任概念框架进行构建，然后基于利益相关者理论按照企业社会责任对技术创新的影响程度来对企业社会责任进行分层，分析各个层次的企业社会责任对技术创新的影响，最终得出企业社会责任对技术创新有促进作用的研究结论。马德芳等（2014）通过理论分析认为企业积极承担社会责任有助于形成对内外部利益相关者勇于担当的责任文化意识，这种文化意识使企业在研发创新时充分考虑利益相关者的要求，将更多的资金投入到对企业和利益相关者有利的项目中，也就是说企业社会责任能够促进企业研发投入与创新。朱乃平等（2014）研究发现企业的研发投入和企业社会责任对于企业的长期绩效的影响具有协同效应，利益相关者会更加青睐具备创新能力且积极关注企业社会责任的企业，因为这类企业的创新活动会以解决社会切实关注的问题为出发点，具有较强的可持续发展能力，企业价值更高。杨柏和林川（2016）通过对沪深 A 股的 3791 家企业和 2412 家披露研发投入的企业进行分析，发现无论是全样本还是披露样本，积极履行社会责任的企业会向外界传递良好的社会责任形象，投资者接收到这一信息之后就会给予反应，增大对这些企业的投资力度，从而这些企业就可以通过资本市场获得更多的投资来进行研发。所以企业社会责任与研发之间的关系表现为代理成本的降低，也就是说履行社会责任的状况越好的企业，其研发投入也会越高，并且这种关系在国有企业中更为明显。吴梦婷（2017）认为在可持续发展日益受到重视的今天，企业会越来越关注企业社会责任，放弃短视的投资行为和恶性竞争转而选择既适合自身发展又能满足各方利益相关者诉求的决策，如增加创新投入等。同时，他们还结合资源依赖理论和高阶理论发现，高管的政治关联能显著增强企业社会责任对研发投入的正相关关系。谢昕琰和楼晓玲（2018）基于资源基础观和新制度主义理论对国内1652家民营企业进行实证研究，发现企业研发投入正向影响企业社会责任活动，同时制度压力在两者的关系中起到调节作用。朱永明和刘敏（2019）认为企业积极履行社会责任与增加研发投入都可以作为企业可持续发展的战略选择，企业社会责任对企业研发具有促进作用，但这种关系在国有企业中并不显著。同时，对企业研发的正向影响部分是通过融资约束这个中介实现的，而且融资约束的中介效应在民营企业中更加显著。

综上所述，自从 McMilliams 和 Siegel（2000）提出企业研发投入与企业社会责任之间的关系之后，该研究领域吸引了大量学者基于不同的理论基础来对二者之间的关系进行深入研究。部分学者基于利益相关者的理论视角认为企业社会责任可以促进企业对于研发的投入，且企业的性质、高管的背景在二者的关系中会起到调节作用（Husted and Allen，2007；Luetkenhorst，2004；陆庆平，2006；周璐和王前锋，2013）。还有部分学者基于资源基础观认为企业研发投入可以促进企业履行社会责任的行为，而且这种关系受到企业所处行业、制度压力等因素的影响（Padgett and Galan，2010；谢昕琰和楼晓玲，2018）。

2.2.3.2　制度压力

（1）新制度理论。20 世纪 70 年代末有学者发现，美国社会中各种组织的正式结构和规章制度越来越相似，例如，美国的教育管理是各个州政府的职责，联邦政府并没有统一管理教育的权力，但为什么在各个州进行分散管理的教育体制却大同小异，表现出明显的制度趋同现象？同时，为什么许多组织总是会花大力气去做一些看上去与组织业务不相干的事情？例如，通用公司会鼓励员工积极参加公益活动，甚至为他们提供资金帮助。为什么组织的正式结构与实际运营往往是分离的？例如，有些组织费尽心思制定了一套规章制度，但制定完之后又束之高阁。最早的制度理论认为，制度是指大家共同遵守的一系列行动准则，包括法律、礼俗等规范，针对上述问题，有学者试图将旧制度理论引入组织行为学中来解释组织在制度结构上逐渐趋同的现象，从而诞生新制度理论。学术界普遍认为1977 年 Meyer 和 Rowan（1977）发表的《制度化的组织：作为神话和仪式的正式结构》一文是新制度理论的开山之作。随后 Dimaggio 和 Powell、Scott、Peng、周雪光等学者为该学派的发展做出了重要贡献。

新制度学派提出合法性机制来解释组织和制度的趋同现象，周雪光在其著作《组织社会学十讲》中这样讲述合法性机制："合法性机制是指，当社会的法律制度、社会规范、文化观念或某种特定的组织形式成为'广为接受'会事实之后，就成为规范人的行为的观念力量，能够诱使或迫使组织采纳与这种共享观念相符的组织结构和制度。"先了解组织所处的环境对理解合法性机制的内容和含义会有很大帮助。Meyer 和 Scott（1983）在其著作 *Centralization and the legitimacy problem of local government* 中将组织的环境区分为技术环境和制度环境，其中技术环境是指与组织的生产经营本身有关的一系列技术系统等；而制度环境从广义研发强度对企业人工智能责任的影响研究——制度压力的调节作用上说是指组织所处社会的法律法规、大众习俗和社会规范等因素，其中新制度学派所关注的制度环境主要是指社会规范因素，即支撑社会稳定化和秩序化的、被普遍接受的符号体系及其共同意义。技术环境与制度环境对组织的影响不同，技术环境要求企业不断提升生产效率进而赚取更多的利润；而制度环境则要求组织的运作结构和制度要符合大家公认的"合法性"，组织要采取社会大众普遍认可的组织形式和做法，而不管这些是否对组织的正常运作有没有用（曹正汉，2005）。例如，我国大多数的互联网公司都会选择 P 级和 M 级来作为公司的职称等级结构，这往往不是由于技术或工艺流程对管理的需要，而是因为这种等级结构已经被社会广为接受并认可，如果某家企业没有采取这种组织结构，那么他在行业中的合法性就会受到怀疑。因此技术环境与制度环境对组织的发展要求可能相矛盾，而将组织的内部运作与正式结构相分离就是组织为了解决这些矛盾的一个重要对策。在这种情况下，一个组织建立的某些规章制度可能就是为了应对制度环境的要求，而不会正式实施，组织的正式结构也就变成了象征性的意义，对组织的实际运作没有实质意义。

新制度理论学派认为，合法性机制对企业的作用存在强意义上的合法化机制和弱意义上的合法化机制两种形式。Meyer 和 Rowan（1977）所讨论的合法化机制是指强意义上的合法化机制，他们认为社会上的某些共享观念往往不是以人为意志而产生，而是以自然法则的形式出现并成为神话的东西，人们无意中都在按照这种观念行动，迈耶和罗温把这种现象称为"理性的神话"。这里的共享观念是指那些被人们自然化、神圣化的基本理念，人们以为这就是自然而然的道理，这种观念的根源可以追溯到一年四季等自然规律或芸芸众生的生活法则。组织在这种具有强大约束力的社会共享观念下没有自主选择的余地，而是不得不采用人们普遍认可的组织形式来获得合法性。而弱意义上的合法化机制是指制度环境通过利益分配等激励方式来诱导组织做出对自己有利的决策，制度环境在这里并不是一开始就塑造了人们的思维方式和行为，而是通过利用人的利益动机来鼓励人们做出社会广泛认可的行为。

比如，积极履行社会责任的企业会更加符合普世的社会价值观，人们就会给予企业更多的关注，企业也更容易获得政府及资本的帮助，而当大多数企业都开始关注企业社会责任时，就会"逼迫"其他企业也开始履行社会责任，这些企业也许一开始并不愿意承担社会责任，但他们会意识到如果不这样做，他们的合法性将会受到威胁，其生存与发展也难以为继。所以强意义上的合法化机制和弱意义上的合法化机制都是通过制度环境来塑造企业的制度结构，处于相同制度环境下的组织其制度结构也会趋于相同。Douglas（1986）在其著作《制度如何思考》中指出强意义上的共享观念通过三种自然化机制得以实现：一是共享观念赋予人们某种身份，使其按照身份属性去思维和行动，例如，商人和农民，领导和下属的分工；二是共享观念加强人们对某些规则和信息的记忆并遗忘其他的规则和信息，以此来引导热门的思维和行动；三是共享观念塑造人们普遍认可的分类标准，为人们的思维和行动提供了重要的前提。而弱意义上的共享观念并不像强意义上的共享观念一样直接塑造人们的思维和行动，而是通过利益来诱导人们做出同样的选择。Dimaggio 和 Poueel（1983）提出了三种弱意义上的共享观念影响组织结构的方式：一是通过强制的方式，如国家的法律法规、组织内部的规章制度等强迫组织采取相同的行动，否则将会受到歧视或惩罚；二是通过规范的方式，从业者在培训专业技能的时候就受到了某些行业规范的影响，之后他们又将这种影响带入组织中进而决定了在同一行业下的组织会有相似的组织结构；三是通过模仿的方式，在模糊不确定的外部环境下，组织通常会模仿行业内成功者的行为和做法，以此来减少决策失误。此后有大量学者开始对新制度理论进行深入研究，新制度理论进入高速发展阶段。North（1990）在其著作 Institutions，Institutional Change and Economic Performance（1990）中认为制度是约束组织行为的博弈规则，是一种人为设计的规定，包括正式约束和非正式约束两种形式。随后斯考特的著作 Institutions and organizations（2001）在 Meyer 与 Scott（1983）的基础上提出了著名的"制度三大支柱框架"，将制度压力划分为规制压力、规范压力与认知压力，其中规制压力机制为强制性趋同，规范压力机制为规范性趋同，认知压力机制为模仿性趋同。彭等（2009）进一步提出制度压力由正式制度与非正式制度两种形式构成，前者包括社会法律法规及规章制度等，后者包括社会规范及道德伦理等。

（2）制度压力与企业社会责任的相关研究。在新制度理论框架下，许多国内外学者开始研究制度压力对企业社会责任的影响。Husted 和 Allen（2006）首次将制度压力纳入企业社会责任的研究框架，认为企业履行企业社会责任的行为更多是出于企业社会责任制度的强制性而并非企业战略利益的决策。Campbell（2007）认为以下特定的制度环境更能使企业积极主动的承担企业社会责任，比如一个规范很强而且有执行力的政府；存在监督企业行为的非营利组织，必要的时候它们会动员资源以改变企业行为；行业内有一个规范企业行为的自律体系；商业杂志和商学院呼吁企业承担企业社会责任；企业与利益相关者有制度化的对话等。Aguilera 等（2007）指出促进企业履行企业社会责任的法律法规可以通过形成影响行业规则、风俗习惯、价值认知等规范性压力来推动企业履行社会责任，因为这些规范性压力可以在企业外部塑造一个推动企业履行社会责任的实际氛围。李彬等（2011）通过实证研究发现不同层次的制度压力对企业社会责任的影响也不同，同时政治关联在二者之间充当部分的中介作用。李怡娜和叶飞（2011）将强制压力划分为强制性的环境法律法规和激励性的环境法律法规来研究制度压力对企业绿色环保创新的影响，通过实证研究发现强制性的环境法律法规和模仿压力可以明显地促进企业的绿色环保创新行为，而激励性的环境法律法规和规范压力对企业绿色环保创新没有影响。沈奇泰松等（2012）对 5 家企业进行案例探索分析后提出命题，制度压力中的规制、规范和认知压力对企业社会战略反应和企业社会绩效存在正向作用的影响。郝云宏等（2012）超越效率视角从合法性的视角来研究企业社会责任的行为逻辑，研究指出企业社会责任行为是制度环境与制度压力作用的结果，处于规制合法性、规范合法性、认知合法性塑造的规制环境、规范环境和认知环境会对企业产生规制压力、规范压力和认知压力，在规制机制、规范机制和模仿机制的协同作用下，企业产生履行企业社会责任行为，企业面临的制度压力越大则企业越会积极履行社会责任行为，而且规制机制、规范机制和模仿机制是动态演进并相继起主导作用。Berrone 等（2013）通过对美国 326 家污染行业上市公司进行实证研究发现，规制压力与规范压力都会促进企业的绿色创新行为，这种影响在那些污染相对高于同行的公司中更为明显。De Villiers 等（2014）通过对南非矿业大小上市公司的社会和环境信息披露进行比较分析发现，当企业最初处于一个不确定的行业时一般会去模仿成功企业的做法，随后组织内部的专业人员（董事和经理）和外部的专业人员（如顾问）就会发展出一种该领域规范的做法，此时几乎所有组织都以或多或少相同的方式遵循这种做法，而以往不同特点的组织在应对制度压力时所采用的规则和结构的差异，随着对这些制度压力共同理解的发展，开始消失。杨汉明和吴丹红（2015）从制度理论中的"制度同形"概念出发，分析了我国企业社会责任的信息披露情况，研究发现强制压力、规范压力和模仿压力促使我国企业社会责任信息披露意愿和质量存在"同形"现象。Martinezferrero 和 Garciasanchez（2017）通过对国际样本（696 家公司）2007~2014 年的面板数据分析表明，在法律制度和文化发展较好的国家经营的公司，且该公司处于非常关注可持续性的行业，那么它更有可能发布可持续性报告。同时，在者三种制度压力中，规范压力的作用最强，强制压力次之。徐建中等（2017）通过对我国 209 家制造企业进行研究发现，规制压力、模仿压力与企业绿色创新实践活动存在一种倒 U 型的关系，这可能是因为当规制压力和模仿压力超过一定程度后，企业可能就会没有充足的资源来进行绿色创新，从而只能降低对绿色创新的资源投入。综上可以看出，国内外学者对于制度压力与企业社会责任的研究取得了丰硕的成果，大部分研究都认同制度压力对企业社会责任具有促进作用，有的学者从行为逻辑、作用机制、行业现象等角度探讨二者关系（De Villiers et al.，2014；郝云宏、唐茂林和王淑贤，2012；沈奇泰松、蔡宁和孙文文，2012）；有的学者从实证的角度验证了二者之间的正向关系（Berrone et al.，2013；田虹和姜雨峰，2014；杨汉明和吴丹红，2015）。此外，部分学者发现三种制度压力对企业社会责任的影响程度不一（Martinezferrero and Garciasanchez，2017；李彬、谷慧敏和高伟，2011）；也有部分学者发现存在着一些中介和调节变量（李彬、谷慧敏和高伟，2011；田虹和姜雨峰，2014）。

2.2.3.3　团队断裂带和 CEM 框架

团队断裂带是指基于团队成员多重特征的作用，带来了团队内部的分化，使团队被无形中分割成多个相对同质的子群。

本书基于性别和年龄对 TMT 人口断裂带进行了概念化，因为这些属性在多个方面都能发挥作用。有研究认为，与男性和年轻董事相比，女性和老年董事在价值取向（Andreoni and Vesterlund，2001；Stern et al.，1993）、组织重点和优先事项（Eagly et al.，2003）、长期战略导向（Silverman，2003）、环境相关经验和知识（Post et al.，2011）及冒险行为（Hambrick and Mason，1984）方面存在差异。Elmagrhi 等（2019）还认为，董事的性别和年龄对公司的环境战略、实施和披露有着综合影响。因此，本书将重点放在性别和年龄这两个人口统计维度上。

关于断裂带对团队有效性的影响，先前研究有不同看法。尽管几项研究已经就断裂带对团队协作有效性的不利影响达成一致（Li and Hambrick，2005；Rico et al.，2007；Thatcher and Patel，2011），但也有人发现它们的积极作用（Thatcher et al.，2003；Cooper et al.，2014）。以下理论为上述分歧提供了解释。一方面，自我分类（Turner，1982）和社会认同（Tajfel，1978）理论表明，由于社会分类过程和"我们对他们"的心态，断裂带会影响团队绩效；另一方面，信息/决策观（Horwitz and Horwitz，2007）认为，断裂带团队拥有更广泛的认知资源会带来更好的绩效。

为了调和社会分类理论和信息/决策理论的不一致性，Van Knippenberg 等（2004）通过整合两个理论视角提出了 CEM 理论（Cooper et al.，2014；Ellis et al.，2013；Meyer and Schermuly，2012；Van Knippenberg et al.，2004）。根据 CEM 理论，社会分类和信息/决策过程共存并相互作用（Van Knippenberg et al.，2004）。因此，团队断裂带研究的重点不是确定何种效果占据主导，而是确定打破社会分类和信息/决策过程之间平衡的条件。

2.3　企业人工智能技术创新管理的结果研究

2.3.1　专利数量和质量的内涵

"专利数量"和"专利质量"是衡量企业专利产出和创新成果的两个重要的维度，是对企业专利产出"量"和"质"的双重考量。研究专利数量和专利质量是研究企业创新过程中投入转化为产出规模和效率的度量（De Rassenfosse，2013）。专利数量反映了企业创新产出的总体规模（Narin et al.，1987）。专利质量的概念随着时间的推移，获得了广泛的含义，但国内外学者尚为对"专利质量"的定义达成统一的意见，大多是从法律、技术、经济的角度探讨专利质量的定义（谷丽等，2017）。而就现代企业技术创新而言，更多的是从技术和经济的角度衡量企业的专利质量。Hasan 和 Tucci（2010）的研究将专利质量从技术价值和经济价值角度开展讨论，因此，本书借鉴他们的研究，将专利质量界定为企业技术研发在经济、技术方面的创新，代表企业技术专利位置的核心程度以及在同技术领域内的相对水平（李牧南和梁欣谊，2017）。

高质量专利包含广泛的权利要求，很少涉及现有技术设计，并且具有高度适用性。拥有高质量的专利，一方面有助于企业抵御技术和产品侵权；另一方面，使公司能够更好地避免阻碍产品在市场上生产和销售的昂贵诉讼（Trappey et al.，2012）。因此，如果企业专利质量提高，公司的价值就会增加，从而使企业与竞争对手相比更具有技术优势（Harrigan et al.，2018）。

2.3.2 专利数量和质量的相关研究

企业专利数量和专利质量的发展受到很多因素的影响，因此国内外较多的学者从其影响因素开展研究，探究在何种情况下，更有利于企业专利数量的增加和专利质量水平的提升。Henard 和 Dacin（2010）、Höflinger 等（2018）认为专利质量与技术创新声誉相关，而技术创新声誉又与公司的竞争优势相关。Dindaroğlu（2018）研究企业层面的技术多样性和可支配性条件对美国专利创新的数量和质量的影响。其研究结果表明，在大多数多样性分布中，技术多样性增加了质量调整专利数，但其与平均专利质量的关系是倒 U 型的。企业规模对企业层面专利创新的平均质量没有影响。随着研发强度的提升，企业创新速度下降，但其平均质量提高，这表明研发中存在质量与数量的权衡。王萧萧和朱桂龙（2019）运用中国2006~2010 年的专利数据，基于专利引文结构视角，研究产学研合作对专利质量的影响，结果表明，产学研合作对专利质量提升具有显著正向影响。蒋仁爱等（2020）运用 1975~2017 年的专利数据，研究专利发明人合作能否产生更高质量专利，结果表明，相对于不合作，专利发明人合作更能显著提高专利质量，但研究产学研合作却对专利质量提升无显著影响。李欣等（2020）为构建基于机器学习的专利质量评价指标体系，以人工智能技术专利为例开展实证研究，结果表明专利评价需综合技术、经济、法律、主体等更为全面和深入，且基于机器学习的专利质量评价指标方法能为大规模专利质量智能化的分类评价提供借鉴。周克放和乔永忠（2021）运用 2008~2017 年信息通信技术领域中的无效宣告请求专利为样本研究专利质量的影响因素，研究结果表明，应综合技术和经济指标评价专利质量。

因企业专利数量和专利质量能够为实现企业可持续增长提供强大的动力，所以一些学者也关注其对企业绩效的影响。Deng 等（1999）应用了多项专利指标，如专利数量、专利引用和专利科学链接指数，以预测公司绩效，并发现它们与公司的后续市场绩效呈正相关。李忆等（2014）以 130 家高科技上市公司为样本，研究了基于发明专利和实用新兴专利对企业绩效的影响，其研究结果表明，两类专利的数量对企业绩效均无显著影响。李强等（2016）运用中国创业板上市公司专利数据库为样本，研究企业专利数量和专利质量对企业长短期绩效的影响，其研究结果表明，专利数量与短期绩效呈倒 U 型关系，专利数量对长期绩效无影响；专利质量与企业短期绩效呈正相关，与长期绩效呈倒 U 型关系。孟猛猛等（2021）运用中国 2003~2017 年的省级数据，采用动态面板模型研究专利质量对经济高质量发展的影响，结果表明，专利质量对经济高质量发展正相关，且该正向关系还受到知识产权保护的调节。宋艳等（2021）运用信息技术硬件行业 179 家企业 2014~2018 年的面板数据，从技术、法律和经济三个维度分析专利质量对企业绩效的影响，且两者的关系还受到企业技术创新类型的调节。

　　企业专利数量的增加和专利质量水平的提升所需的资源基础存在差异，专利质量的要求显然要比专利数量高，其所需资源也更需丰富，尤其是像人工智能这样更具复杂性和不确定性的新兴技术。因此，一些学者也从"数量—质量"争论的角度开展相关研究。De Rassenfosse（2013）研究企业是否面临发明专利数量和质量的权衡，其研究结果表明，通过转向更具有应用性的研发项目，刺激发明率的提高，可能会导致发明的平均质量下降。显然，在当今以市场为导向、以结果为导向的技术开发方法的背景下，一些公司可能以质量换取数量。陈力田和岑杰（2018）基于专用、通用和权变能力特征视角，采用 DEA 的方法将企业专利数量增长能力结构分为三种子能力，对 305 家创业板上市公司进行研究，识别了专利质量导向下企业专利数量增长能力的优先次序，为企业实现数量和质量的均衡提供基础和建议。魏佳丽等（2020）通过对美国、中国、欧洲、日本和韩国 5 个国家或地区的人工智能领域专利技术质量和战略质量进行研究，其结果表明，虽然我国的专利数量高于其他国家，但在专利质量上美国较为领先。

2.3.3　双元创新理论中突破式和渐进式创新产出的相关研究

　　双元理论最早源于组织进化论，经过多年的研究与组织学习理论、动态能力理论、组织情景理论等融合发展，并不断丰富。双元是指企业同时从事利用和探索活动（March，1991），使得企业在利用已有资源和能力的基础上，开发新的产品以满足未来市场需求。

在动荡的市场环境中获得竞争优势（Gibson and Birkinshaw，2004）。利用和探索运用在企业管理中的诸多领域，如创新（He and Wong，2004；Jansen，Van & Volberda，2006；Kollmann and Stöckmann，2014）、组织设计（Mom et al.，2018）等。企业只有不断适应环境变化，才能够在动态的市场竞争中获得一席之地，在这个过程中组织难免会遇到两难境地，如果执着于追求组织柔性会降低企业标准化程度，可是一味地寻求规模化、标准化的生产方式以提升企业效率又会降低组织柔性，这就是组织常见的"组织生产率悖论"。为应对上述问题，组织需要具备两种能力：一种为适应低环境动态性所需要的利用式创新活动能力，即渐进式的创新；另一种为适应高环境动态性所需要的探索式创新活动能力，即激进的、颠覆式的创新，双元创新理论便是在这个基础上发展起来的。

学者们对双元创新之间关系存在不同见解。部分学者认为双元创新中的突破式创新和渐进式创新是相互矛盾的，是一种替代关系，两者此消彼长，所以将两者的形成称为序列双元或时间分割式的双元，保持创新的平衡要在探索和开发之间互相切换。March（1991）认为探索式创新和利用式创新之间是竞争关系，两者不可调和。Floyd 和 Lane（2000）研究指出双元创新对知识体系的利用是相反的，利用式创新的组织内部知识从高层向底层传递，需要不断地学习和积累；而探索式创新则是从底层传向高层，需要企业与外部进行交流。Simsek（2009）认为创新效果受到二元创新平衡的影响，低水平的创新平衡不利于创新活动的展开。也有部分学者认为双元创新是互补的，是相互独立的创新活动，二者不存在竞争关系，可以共存，因此被称为结构双元。Gupta 等（2006）认为探索式创新与利用式创新两者可以相互补充。Lavie 和 Rosenkopf（2006）研究认为企业可以通过社会网络关系形成战略联盟实现双元创新的平衡。

关于双元创新的方式，随着学者研究的深入也日渐清晰。March（1991）提出了利用式创新和探索式创新两种创新概念，后续大量学者对其进行研究，有学者将这两种创新翻译成渐进性创新和突破性创新（徐宁等，2019），也有学者将其翻译为探索性创新和开发性创新（王文华和叶沁瑶，2019）。虽然名称不同，但双元创新本质上指的是两种基本的不同创新形式：①颠覆的、不连续的、根本性的创新，如探索式创新、突破式创新、激进式创新；②连续的、渐进的创新，如渐进式创新、利用式创新。最终，学者将企业创新大概可以分为渐进式创新和突破式创新两类（Henderson and Clark，1990）。渐进式创新是对已有的产品和技术进行改进，或对已有产品和技术的提升，从而满足市场和消费者的需要；而突破式创新则是对熊彼特"突破式创新"的延伸，是从根本上突破已有技术，在全新平台基础上开发出新的产品、服务或技术，甚至颠覆已有的运营规则和环境，满足潜在或未来的消费需要。

2.3.4　价值链理论中运营效率的相关研究

1985 年，哈佛大学商学院教授迈克尔·波特提出"价值链"概念。学者波特认为，企业的价值创造由众多价值活动构成，具有连贯性，主要分为基本活动、辅助活动两大类。一个企业若要大面积降低成本，获得较高的利润，就要在企业价值链上下功夫，做好价值链的有效管理。Hofer 和 Tortaro（2010）通过分析一个制造公司，全面分析了这个公司的采购到生产，再到销售的全部价值链各环节，认为一个好的价值链管理，对企业成本的降低和竞争力的增强，有很大的保障作用。其中基本活动主要涵盖内部后勤、生产作业、外部后勤、市场和销售、服务等内容。相应的辅助活动则主要涉及采购环节、技术开发人力资源管理以及企业基础设施建设等。内容存在一定差异性，但关联性仍较强的一系列生产经营活动，构成了企业的价值链，实现了企业价值创造的动态呈现。

公司价值链主要涵盖内部价值链、纵向价值链、横向价值链三个维度。本书主要基于公司内部价值链理论开展。对于单个公司，公司内部价值链是其价值链条中的核心。内部价值链位于单个公司个体的核心环节，在企业的内部被分解为多个单元部分，价值通过内部价值链的转移实现逐渐的积累、沉淀。每个单元链价值的产生也意味着成本相应的损耗，两者之间存在较为紧密的关联性，通过深入剖析细节以及关联性，能够厘清低价值作业内容，从而降低公司成本、提高运营效率。Mohan（2016）指出若要有效促进整体价值链的增值，价值链管理的关注点不应放在生产、销售等个别环节上，最重要的是要从整体出发，优化管理价值链各环节，才能达到提高运营效率的结果。

20 世纪 80 年代 Porter 传统经典价值链模型适用于当时工厂的生产经营模式。Dekker（2003）在分析一家零售企业的过程中，丰富了波特价值链的具体内涵，提出了价值链运用应该坚持的原则，创造了价值链成本模型，为价值链的应用提供了切实可行方法。进入 21 世纪后，由于信息经济、知识经济和创新经济时代的来临，全球经济发展方式发生重大转变（Friedman，2005），使得产业价值管理模式做出重大调整，同时使价值链模型产生新的形态。Joanna 和 Jörg（2018）

认为，在信息化时代，价值链管理方法在悄然发生着变化，由数字化价值链管理方法正在代替传统的价值链管理方法，数字化有力地推动了价值链的发展，数字化价值链管理能够确保企业在市场竞争中长久保持有利地位。具体而言，技术创新在价值链价值创造中成为重要源泉和主要动力（吴晓波和吴东，2008）。早期的支持活动如技术进步、采购等正逐步转变为研发、设计等主要活动，并形成以创新为推动力的全新的价值链形态（Sainsbury，2007）。信息管理、关系管理、运营管理正逐渐成为企业生存发展的重要支持活动，Chandler 和 Cortada（2000）指出信息的价值在信息时代日益突出。Mathews（2002）强调了关系管理对企业发展的重要性，而 Russell 和 Taylor（2008）在其研究中则关注运营管理在价值链中发挥的提高制造效率的作用。

2.3.5　社会责任与企业绩效

中国的高质量经济资源越来越集中于企业。因此，企业承担环境责任的风险很小。因此，他们倾向于主动承担社会责任，以符合国家和公众的期望（Jenkins，2006）。我国大多数企业以"低成本、低价格、低利润"的模式参与市场竞争。由于企业的规模劣势和资源约束，企业在经营中更倾向于追求经济效益的最大化，因此其寻利行为更加突出（Yu et al.，2023）。基于此，对于企业而言，履行环境责任是一项高风险、高成本的投资，企业必须在环境责任方面花费更多（Russo and Perrini，2010）。因此，企业在履行其环境责任方面可能面临障碍。

大量研究试图解释社会责任如何影响企业绩效，但这一领域的研究相对不一致。一方面，一些研究认为通过履行企业社会责任，如环保责任，可以刺激创新、获取关键资源、获得必要的支持以及建立企业声誉，从而获取竞争优势。首先，环保企业通常以创新的方式来解决环境问题，这种能力是企业在环保实践中积累的宝贵经验，也是企业宝贵的无形资源（Shu et al.，2016），同时提高了其可持续发展能力（Hart，1995；Hart and Dowell，2011）。例如，通过引入技术或重新设计流程来实现绿色转型，企业可以减少资源消耗以及污染控制成本，提高环境和财务绩效（Christmann，2000；Hart，1995）。其次，具有高水平的自然环境和社会治理绩效的企业会比其同行获得更多的财政资源（Cheng et al.，2014）。积极履行环境责任的公司树立了重视环境治理、注重可持续发展的良好形象，并为其未来的发展前景奠定了坚实基础（Barnett and Salomon，2006），因此获得投资者青睐（Shahab et al.，2018）。最后，企业积极参与环境保护可有效改善并加强与政府关系，使其获更多支持，从而降低与政府的交易成本（Jiang et al.，2018）。Peloza（2006）提出，企业履行环境责任可减少因环境绩效不佳、环境事故和诉讼等问题而遭受制裁和惩罚，降低由环境事故和诉讼带来的债务和损失。最后，积极履行环境责任的企业在消费者市场上形成品牌形象，建立声誉优势（Hur et al.，2014），提高消费者购买意愿和产品价值感知（Schmuck et al.，2018），形成竞争优势。

另一方面，由于受到一定的约束，企业环境责任的效果可能会产生反向作用。首先，环境责任往往需要企业投入大量的技术资源和工艺进行创新。为了履行环境责任，企业必须将重点从最初对核心业务的投资转向环境保护（Duanmu et al.，2018）。在环境污染控制和清洁技术方面的巨额投资使企业的成本更高。同时，这些环保方面的投入具有回报期长、收益不确定性高的特点（Mandojana and Bansal，2016）。其次，企业环境责任导致先前生产效率下降。从本质上讲，企业绿色转型作为实施环境责任的一种特定环境实践，是一种战略性变革（Amundsen and Hermansen，2021）。因此，必然伴随着相应的管理常规的变化、产业结构调整、技术创新、组织结构优化等（Maxwell et al.，1997）。这些行为反过来又由于资源的重新分配和对组织惯性的干扰而影响企业的运营效率和财务绩效（Haveman et al.，2001）。最后，积极主动的环境责任似乎对投资者没有吸引力。市场总是以短期为导向，投资者在做出投资决策时不会考虑长期的环境因素（Hassel et al.，2005）。因此，企业履行环境责任不能迅速有效地转化为关键利益相关者的支持。

2.4　已有研究述评及研究缺口的提出

综上所述，企业人工智能在技术应用和创新过程中，有着多目标之间的联系、矛盾和耦合关系。例如，技术应用中的"低成本—竞争战略"矛盾、专利产出中的"数量—质量"矛盾、价值链认知和协同过程中的"创新产出—运营效率"矛盾、技术责任产生过程中"创新能力—社会责任"之间的矛盾和耦合。上述矛盾存在于以下几个方面：①人工智能技术在后发企业智能制造应用中注意力配置提升策略；②专利数量和质量均衡导向下人工智能企业技术创新能力提升策略研究述评；③通过企业人工智能技术创新提升运营效率；④企业人工智能技术责任提升策略。调节情境、互补关系、均衡逻辑是针对矛盾的耦合机制实现的关键。

2.4.1 人工智能技术在后发企业智能制造应用中注意力配置提升策略

本书对注意力、智能制造技术、知识基础、竞争战略等进行文献梳理，发现目前的研究存在如下问题。

（1）知识资源对于注意力配置的影响多从理论角度阐述，相关的实证研究较少。如 Sapienza（2005）从学习理论出发补充了企业注意力基础观。他认为学习是影响企业注意力配置的关键因素，还能由此提高注意力转化为实际行动的可能性。卡班奥夫和布朗（2008）指出知识结构会塑造管理者对特定问题的注意力。卫武（2018）、赵晨（2017）等认为通过组织学习积累经验可提高对特定事物的注意力。此外，对于知识资源如何影响新兴技术的注意力配置，学者们并未达成一致。如索萨（2011）指出企业的知识基础是创新过程中的重要源泉，员工从知识基础中获取灵感，从而将其转化为创新行为和创新结果。罗珀和休伊特（2015）在探索企业的知识存量与创新之间的关系时，发现组织可能会存在一定的路径依赖。本书基于专利数据衡量企业知识基础，将其分为知识存量与知识多元度探究知识资源如何影响企业对智能制造的注意力强度。

（2）企业的行动规则如竞争战略如何影响企业的新兴技术注意力配置并不清晰。Garg 和 Priem（2003）认为企业的主导逻辑规则将会影响企业的注意力选择，但企业的主导逻辑规则会随着环境变化或重要事件发生转变。吕斯尧（2018）指出公司的战略导向反映了其注意力配置，二者相互影响。但多数学者从论述角度给出观点，认为低成本竞争可能会使企业掉入"低成本陷阱"，但也会促进企业新技术开发与应用，但低成本战略及其作为组织竞争规则如何影响后发企业新兴技术注意力的机理并不明了，有待实证研究。

（3）对于企业的竞争战略文献多从问卷以及二手数据出发去界定企业的战略类型。如阿坎（2006）设计包含 25 种竞争战略的量表，测定中国和美国的样本公司，结果显示两国公司最常见的是使用成本领先战略；加尼等（2006）使用研发强度、总体毛利率、资产周转率来衡量竞争战略，并通过聚类分析识别出了成本领先与差异化战略。但现代企业由于与网络经济融合发展，很难厘清其战略类型。有鉴于此，本书将使用文本分析方法测量企业竞争导向，以此来研究企业竞争战略导向对智能制造等新兴技术注意力是何种关系。

（4）研究多从智能制造的影响因素或发展历程对其进行剖析和整理，但从注意力的角度发掘其对智能制造的注意力配置的影响因素研究并不丰富。本书梳理文献，对智能制造的测量多从问卷定性的方式以及使用专利数据衡量其创新效率即定量的角度出发，本书将使用文本分析法，即定性与定量结合的方式测量企业对智能制造的注意力强度。

从现实角度出发，组织对新兴技术分配注意力可以迅速聚集资源，从而有利于新兴技术的成果产生，但组织内哪些因素会影响企业对新兴技术的注意力配置，学者们并没有达成共识，而知识基础与竞争导向与企业对智能制造等新兴技术的注意力确有关系，但现有的实证研究也并不丰富。此外，从理论的角度出发，奥卡契教授提出的注意力基础观，其中的注意力调节器包含资源、规则、参与者、结构性位置。本书所提出的研究问题具有良好的理论支撑。因此，本书将知识基础分为存量和结构两个方面，并且以知识多元度衡量企业知识基础的结构；将企业的竞争战略分为低成本竞争以及差异化竞争来衡量企业的竞争规则，从知识基础以及竞争规则两个方面探究其与后发企业的智能制造等新兴技术注意力强度具有何种关系。

2.4.2　专利数量和质量均衡导向下人工智能企业技术创新能力提升策略研究述评

由于新兴技术更新速度快，在涉及人工智能的新兴技术转型中，企业需要具备较强的研发投入和创新能力，才能在激烈的竞争中生存和发展。研发强度代表了企业研发投入的程度，为企业创造新知识以创新产品和组织流程提供基础。即企业只有通过对其知识、技术等方面投入相应的研发资源，才能有助于企业开发新的技术知识，并与当前的技术、组织流程、产品和服务集成，最终创造价值。创新能力异变幅度，表征着探索式和利用式研发在时间上交替和转换，有助于技术创新达到间断均衡，实现研发资源的有效管理，以产生数量和质量并重的创新产出。但"研发—产出"这一创新链过程涉及很多价值创造环节（Swift，2016），在管理和分配研发资源过程中，需要通过价值认知体系，把握创新能力异变的幅度，缓解"数量—质量"矛盾。专利的数量和质量，在一定程度上反映了企业创新产出，但由于资产专用性，专利数量的提高常以专利质量降低为代价（陈力田和岑杰，2018）。针对创新过程中"数量—质量"替代争论，处于人工智能技术浪潮中的企业如何基于价值认知结构选择创新能力异变幅度策略来均衡研发强度与人工智能企业专利产出的关系，是其获得竞争优势的关键。目前尚存研究缺口。

首先，研发投入和专利产出关系存在争论。现有研究认为企业增强研发强度会显著促进专利数量（Czarnitzki et al.，2007；Hottenrott and Lopes-Bento，2012）。同时，也有学者研究表明了企业研发强度与企业专利质量间存在的正相关关系（Hall et al.，2005），但也有少部分学者研究认为这种影响带来的可能更多的是战略价值而非具有技术价值的专利（Blind et al.，2009），出现专利率上升而专利质量下降的情况（De Rassenfosse，2013）。那么在人工智能浪潮背景下，人工智能企业该如何实现研发投入下数量和质量的双增长？

其次，已有研究认为创新能力异变幅度，即探索式和利用式创新之间的转换，有助于技术创新达到间断均衡，实现研发资源的有效管理（Hall and Bagchi-Sen，2002；Kang and Kim，2020），以产生数量和质量并重的创新产出。在创新能力异变幅度情境下，能够有助于企业突破现有能力，以及带给企业探索未来的创新机会。但是也有研究认为创新能力异变幅度带来了企业主导技术路径转换，是企业面对高风险的内部转型情境，由于时机把握的困难，该转型的收益并不确定（Swift，2016）。当创新能力异变幅度较小时，企业对已有技术路径的突破程度也较小，因此由惯性带来的路径转换成本较低。但当创新能力异变幅度较大时，企业需要突破已有的路径程度也较大，因此由惯性带来的路径转换成本较高。因此，在面对企业研发投入不断增强的情况下，具备独特性的人工智能企业应该基于什么样的创新能力异变幅度情境以此均衡其研发强度与专利产出关系？

最后，创新能力异变幅度是否能够激发研发投入和专利产出间的正向关系这一问题的核心在于企业是否具备匹配创新能力异变幅度的价值链认知水平，从而能够将更多的研发资源配置于高价值创新能力结构中（Lima and Bernroider，2019）。这就需要研究创新能力异变幅度和价值链认知特征交互作用对研发投入决策有效性的影响。但已有研究多关注于专利组合（Sorenson et al.，2006）、技术机会（Dong et al.，2020）等单一的边界条件，缺少针对人工智能背景下的企业该如何准确认知创新资源价值，调整研发策略以提升专利数量和质量的研究。判断人工智能企业创新资源价值，不仅需要企业把握合适的研发时机、合理分配研发资源以及管理决策层对客观价值认知的探索（Kang and Kim，2020；Hall and Bagchi-Sen，2002），还需要正确认知人工智能企业所面临的机遇和挑战。但该领域仍存在争论，多数研究认为创新能力异变幅度低时，企业无须匹配高价值认识水平，因为创新行为的风险小（Nooteboom et al.，2007）；但也有研究认为创新能力异变幅度较小时，企业需配备更高的价值认知以实现专利质量提升所需的潜在能力（Alexy et al.，2013）。那么，基于高研发强下不同创新能力异变幅度情境的人工智能企业为实现高质量的创新产出该如何选择价值链认知体系？

针对研究缺口，本书基于资源基础观、过程观、间断均衡理论以及价值认知视角，以 2011~2021 年中国 84 家人工智能概念股上市公司面板数据为样本，分析并检验了研发强度对人工智能企业专利数量和专利质量的影响，以及创新能力异变幅度和价值认知复杂度在此过程中的调节作用。

2.4.3　通过企业人工智能技术创新提升运营效率研究述评

通过对运营效率、双元创新、认知复杂度和成本粘性的相关文献梳理，为本书将运营效率嵌入人工智能领域的研究主题提供文献支撑。通过国内外文献整理分析，创新一直都是国内外学者关注的热点，但大多数研究以传统企业为样本，缺乏对高新技术行业，如人工智能企业的研究。对于创新和企业效率的关系，不同学者持有不同观点，一般是从正相关、负相关或非线性关系这三个角度分析，没有形成统一观点。随着学者对创新内涵的深入研究，学术界对双元创新的研究越来越多，逐渐延伸到企业创新行为中，把企业创新行为分为颠覆式创新和渐进式创新，可以对双元创新行为的后因变量进一步拓展，对企业绩效的衡量学者大多以 Tobin's Q 或 ROA 为测量指标，双元创新作为企业的创新战略会对企业效率产生影响，而运营效率可以用来作为测量企业绩效的运营能力。因此本书希望可以从新的视角，对双元创新于运营效率之间的关系进一步深入研究。通过对认知复杂度相关文献的梳理，发现对于认知复杂度的测量大致有四种，本书结合 Nadkarni 和 Narayanan（2007）、吴东（2011）的测量方式，用价值链计算认知复杂度。大部分学者对于认知复杂度的研究多集中于其对企业战略抉择的影响，如高管的认知对企业动态能力及战略决策、决策速度的影响，缺乏对双元创新或运营效率的调节作用的研究。因此本书希望引入认知复杂度这一变量，将其与成本粘性相结合，探讨企业在不同情境下，双元创新和运营效率这两者的变化关系，拓展研究范围。通过对成本粘性相关文献的梳理，发现国内外学者对于成本粘性的存在性和影响因素进行大量研究，从销售管理费用拓展到企业经营成本，并从不同国家、不同地区、不同行业的角度进行研究，拓展了成本粘性的研究范围，丰富了成本粘性相关文献。但仍有一些不足，已有研究大多对成本粘性与企业创新活动关系进行探讨，尚未形成统一定论，同时很少将成本粘性作为调节变量进行研究，鉴于高新技术行业注重研发创新，研发投入较大，容易导致企业出现成本粘性现象，因此本书以人工智能企业为样本，引入成本粘性变量，探究在不同成本粘性程度下，人工智能企业如何开展创新活动以提升运营效率。

2.4.4　企业人工智能技术责任提升策略研究述评

企业社会责任是指企业在生产经营的过程中，不仅需要承担对股东、消费者和员工等利益相关者的责任，同时也要承担对社会可持续发展的责任。而企业环境责任可以理解为是企业社会责任的一个组成部分，是指企业在谋求自身及股东经济利益最大化的同时，也负有保护环境、防止污染的社会义务（林红珍，2011）。据此，本书将企业人工智能责任定义为企业社会责任的一部分，是指企业在利用人工智能技术实现经济效益增加的同时，也负有社会期望满足与道德伦理可接受的两个义务。另外，Wu 等（2020）认为大多数学者在研究企业环境责任时将其视为整体进行研究，忽视了企业环境责任包含两个不同的维度（伦理责任和技术优势维度），更不用说这两个维度对企业创新绩效的影响。本书参考Wu 等（2020），将企业人工智能责任划分为企业人工智能责任伦理和企业人工智能技术优势两个维度来进行研究。其中，企业人工智能责任伦理是指企业在应用人工智能技术的过程中预防和解决因人工智能技术产生的伦理问题，如数据安全、用户隐私保护、机器人使用安全/威胁、无人驾驶汽车安全等；企业人工智能技术优势是指企业在战略上把人工智能技术上升到解决社会问题的伦理层面上，如利用人工智能技术服务残障人士、保护方言、助力精准扶贫等。

研发投入对于想要持续获得竞争优势的企业来说至关重要（Menke，1997），人工智能企业要想利用人工智能技术实现其商业价值，需要投入大量资本进行研发创新。以往有关企业研发强度与企业社会责任的研究基于资源基础观，认为研发活动会提高企业工艺效率和引进新产品，为企业带来竞争优势，从而为企业履行社会责任提供资源基础（Padgett and Galan，2010；Yu et al.，2020；谢昕琰和楼晓玲，2018）。然而，前文提到由于人工智能技术的创新具有潜在风险，其结果会引发利益相关者的担忧，削弱企业竞争优势，从而导致企业丧失履行企业人工智能责任的资源基础。那么，在人工智能的行业背景下，企业的研发强度又会对企业人工智能责任的两个维度产生怎样的影响？这个问题值得探讨，但现有文献鲜有提及。同时，新制度理论认为，企业在生产经营的过程当中一定会受到制度环境的影响（Kostova and Zaheer，1999）。

　　来自政府的规制压力与来自市场的规范压力和认知压力均会对企业研发强度与企业人工智能责任之间的关系起调节作用。但以往学者在研究研发强度对企业社会责任的影响时大多只考虑了企业所处行业、区域创新环境等因素的调节作用（Padgett and Galan，2010；Yu et al.，2020），较少考虑以制度压力作调节变量的研究。而现有以制度压力作为权变因素的研究存在争论，如谢昕琰和楼晓玲（2018）认为外部制度压力会驱使企业更趋向于社会福利导向的创新进行研发投入，因而三种制度压力均会放大研发投入对社会责任的影响；而陈力田等（2018）则基于企业趋利与伦理的不同动因，认为企业对不同制度压力会有不同响应。因此，针对以上研究缺口与争论，将基于资源基础观与新制度理论，以101 家同花顺人工智能概念股上市公司 2011~2017 年数据为样本，实证研究企业研发强度对企业人工智能责任的影响，以及制度压力在二者关系中的调节作用。

第3章 研究设计

3.1 研究方法的选择

为了实现和研究问题的匹配，本书将综合运用跨学科多类知识，以实现定性和定量结合、实证和理论推导结合、动态和静态结合、横向和纵向结合。围绕"企业如何在制度压力、成本粘性等内外约束情境下，实现专利数量和专利质量导向下企业人工智能技术创新和社会责任行为，并提升运营效率"这一问题，遵循"文献阅读与案例研究→提出命题→形成假设→收集数据→假设检验→动态仿真模拟→形成结论"的思路进行研究，具体包括如下几类研究方法：

3.1.1 文献研究与理论分析

在收集企业人工智能技术创新管理文献的基础上，在研究目标的引导下，系统、深入地总结前人研究成果，在此过程中，拟采用文献计量学和理论分析相结合的方法，分析企业人工智能技术应用、技术创新、技术责任的前因、结果、过程机理，系统搜寻、评述相关文献，找出研究基础和缺口，构建研究模型，为后续研究提供基础。

3.1.2 数理实证研究

子研究一至子研究七中采用数理实证研究方法，主要选择中国创业板和人工智能概念股上市企业作为研究样本，原因如下：第一，相比于未上市的公司，上市公司需要披露更详细、准确和符合国际标准的研发与财务数据。第二，样本符合本项目研究主题。快速变化的能力价值评价准绳和外部危机冲击常引发这类企业制定风险决策时的有限理性。第三，样本企业所属行业，有助于克服专利分析过程中因样本异化导致的选择偏误。

本书采用以下原因选择样本企业区间。第一，可保证关键变量数据的准确性和可获得性。2008 年 12 月由国家税务总局发布的《企业研究开发费用税前扣除管理办法》明确规定了企业研发费用计税方式，使更多上市公司在年报中披露研发投入信息。第二，作为改革试验点，样本企业常面临环境中的新挑战，这与我国经济转型时期相符，可观测到更多企业技术创新能力形成和演变行为。研究数据主要来自国泰安数据库、Wind 数据库、巨潮资讯网、国家知识产权局数据库，并结合样本企业网站对企业年报等数据进行补充和验证。为避免信息披露不真实的影响，本书拟剔除观测年间破产倒闭的企业，保证样本研发投入数据的连续可得，并剔除其他数据缺失的企业。此外，考虑到处于人工智能企业技术创新对专利数量、专利质量、运营效率发展目标的影响具有滞后性，自变量、调节变量、控制变量以当年数据为准，因变量以滞后数据为准。

3.1.3　模糊集定性比较研究方法

在子研究三中，基于模糊集定性比较分析方法，采用 fsQCA 软件，对编码后得到的"价值认知—环境特征"的不同组合方式对创新能力异变有效性的影响作用进行对比分析。模糊集定性比较分析是为因果关系建模的新方法。"建立理论关系而不是相关关系，基于因果关系该方法能够被更好的理解"，非常适合分析"单一条件不显示影响效果，只有与其他条件一起才能产生影响"的因果条件关系，依靠逻辑最小化来识别结果发生和不发生的必要和充分条件。然后，基于案例分析揭示路径机理。在组态分析后，多案例研究方法有助深入阐述路径机理。为提高结论的普适性，增强研究价值，案例选择的标准包括：第一，所选企业经历了创新能力异变事件，具有典型性；第二，所选企业在行业分布方面有所不同，提高了研究结论的普适性；第三，资料可获得性，保证了信息真实和结论有效。

3.2 子研究之间的逻辑关系

3.2.1 子研究一：人工智能技术在后发企业智能制造应用中注意力配置提升策略

子研究一基于文献研究法和实证分析法对知识基础资源、竞争战略导向与后发制造企业对人工智能技术注意力的关系进行研究。首先，为确保坚实的理论支撑和相对可靠的研究方法，本书对国内外关注新兴技术注意力研究、知识基础、竞争战略的相关文献进行综述。其次，基于文本分析法对后发企业的新兴技术注意力、企业的竞争战略等使用文本分析法进行测量。通过企业的管理层讨论与分析、董事会讨论章节等企业的年报数据进行关键词的检索，通过关键词频数与管理层讨论与分析章节总词数的商来衡量企业的相关注意力强度等。最后，基于回归分析法，采用 CSMAR 数据库、同花顺金融数据库、WinGo 财经文本数据库收集变量的相关数据，使用 Stata 对知识基础资源、竞争战略导向与后发企业智能制造应用中人工智能技术注意力配置的关系进行回归分析，为研究问题和研究假设提供数据支撑。由此，明确知识基础资源、竞争战略导向与后发制造企业人工智能技术注意力的关系以及相关调节效应的结果。

3.2.2 子研究二：专利质量导向下企业专利数量增长能力重塑——基于"专用、通用和权变"能力特征视角

子研究二针对转型经济情境下，企业技术创新能力演进过程中存在"数量—质量"核心矛盾，秉承"专用、通用和权变"能力特征视角，基于 305 家创业板上市公司数据，先采用 DEA 方法将公司专利数量增长能力解构为三种子能力，再比较这三种子能力对企业专利质量的效用，以及环境不可预测性在此过程中的调节作用。研究识别了专利质量导向下企业专利数量增长能力的优先级自低至高次序：研发规模控制能力→技术领域内效率提升能力→技术领域选择能力。环境不可预测性越强，该次序越有向以下路径重塑的倾向：研发规模控制能力→技术领域选择能力→技术领域内效率提升能力。该发现基于能力特征视角突破了技术

创新领域的"数量与质量替代"逻辑,调和了理论分歧;并对本土企业如何通过技术创新能力重塑实现从增加努力程度向改变努力模式的转型,以实现专利数量和专利质量的均衡提出建议。

3.2.3 子研究三:创新能力异变事件对企业专利质量的影响路径

子研究三针对专利质量导向下企业创新能力异变存在"柔性—效率"基本矛盾,秉承时机选择和惯例破坏视角,采用模糊集质性比较分析法,基于 2011～2017 年创业板上市公司的 115 个创新能力异变事件样本,研究了难以预测环境、价值认知和创新能力异变的细分特征对企业专利质量的影响路径,并结合案例进行了阐述。结果发现:①单因素不构成影响专利质量的必要条件,专利质量高低取决于多项因素组成的复杂组态;②仅存在一条有效路径引发高质量专利,即路径Ⅰ"难以预测程度高且比例低的环境—复杂且聚焦的价值认知—高幅低速的创新能力异变";③存在四条路径引发低质量专利,路径Ⅱ、路径Ⅲ、路径Ⅴ所对应的"难以预测程度高或比例高的环境—松散或简单的价值认知—低幅或高速的创新能力异变"以及路径Ⅳ所对应的"难以预测程度低且比例低的环境—聚焦且简单的价值认知—高幅的创新能力异变";④影响专利质量的原因具有典型的非对称性。结合价值认知和难以预测环境因素,基于组态配置视角探究企业创新能力异变事件对专利质量的影响路径,在突破二元创新理论隐含的认知资源和信息完备前提的情境中深化了从利用式到探索式创新转变机理的研究,对二元创新理论具一定贡献,亦有助企业创新价值实现。

3.2.4 子研究四:专利数量和质量均衡导向下人工智能企业研发策略研究——创新能力异变幅度和价值认知的调节作用

在子研究二和子研究三的理论基础上,子研究四基于人工智能企业上市公司样本,采用文献研究法、文本分析法、实证研究法相结合的方法对研发强度与专利数量和专利质量的关系以及创新能力异变幅度和价值认知复杂度调节效应进行研究。首先,通过对企业创新能力异变、价值认知、专利数量和专利质量进行国内外文献回顾,识别现有研究存在的不足。其次,使用文本分析法对价值认知复杂度变量进行了测量。通过阅读上市公司年度报告和社会责任报告中的内容进行关键词的检索,根据关键词记录语段,找出价值链环节的数量,并进行相应的计算,得出价值认知复杂度。最后,基于实证分析法,从 CSMAR 数据库、Wind 数据库收集和下载本书的相关数据，并在此基础上使用 Eviews 软件对创新能力异变数据进行测算，同时使用数据分析软件 Stata 对本书中的各个变量进行描述性分析、相关性分析和回归分析等，以此为研究问题和假设提供数据支撑。基于以上研究方法，明确研发强度与人工智能企业专利数量和专利质量间的关系以及相关调节效应的结果。

3.2.5　子研究五：人工智能企业双元创新与运营效率的关系研究——价值认知复杂度和成本粘性的调节效应

本书基于双元创新理论、价值链理论对双元创新对运营效率的影响，管理者的认知复杂度对双元创新与运营效率关系的影响以及价值认知复杂度与成本粘性相互配置，会对双元创新与运营效率的关系造成的影响三个问题进行研究。首先，对双元创新理论、价值链理论进行了回顾，构建了研究模型并做出假设。其次，基于实证分析方法，利用 2011～2020 年人工智能概念股上市的公司数据以及相关年报信息，确定研究变量以及模型，并对实证结果进行解释。最后，研究发现双元创新和运营效率呈正相关关系，价值认知复杂度正向调节了突破式创新和运营效率之间的关系，价值认知复杂度和成本粘性在突破式创新与运营效率间不存在联合交互的调节效应。为人工智能企业在提升运营效率的战略决策上提供了指导，既可以通过突破式创新和渐进式创新提升运营效率，也可以因地制宜选择不同创新模式。

3.2.6　子研究六：企业社会责任效果的影响因素研究——高管团队断裂带及其激活情境的作用

如何通过社会责任履行促进企业绩效一直是理论研究焦点。基于团队断裂带理论，本书认为高管团队断裂带和破产威胁共同影响企业环境责任与长期绩效间关系。首先，通过理论回顾了企业社会责任理论、高管团队断裂带理论和前景理论，构建了通过高管团队断裂带及其破产距离激活情境对企业社会责任效果的影响因素的理论框架。其次，基于文本分析法，对前因变量进行了编码。最后，基于实证研究方法，利用 410 家 2011～2020 年在创业板上市的我国企业数据，研究发现，承担环境责任对企业长期绩效作用效果因高管团队特征和企业财务资源现状（破产威胁）而异。具体而言，当破产威胁较高时，高管团队断裂带负向影响环境责任与企业长期绩效间的关系。然而，当破产威胁较低时，高管团队断裂带则正向影响了它们间的关系。本书基于高管团队断裂带理论，确定高管团队断裂带发生激活效应的具体情境，为企业社会责任研究提供了新视角，也为子研究七中人工智能企业社会责任研究提供基础。

3.2.7 子研究七：企业人工智能技术责任提升策略研究——创新能力和制度理论的整合

本书采用实证研究方法来研究制度压力、企业研发强度与企业人工智能技术责任间的关系。首先，基于文献研究法对制度压力、企业研发强度、企业社会责任间关系进行回顾，并确定变量测量方法。其次，对企业人工智能技术责任使用文本分析法来进行测量，通过对年报中的董事会报告、公司业务概要、经营情况讨论与分析等章节及社会责任报进行分词选出关键词，然后使用包含关键词的语句占某公司某年总文本总句子数百分比衡量企业人工智能责任。最后，使用 Stata 对相关数据进行回归分析，明确制度压力、研发强度与企业人工智能技术责任的关系及调节效应的结果。

沿着"人工智能技术应用→专利质量导向下企业技术创新一般规律→专利质量导向下人工智能企业技术创新的特殊性→人工智能企业双元创新与运营效率的关系→企业社会责任影响因素及人工智能技术责任提升策略"路径，子研究之间逻辑关系如图 3-1 所示。

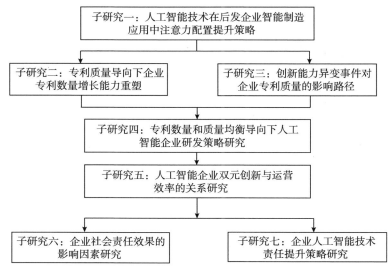

图 3-1 子研究之间的逻辑关系

第4章 子研究一：人工智能技术在后发企业智能制造应用中注意力配置提升策略①

4.1 问题的提出

近年来，以增材制造技术、生物技术、人工智能技术、新一代信息技术（云平台、区块链、大数据）、物联网、绿色环保为代表的新兴技术或者技术集群正不断涌现，其出现不断更新着工业技术范畴，同时也给传统制造业带来了深度的改革。20世纪90年代，美国出于提振经济的目的，就本国的制造业现状基础，提出了先进制造技术的概念。此后，人工智能技术、人机协同、柔性制造等概念成为新兴技术研究的热点。韩国、德国、日本、欧洲各国、亚洲的新兴工业经济国家纷纷做出反应加入这场工业革命中，比如德国的工业4.0。可以说，人工智能新兴技术正在深刻改变着世界制造业的格局。2016年工信部颁布《智能制造发展规划（2016—2020年）》，规划指出智能制造是将先进制造技术与新一代信息科技深度融合，将其贯穿到设计、生产、组织与营销管理、服务创新等各个环节，具有感知、决策、执行、自适应、自我学习等性质的新兴技术，并强调发展智能制造能推动我国制造业供给侧结构性改革，对制造强国战略目标实现具有重

① 本章内容来源于：王玲. 知识基础、竞争导向与企业对新兴技术的注意力——基于智能制造背景的实证研究［D］. 浙江工商大学，2021.

要的战略意义，发展智能制造将成为我国重大战略任务之一并需要长期坚持。

我国制造业在改革开放 40 多年来，进行了巨大的改革，无论是国有企业还是民营企业，无论是制造业的整体规模，还是技术含量，均取得了惊人的成就与巨大的跨越。从发展的战略模式来说，中国制造业在改革开放初期以国内市场换取技术以满足内需，到不断进行追赶，成为全球最大的制造业贸易国。后期以技术创新支撑新型工业经济，再通过发展智能制造影响全球制造业格局，我国制造业在开放包容、兼容并蓄中实现了规模扩展与质量跃迁。我国制造业通过不断优化产品质量与产业结构，逐渐成为世界贸易体系的重要组成部分，制造业增加值逐年攀升，表现为强劲的增长态势。在保持良好发展趋势的同时，我国制造业也面临着多重困境。一方面，我国劳动年龄人口规模自 2012 年起以每年百万人数呈缩减状态，人口红利褪去和要素成本上升使得传统比较优势的日渐消失；另一方面，制造业的创新型人才与企业的创新能力供应不足，使得产品的创新型以及附加值低，始终没有建立起具有一定规模的品牌效应优势，这些都使得我国制造业始终处于制造业价值链的低端环节。另外，制造业企业税负过重、部分民营企业创新意识滞后、产业严重过剩等问题也制约着制造业的进一步发展。中国制造业寻求转型升级、产业结构调整、新增长动力的愿望日益迫切。智能制造则为中国制造业实现后发赶超和抢占未来制造业制高点提供了契机。伴随第三次工业革命的热潮，制造业在经济中的功能定位或将转变，世界经济格局可能由此发生巨大改变。中国制造业亟须抓住此次机会窗口，建立主体性意识，在战略型转型升级、技术创新战略、应对全球竞争战略等多个方面主动控制调整。我国具有人口大国以及规模化市场优势，面临的是互联网应用驱动经济与智能制造体系深度融合的机遇当口，通过智能装备与智能制造应用知识管理差异化的机会，通过转型升级路径，中国制造业可进入世界制造第一梯队（肖静华等，2016）。因此新兴技术在制造业的应用可使后发企业摆脱低端锁定，实现价值链跃迁，智能制造的一系列信息技术与智能装备为代表的新兴技术群组则具有这样的功能。

当前中国为了大力发展智能制造技术，作出了"两化融合"以及智能制造试点等举措，目的是提高企业的信息化、智能化水平。为了促进企业的技术创新，国家不仅在政策上给予支持，并且提供资金与技术补贴，但"打铁还需自身硬"，企业若想在制造业上实现新兴技术的突破还需从自身出发，或进行知识的交流与联盟，或转变战略等。艾格斯（2009）、卡普兰（2008）在研究中指出当企业需要做出市场创新、技术创新、管理创新等组织创新性行为时，高管或决策者对该行为的注意力能够使其更好地捕捉环境中的创新机会。约瑟夫（2012）基于注意力基础观提出，管理注意力是企业在适应其商业环境和开发新产品和服务方面采取不同行动的主要原因。管理者将注意力放置于新兴技术，提高对其认知水平并将加速进入该领域，还将注意力集中于现有技术，放缓进入新技术领域的速度。因此，管理者对于新兴技术的注意力是进入该领域的关键要素。从制造业智能化的发展历程来看，世界制造业智能化发展的各个阶段的时间跨度均较大，长时间的技术积累与沉淀为下一个阶段的跨越做蓄力，最后表现为新兴技术的开发与应用成为每个阶段跃迁的拐点。但我国制造业信息化与智能化的转型更多则以政府的政策文件作为"动力器"，体现了中国特色社会主义市场经济体制下制造业发展的特点与规则，我国企业对新兴技术的注意力配置的主动性不足。根据研究，将注意力集中到某一领域，可以引导组织的资源向该领域流动，从而在该领域获得更好的成果。因此，我国制造业进入智能制造领域，应提高对智能制造领域相关人工智能新兴技术的注意力配置。

上文明确了对智能制造等领域提高人工智能新兴技术注意力配置的重要性，但是对于何种因素会影响企业对新兴技术的注意力配置并不清晰。换句话说，组织内究竟哪些因素会影响其对人工智能新兴技术的注意力？奥卡契（1997）在基于注意力基础观认为组织的资源以及规则等是影响注意力配置的重要因素。史蒂文斯（2015）指出知识作为一种企业资源，对注意力配置会产生重要影响。Sosa（2011）指出企业的知识基础是创新过程中的重要源泉，员工从知识基础中获取灵感，从而将其转化为创新行为和创新结果。

Roper 和 Hewitt（2015）在探索企业的知识存量与创新之间的关系时，发现组织可能会存在一定的路径依赖；周健明等（2014）认为主体在解决问题时，更习惯于使用原有的经验、程序去解释和处理问题，因为知识会出现"僵化"现象，不利于组织的创新和发展。

由此可见，企业自身的知识资源会如何影响企业对新兴技术的注意力配置并不明晰。另外，企业的竞争战略是其竞争优势的重要来源。中国制造业凭借成本优势获得了大规模的市场，但面对现如今技术环境日新月异的今天，始终强调成本领先是否会造成企业对智能制造等新兴技术的"遮蔽"；而差异化竞争的企业是否会由于强调差异化比同行会更多地关注智能制造未可知。因此，本章面向人工智能技术在后发企业智能制造过程中面临的注意力配置难题，针对"知识基础、竞争导向是否以及如何影响后发企业人工智能新兴技术注意力配置"研究问题，基于注意力基础观和动态能力理论，以 A 股上市的制造业企业作为研究样本，探究知识基础与竞争导向对后发企业人工智能技术注意力配置的影响。

4.2　研究假设

4.2.1　知识存量与后发企业智能制造过程中新兴技术注意力的关系

企业资源是企业利用赖以使用其开展业务或者生产和服务的有形以及无形资产。知识基础观认为，企业的知识基础是企业在生产以及经营活动中最独特也最重要的资源（郑云飞，2011）。根据注意力基础观，组织的资源是企业行动的主要依据，组织在决定组织的议题和答案会基于自身所用的资源进行考虑，而企业管理、维护和发展其知识基础的能力影响其创新成果。March 和 Shapira（1992）认为企业资源是影响注意力配置的重要因素。因此，企业知识基础与注意力密切相关。就制造业企业而言，技术是其核心竞争力的重要来源，因此本章使用知识基础来衡量后发企业的资源。依据知识基础观，企业知识基础可从知识累积及知识探索能力两方面进行分析。知识的积累是指企业所拥有的知识资源，以及对知识的反复挖掘与应用；知识探索能力是指企业在进行知识探索时，不断探索、挖掘、学习与研发新知识的过程，反映了知识的结构。基于此，本章从知识存量与知识多元度两个变量出发研究企业的知识基础。

首先，企业的知识存量是一定时期内所占有的知识资源的总和，是企业进行竞争的关键所在（徐露允，2016）。知识存量象征着企业对某一领域知识的熟悉程度与掌握程度，体现了企业这一领域知识应用的专业性（Zhou and Li，2012）。通过反复应用这个领域的知识，企业会对这一系统具有更深刻的理解，能够给充分认识到这些知识元素以及其联系性，企业在进行内部知识的精进或外部信息知识的补进过程中会更加便捷快速，从而在面对外面变化时具有更高的敏感度，创造力会更高（Argyres，2004）。其次，随着知识存量的递增，企业对自身所处的技术知识环境极为熟悉，通过这些知识应用的经验，企业在进行知识探索的过程中具有更低的成本以及更低的风险，因此增加和发掘新知识应用的可能性会更高，会更加容易取得突破性成果（周健明，2016）。对于制造业企业来说，其技术领域知识的掌握必须通过长时间的积累与学习，对自身产品和技术具有更高的成熟度以及深刻的理解之后，在该领域才可能不再执行跟随战略，而进行新产品以及新技术的探索。同时，以人工智能技术为主的智能制造领域新兴技术的发展不是一蹴而就的，其贯穿了设计、生产、组织管理、营销与服务等各个环节，制造业的智能化应用需要更多的知识，尤其是技术知识去保障其智能化改造的系统正常运行并且解决在此过程中可能会出现的问题（李廉水，2019）。也有学者认为企业的知识存量越多，越会导致知识惯性，不利于其技术创新。但我国后发民营企业众多，这些后发企业的知识基础存量较为单薄，大多依靠的是一开始的技术引进和较低的人力成本，慢慢发展壮大，而其进行新兴技术的探索与应用必须先要进行知识基础的积累，才可能拥有很好的技术探索与应用能力。因此，本章认为我国企业的知识存量越高，意味着更好的知识探索能力、更小的风险、更强的企业能力，才可能更有时间与精力对智能制造这一新兴技术领域投以更多的注意力。

H4-1：企业的知识存量与人工智能技术注意力呈正相关。即企业的知识存量越多，其对人工智能技术注意力强度会越高。

4.2.2　知识多元度与后发企业智能制造过程中新兴技术注意力的关系

知识多元度是指企业所拥有的知识基础的复杂程度，它反映了企业涉猎的技术类别的分布情况。首先，企业的知识基础越复杂，意味着企业拥有的知识元素越多，因此能够结合的知识元素组合就越多，出现新技术的概率也会越高。同时，企业的知识多元度较高时，其研发人员的视角更加多元与广阔，能够并且愿意进行知识边界的扩展；当市场发生变化时，企业能够更快地识别新机会并进行研发方向的调整，能从不同的方向考虑这些知识元素的联系，考虑新知识元素与旧知识元素的结合与碰撞，开展跨知识领域搜索，从而更有助于对新知识与新技术产生认知（Chen and Chang，2012）。其次，知识基础的多元化发展是对识别新知识与潜在机会的促进与积累。在此过程中，企业通过搜索外部知识与信息，不断接触新市场与新技术知识，其内部决策和研发人员的认知刚性也会较低，对新技术探索更具有动力，因此可能更愿意在新兴技术上投放注意力（刘岩，2014）。从技术角度看，智能制造技术是在新一代信息技术与人工智能技术的基础上，对产品、生产过程以及管理进行感知和人机交互等操作（周佳军和姚锡凡，2015），其中每个环节都需要技术积累与创新。技术创新是企业实现从传统制造模式向智能制造模式转型的关键因素（Weyer，2015）。知识多元化正对应了技术的创新积累这一过程，当企业的知识多元度越高时，其进行产品、生产、管理的智能改造也就越多，因此会对智能制造技术的关注度也越多。

H4-2：企业的知识多元度与人工智能技术注意力呈正相关。即企业的知识多元度越高，其对人工智能技术注意力强度会越高。

4.2.3 知识多元度对知识存量与后发企业智能制造过程中对新兴技术注意力的关系的调节效应

知识存量代表的是企业对该知识领域的熟悉度，多元度指的是企业所掌握的知识基础的复杂度。与线性创新此类范式成熟的技术创新相同，新兴技术相应的也需要在一个技术领域进行深挖，先形成一定的技术累积，为新技术的产生奠定基础。但是新兴技术又区别于一般的技术创新，它不仅需要现有技术知识的积累与应用，更重要的是新知识元素、跨领域知识元素组合，在新知识与知识存量的整合中实现新技术知识的创造（刘岩，2011）。因此，当企业具有一定的知识存量时，知识结构多元度高的企业会有更多的知识元素组合，具有更强的识别、吸收并运用新知识的能力。现代制造业企业要想获得竞争优势，除了进行规模化生产，还需要满足客户越来越个性化以及高效率的需求，因此企业需要利用技术对各个流程进行改造升级。知识存量代表了企业的能力，当知识多元度高时，其对新技术的创新意愿会更强，降低单一技术锁定风险，技术多元化能够实现创新知识基础的重新组合并增强创新环境不确定变化下的企业多元选择能力，而常进行创新的企业组织文化也会相对更为活跃和敏锐，会更愿意在智能制造上投以注意力。

H4-3：知识多元度正向调节企业的知识存量与人工智能技术注意力间的关系。

4.2.4 低成本竞争与后发企业智能制造过程中对新兴技术注意力的关系

企业的战略类型对组织的注意力配置具有重要的影响（Ren and Guo，2011）。竞争战略作为重要的战略分类方式，其选择体现了企业的计划与目标，能够影响其行动与决策，同时也是影响其创新行为的重要因素（Kim and Huh，2015）。竞争战略类型的划分能够更好地厘清其竞争导向，从而理解其决策与行动选择。本书基于波特（1980）对竞争战略类型的划分，选择低成本战略与差异化战略衡量企业的竞争导向。其次，企业的竞争导向是其一系列正式与非正式的行动规则，根据注意力基础观，企业的规则能够解释其行动，这套规则反映了企业的价值取向、技术创新方向等，企业依据这些规则进行时间与精力的配置，因此企业的竞争导向能够影响企业的注意力选择与配置。

企业的战略管理是面向未来的，其从决策到行动的过程是动态的，而技术的变革与企业的战略管理密切相关，因此战略能够影响企业对技术的选择（黄群慧，2013）。低成本导向的企业通常是出于防御性目的，因此这类型的企业极其强调成本与预算的控制，通过最大限度地降低成本实现产品与服务的较低价格，从而获得规模经济。这类企业的产品组合较为有限，注重维持现有产品和市场，而不是开拓全新的市场（鲍新中，2014）。

此外，由于其通过内部环境运营效率的提高，竭尽全力维持现有市场，面对市场或者技术的变化也通常是选择进行被动的追随（Kim，2015），对新兴技术的主动摸索的可能性较低。从价值链条上看，低成本竞争的制造业企业更多的关注点集中于原材料价格的降低，如何通过原材料的供给、生产流程的改进进行成本的压缩，而更少将注意力放在新的市场需求上，因为要满足新的市场需求，则需要花费更高成本和较高的预算支出。尤其是智能制造领域这类新兴技术，其改造与应用设计到的是设计、生产、营销与销售、组织管理等多个环节，因此低成本竞争的企业对这类需要花费大量人力以及财力的议题会花费较少的时间与精力。也有学者认为实行"互联网+"等模式天然就可以实现规模化生产从而达到降低成本的目的（杨德明，2018）。但本书认为我国后发企业在进行低成本竞争倾向于模仿，对于降低成本以区别于竞争对手也常采用购买生产线、装备等显性层面的改善，而不是探索新兴技术，当新兴技术不再成为热点和难点，新兴技术的应用成熟以及成本相对来说降低后，这类企业才会进行被动式的跟进，以尽量避免首先进行探索所需花费的大量成本。

H4-4：低成本竞争的企业与人工智能技术注意力呈负相关。即低成本竞争强度越高，其对人工智能技术注意力就越低。

4.2.5 差异化竞争与后发企业智能制造过程中对人工智能技术注意力的关系研究

以差异化竞争为基本规则的企业在发展过程中倾向于在产品和业务、营销、服务等方面与竞争对手塑造差异以获取竞争优势。差异化竞争较强的企业需要随时检测市场变化，收集外部信息，以备后续的市场以及产品创新与开发。当企业极力推行差异化战略时，组织的注意力主要集中在如何通过技术创新实现新产品差异化和优质化。由于差异化战略能够清晰呈现创新活动的价值创造过程，对于如何调动资源、整合各类信息进行新任务完成更加具有经验，其效率会更高，因此其更可能将资源与精力放置于新兴技术（姚柱，2020）。此外，差异化竞争的企业通常具有更强烈的创新意识，其使命是建立独特的品牌标识以及差异化的产品和服务，因此必须具备相配套的研发能力与浓厚的创新氛围；差异化的企业会不断检索外部信息，发掘新的市场机会，并通过不断地尝试与调整，确立其新目标，通过标新立异与竞争对手区分开（郑兵云，2011）。采取差异化战略竞争的企业因为要不断地开发新技术与产品，必须要通过一定程度上的具有突破性的创新来满足其创新需求。基于以上，差异化竞争的制造业更为重要的是新产品，为了寻求新的竞争优势会更愿意探索和发掘新的技术和方法，以期能满足多元度、个性化、动态化甚至定制化的市场需求。企业氛围会更为活跃，智能制造的发展支持度会更高，在对外公布的信息上也会更多地披露其新的目标和方向以建立竞争优势。

H4-5：差异化竞争的企业与人工智能技术注意力呈正相关。即差异化竞争强度越高，其对人工智能技术注意力就越低。

4.2.6　概念模型

本章主要研究的是制造业公司所持的知识资源、竞争战略规则对智能制造等新兴技术注意力的关系。本书将知识资源按照存量和结构分为知识存量和知识多元度两个维度，认为知识多元度会调节知识存量与后发企业新兴技术注意力之间的关系；将竞争规则分为低成本竞争和差异化竞争两个维度，探索这些变量与后发企业智能制造过程中对新兴技术注意力间的关系。子研究一的概念模型如图4-1所示。

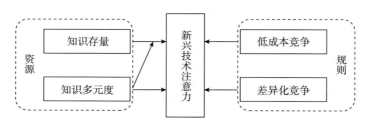

图 4-1　子研究一的概念模型

4.3 实证研究设计

4.3.1 数据来源与样本选取

本书按照《证监会 2012 行业分类标准》，选取 2010~2017 年的 A 股上市的制造业企业（行业代码为 C）为研究样本，理由如下：①与研究问题更加匹配。A 股上市的制造业企业多为民营企业，正是我国重点关注与扶持的对象，提高民营企业信息化、智能化水平是实现后发企业追赶以及超越的关键。②数据可靠性更高。上市公司在政府机构的严格监管下，需要公布完整并且准确的研发等数据；自 2003 年开始，中国证监会也逐步规范上市公司的年报披露并加强上市公司对战略相关信息的披露。③样本量更充足。同时，考虑到企业以及高管团队的注意力配置具有滞后性，因此本书采用 1 年作为滞后期。即自变量若使用的是 2010 年的数据，相对应的因变量则是 2011 年的数据。因此，本书中自变量、调节变量、控制变量的数据时间为 2010~2017 年，因变量的数据时间为 2011~2018 年，共 7 年。其中，企业年龄、ROA、R&D、公司规模、高管团队人数等指标数据从国泰安 CSMAR 数据库下载，并通过同花顺 iFinD 金融数据库、企业网站、企业年报数据进行补充。

本书将收集到的数据进行了如下筛选和调整：①剔除研究变量有数据缺失的样本；②剔除明显奇异值，如 R&D 为负值；③剔除 ST、*ST 等有退市风险以及退市的企业。最终获得了 1550 家公司的 7020 条观测数据。其中，所涉及的细分门类如表 4-1 所示。

表 4-1　行业门类分布　　　　　　　　　　单位：家

细分门类	样本数	细分门类	样本数
C13 农副食品加工业	29	C17 纺织业	24
C14 食品制造业	29	C18 纺织服装、服饰业	15
C15 酒、饮料和精制茶制造业	26	C19 皮革、毛皮、羽毛及其制品和制鞋业	4

续表

细分门类	样本数	细分门类	样本数
C20 木材加工和木、竹、藤、棕、草制品业	4	C31 黑色金属冶炼和压延加工业	24
C21 家具制造业	15	C32 有色金属冶炼和压延加工业	50
C22 造纸和纸制品业	16	C33 金属制品业	41
C23 印刷和记录媒介复制业	9	C34 通用设备制造业	96
C24 文教、工美、体育和娱乐用品制造业	9	C35 专用设备制造业	155
C25 石油加工、炼焦和核燃料加工业	12	C36 汽车制造业	87
C26 化学原料和化学制品制造业	182	C37 铁路、船舶、航空航天和其他运输设备制造业	25
C27 医药制造业	143	C38 电气机械和器材制造业	153
C28 化学纤维制造业	17	C39 计算机、通信和其他电子设备制造业	236
C29 橡胶和塑料制品业	55	C40 仪器仪表制造业	39
C30 非金属矿物制品业	55	总计	1550

4.3.2　研究变量

4.3.2.1　被解释变量

本章基于智能制造背景，探究企业对人工智能新兴技术的注意力。在对对象的注意力测算上，参考国内外文献，使用文本分析法。参考艾格斯和卡普兰（2006）使用致股东的数据测量组织对人工智能新技术的关注程度。

首先，参考郭磊等（2020）、吕荣杰等（2020），确定了一组关于智能制造过程中人工智能技术的关键词，分别是机器人、互联网、信息化（含企业信息化）、智能物流、智能电网、能源互联网、智能城市、智能服务、新能源汽车、3D 打印、智能家居、移动互联网、生物识别、模式识别、神经网络、云技术、海量数据、数据中心、数据分析、数据挖掘、数据存储、互联、虚拟现实、数控机床、数控系统、传感器、集成化、虚拟化、智能电源、智慧（含能）交通、智慧医疗、智能社区、电子政务、智能终端管理信息化（含信息化管理）、信息化应用、自动化（含自动控制）。

其次，在 WinGo 数据库收集关键词组在董事会报告章节（2015 年更名为管理层讨论与分析章节）出现的频数。计算方式如下：

智能制造中人工智能技术注意力强度＝

$$\frac{\text{智能制造技术关键词集对应的精确词频总和}}{\text{管理层讨论与分析章节总词数}} \times 10000 \quad (4-1)$$

4.3.2.2　解释变量

（1）在制造业方面，对基础以及核心技术的掌握是企业获得竞争力的关键，也是其重要的知识资源。因此，本书以制造业申请的发明专利来衡量企业的知识存量，专利数据来源为中国知识产权局。本书利用国际分类号的前4位代表其所属技术类别（IPC）。首先，依照2012版中国证监会发布的行业分类标准，将行业分类企业的发明专利所属IPC类别统计；其次，利用Python软件将各企业每年每个IPC分类的发明专利数量计算出；最后，计算每个制造业分类的企业每个IPC分类的发明专利数量和总量。参考张晓黎等（2018）、刘岩等（2015），以5年作为积累量，计算企业2010～2017年各年在该领域内的知识基础存量。即知识存量KS为前4年的企业发明专利数量累积到当年的企业发明专利数量。

$$KSt = Pt-4+Pt-3+\cdots+Ptt = \{2006, \cdots, t, \cdots, 2017\} \quad (4-2)$$

企业技术知识基础结构衡量的是企业所掌握的技术资源的范围和分布情况，参考刘岩等（2019）的衡量方法，本书引入熵指数测度企业的知识多元度TD来反映企业的知识基础结构的复杂度。

$$TD = \sum_{i=1}^{n} PSi \times \ln \frac{1}{PSi} \quad (4-3)$$

其中，i表示以IPC为分类依据的技术类别，PSi表示该年的5年专利累积量出现技术类别i的专利数量与专利总数的比值，n表示在该分类依据下统计到的所有技术类别。

（2）使用竞争强度这一变量来界定企业的竞争战略导向。以往的竞争导向的测量多采用的是对公司高管进行问卷调查等，但难免会受到被调查者个人特征以及对竞争战略理解局限的影响，具有一定主观性；自2003年开始，中国证监会逐步规范上市公司的年报披露并要求加强上市公司对战略相关信息的披露。因此，本书基于年报数据采用文本分析法测量竞争导向。变量数据源于WinGo财经文本数据平台（该数据平台可直接下载此变量信息）。计算方式如下：

$$低成本竞争强度＝\frac{\text{成本领先战略指标关键词词集对应的精确词频总和}}{\text{报告文本的总词数}} \times 10000$$

$$(4-4)$$

$$差异化竞争强度 = \frac{差异化战略指标关键词词集对应的精确词频总和}{报告文本的总词数} \times 10000$$

$$(4-5)$$

4.3.2.3　控制变量

本书选取注意力与注意力配置相关的文献，选取了如下的控制变量。

（1）前瞻性（FOR）：指文本中包含公司对未来发展以及对自身业绩的估计。企业具有前瞻性，对于企业的信息不对称情况能够具有一定程度的缓解，企业可以借此了解现状并预测公司的未来业绩。前瞻性体现了企业对未来的规划。Mulsu（2014）测量公司的前瞻性程度，并且研究证明其与企业财务绩效呈正相关。一个企业具有较强的前瞻性意识，才更有可能去进行新兴技术的摸索。

（2）研发强度（R&D）：企业研发强度是衡量企业创新投入力度的指标。当企业的研发强度大时，代表其进行产品或技术创新的意愿会更强。肖延高等（2019）指出研发强度高的企业会呈现显著的技术创新意愿，因此，研发强度较高的企业会更多地关注新兴技术领域。本书参考其他文献测量研发强度的方法，采用衡量企业研发强度的计量方法是研发投入占营业收入的比例，数据源于国泰安数据库。财务指标：制造业发掘和应用新技术往往会涉及产品、生产过程、组织管理、服务等领域，因此公司的财务指标与此密切相关。参考楼旭明等（2020），企业交易成本、运营能力、偿还能力会影响这个过程。因此，选取了 ROA、资产周转率、资产负债率、销售费用等作为控制变量。ROA 即总资产收益率，与资产周转率（营业收入/总资产）衡量的是企业的经营效率。当企业经营效率高时，才更有可能投入人力、物力去进行技术的革新，组织也可能会陷入"惯性"而不愿意做新的尝试。资产负债率即财务杠杆，当企业偿还债务的能力不够高时，企业可能会更愿意将注意力集中在降低成本、改善生产等方面。当制造业的销售费用较高时，企业要想降低费用必定要更加关注外界环境，寻求更好的模式来改善现状，因此他们会更可能关注智能制造。

（3）公司规模（SIZE）与公司年龄（AGE）：公司规模的大小能影响其对智能制造的注意力：①公司规模越大，智能制造等新兴技术带来的边际效应会更加明显；②其对于智能制造方面的注意力以及配置能承担和分散更多的风险；③此类新兴技术研发所需资源会更充足，因此会更有意愿。此外，企业年龄也会影响其对智能制造的关注度。成立越久的公司越会对行业和形势具有更深的理解和更好的把握。

（4）高管团队规模：高管团队的异质性会影响企业对人工智能技术注意力强度的影响。根据 Koryak（2018）的实证研究，高管团队的人数会影响其对研发创新等注意力。当决策团队人数较多时，将可能带来更多的思维发散力和更强的冒险精神。各变量具体计量方式如表 4-2 所示。其中，知识存量与知识多元度使用的专利数据来源于国家专利产权局；前瞻性、智能制造注意力、低成本竞争、差异化竞争变量数据来源于 WinGo 财经文本数据平台；ROA、R&D、企业年龄、企业规模、高管团队规模变量数据来源于 CSMAR 经济金融研究数据库；资产周转率、资产负债率等变量数据来源于 Wind 经济数据库。

表 4-2 子研究一的具体变量与测量方式

变量类型	变量名称	变量符号	变量计算
被解释变量	人工智能技术注意力强度	ATT	文本分析：智能制造关键词词集对应的精确词频总和/该章节的总词数×10000
解释变量	知识存量	KS	知识基础存量 KS 为前四年的企业发明专利数量累积到当年 t 的企业发明专利数量：$KSt = Pt-4 + Pt-3 + \cdots + Pt$
	知识多元度	KD	熵指数：$TD = \sum\limits_{i=1}^{n} PSi \times \ln\dfrac{1}{PSi}$ i 表示以 IPC 为分类依据的技术类别，PSi 表示该年的五年专利累积量出现技术类别 i 的专利数量与专利总数的比值，n 表示在该分类依据下统计到的所有技术类别
	低成本竞争强度	COST	文本分析：成本领先战略指标关键词词集对应的精确词频总和/报告文本的总词数×10000
	差异化竞争强度	DIFF	文本分析：差异化战略指标关键词词集对应的精确词频总和/报告文本的总词数×10000
调节变量	知识多元度	KD	熵指数：$TD = \sum\limits_{i=1}^{n} PSi \times \ln\dfrac{1}{PSi}$ 其中，i 表示以 IPC 为分类依据的技术类别，PSi 表示出现技术类别 i 的专利数量占专利总数的比例，n 表示在该分类依据下涉及的所有技术类别

变量类型	变量名称	变量符号	变量计算
控制变量	前瞻性	*FOR*	文本分析：前瞻性指标关键词词集对应的精确词频总和除以报告文本的总词数×10000
	研发强度	*R&D*	研发投入/营业收入×100%
	资产收益率	*ROA*	净利润/资产平均余额×100%
	资产周转率	*AT*	营业收入总额/平均资产总额×100%
	资产负债率	*LEV*	总负债/总资产×100%
	销售费用	*SE*	销售费用的对数
	公司年龄	*AGE*	该年与公司上市年份的差
	公司规模	*SIZE*	公司该年的总资产额的对数
	高管团队人数	*ETN*	企业中高管人数
	门类	*IND*	虚拟变量
	年份	*YEAR*	虚拟变量

4.3.3　构建实证模型

本书按照《证监会 2012 行业分类标准》，选取 2010～2017 年的 *A* 股制造企业为样本。以人工智能技术注意力强度（*ATT*）为被解释变量，以知识基础存量（*KS*）、知识基础多元度（*KD*）、低成本竞争强度（*COST*）、差异化竞争强度（*DIFF*）为解释变量，以知识基础多元度为调节变量，前瞻性（*FOR*）、研发强度（*R&D*）、资产收益率（*ROA*）、资产周转率（*AT*）、资产负债率（*LEV*）、销售费用（*SE*）、公司年龄（*AGE*）、公司规模（*SIZE*）、高管团队规模（*ETN*）、行业（*IND*）和年份（*YEAR*）为控制变量，按照一年滞后期，构建如下模型。

4.3.3.1　知识基础存量人工智能技术注意力强度的影响模型

$$ATT_{t+1} = \beta_0 + \beta_1 KS_t + \beta_2 FOR_t + \beta_3 R\&D_t + \beta_4 ROA_t + \beta_5 AT_t + \beta_6 LEV_t + \beta_7 SE_t +$$
$$\beta_8 AGE_t + \beta_9 SIZE_t + \beta_{10} ETN_t + \beta_{11} IND_t + \beta_{12} YEAR_{t+\varepsilon} \tag{4-6}$$

4.3.3.2　知识基础多元度对人工智能技术注意力强度的影响模型

$$ATT_{t+1} = \beta_0 + \beta_1 KS_t + \beta_2 KD_t + \beta_3 FOR_t + \beta_4 R\&D_t + \beta_5 ROA_t + \beta_6 AT_t + \beta_7 LEV_t +$$
$$\beta_8 SE_t + \beta_9 AGE_t + \beta_{10} SIZE_t + \beta_{11} ENT_t + \beta_{12} IND_t + \beta_{13} YEAR_{t+\varepsilon} \tag{4-7}$$

4.3.3.3 低成本竞争强度对人工智能技术注意力强度的影响模型

$$ATT_{t+1} = \beta_0 + \beta_1 KS_t + \beta_2 KD_t + \beta_3 COTS_t + \beta_4 FOR_t + \beta_5 R\&D_t + \beta_6 ROA_t + \beta_7 AT_t +$$
$$\beta_8 LEV_t + \beta_9 SE_t + \beta_{10} AGE_t + \beta_{11} SIZE_t + \beta_{12} ENT_t + \beta_{13} IND_t + \beta_{14} YEAR_{t+\varepsilon} \quad (4-8)$$

4.3.3.4 差异化竞争强度对人工智能技术注意力强度的影响模型

$$ATT_{t+1} = \beta_0 + \beta_1 KS_t + \beta_2 KD_t + \beta_3 COTS_t + \beta_4 DIFF_t + \beta_5 FOR_t + \beta_6 R\&D_t + \beta_7 ROA_t +$$
$$\beta_8 AT_t + \beta_9 LEV_t + \beta_{10} SE_t + \beta_{11} AGE_t + \beta_{12} SIZE_t + \beta_{13} ENT_t + \beta_{14} IND_t + \beta_{15} YEAR_{t+\varepsilon}$$
$$(4-9)$$

4.3.3.5 知识基础多元度对知识存量与人工智能技术注意力强度关系的影响模型

$$ATT_{t+1} = \beta_0 + \beta_1 KS_t + \beta_2 KD_t + \beta_3 KS_t \times KD_t + \beta_4 COTS_t + \beta_5 DIFF_t + \beta_6 FOR_t +$$
$$\beta_7 R\&D_t + \beta_8 ROA_t + \beta_9 AT_t + \beta_{10} LEV_t + \beta_{11} SE_t + \beta_{12} AGE_t + \beta_{13} SIZE_t +$$
$$\beta_{14} ENT_t + \beta_{15} IND_t + \beta_{16} YEAR_{t+\varepsilon}$$
$$(4-10)$$

其中，β_0 表示截距，$\beta_1 \sim \beta_{16}$ 表示回归系数，t 表示年度，ε 表示随机误差项。

4.4 实证研究结果

4.4.1 描述性统计分析结果

本书首先对数据进行了正态性检验，为了使数据大致符合正态分布，将企业规模和销售费用进行了取对数的处理，同时对知识基础存量进行了 2.5% 水平的缩尾处理。在此基础上，将样本数据进行了描述性统计，如表 4-3 所示。

表 4-3 子研究一的描述性统计

变量	观测数	最大值	最小值	均值	标准差
人工智能技术注意力强度	7020	239.117	0	16.277	23.349
知识基础存量	7020	446	1	44.968	86.795
知识基础多元度	7020	4.431	0	1.452	0.697

续表

变量	观测数	最大值	最小值	均值	标准差
低成本竞争强度	7020	143	4	50.403	13.780
差异化竞争强度	7020	167	1	44.450	19.998
前瞻性	7020	246	11	74.226	25.272
R&D	7020	72.75	0	4.591	4.158
ROA	7020	1.126	−3.911	0.045	0.077
资产周转率	7020	3.759	0.021	0.624	0.372
资产负债率	7020	2.579	0.008	0.375	0.203
销售费用	7020	24.836	13.597	18.348	1.455
公司年龄	7020	37	1	14.503	5.304
公司规模	7020	27.105	18.498	21.727	1.232
高管团队规模	7020	40	2	6.542	2.408

人工智能技术注意力强度的平均值是 16.277，其中最小值是 0，最大值是 239.117。知识基础存量的均值约为 44.968，其中最小值为 1，最大值为 446。从表中可知，知识基础多元度均值为 1.452，最小值为 0，最大值为 4.431。不同样本企业间该变量取值差别极大。低成本竞争强度与差异化竞争强度均值为 50.403 和 44.450。低成本竞争强度的最小值为 4，最大值为 143；差异化竞争强度最小值是 1，最大值是 167。不同企业间竞争导向强度具有明显差异。

4.4.2　相关性统计分析结果

如表 4-4 所示，对各变量进行 *Pearson* 相关性分析。其中，知识存量、知识多元度、低成本竞争强度、差异化竞争强度与人工智能技术注意力强度均相关，除了公司规模与人工智能技术注意力强度的系数超过 0.7，所有系数均不超过 0.5，接着采用方差膨胀因子（*VIF*）检验多重共线性。结果如表 4-5 所示，*VIF* 取值均小于 4，各变量间不存在多重共线性关系，可做多元回归分析检验假设。

表4-4　Pearson 相关性分析

变量	1	2	3	4	5	6	7	8	9	10	11	12	13	14
人工智能技术注意力强度	1													
知识基础存量	0.070***	1												
知识基础多元度	0.207***	0.106***	1											
低成本竞争强度	-0.152***	-0.082**	-0.113***	1										
差异化竞争强度	0.044***	-0.021*	-0.081***	0.357***	1									
前瞻性	0.040**	-0.036***	0.0277	0.049***	0.021**	1								
R&D	0.211***	0.0296***	0.140***	-0.186***	0.090***	0.0456***	1							
ROA	0.018	-0.011	-0.084***	0.004	0.164***	0.011	-0.023*	1						
资产周转率	-0.077***	0.038***	0.005	0.092***	-0.064***	-0.034***	-0.329***	0.078**	1					
资产负债率	-0.015	0.098***	0.207***	0.004	-0.276***	-0.062***	-0.260***	-0.415***	0.2161***	1				
销售费用	0.030**	0.203***	0.179***	0.100***	-0.041***	-0.053***	-0.184***	0.063***	0.3188***	0.373***	1			
公司年龄	0.018	0.050	0.058	0.014	-0.192***	0.0282*	-0.145***	-0.063***	0.119***	0.236***	0.231***	1		
公司规模	0.001	0.204***	0.294***	-0.041***	-0.265***	-0.039***	-0.212***	-0.120***	0.203***	0.579***	0.717***	0.285***	1	
高管团队规模	0.011	0.158***	0.143***	-0.082***	-0.052***	-0.044***	0.019	0.000	0.007***	0.172***	0.277***	0.036***	0.320***	1

注：Obs.=7020。*** 表示 $p<0.01$，** 表示 $p<0.05$，* 表示 $p<0.1$。

表4-5　多重共线性分析表

变量	知识基础存量	知识基础多元度	低成本竞争强度	差异化竞争强度	前瞻性	R&D	ROA	资产周转率	资产负债率	销售费用	企业年龄	公司规模	高管团队规模
VIF	1.45	1.21	1.32	1.45	1.01	1.32	1.32	1.28	2.01	2.61	1.14	3.32	1.15

4.4.3 回归分析结果

为避免序列相关、横截面相关、异方差等问题的影响，本书使用了高维度之固定效果与群聚标准差的方法进行数据分析。该方法可以很好地避免因多个年度以及行业门类虚拟变量所引起的序列相关问题，并且修正了估计异方差一致的标准误差；此外，对模型中的交互项均进行了中心化的处理，因此避免了因交互导致的多重共线性等问题。本章的实证研究思路如下：

首先，在控制各控制变量及年度哑变量、行业门类虚拟变量基础上检验知识存量与人工智能技术注意力强度的关系，此为模型2；其次，在上一个模型基础上加入知识基础多元度，检验知识多元度对人工智能技术注意力强度的影响，此为模型3；再次，将低成本竞争强度变量与差异化竞争强度变量分别加入模型中，检验其对人工智能技术注意力强度的影响，形成模型4和模型5；最后，在模型5的基础上，加入知识存量与知识多元度中心化后的交互项，检验知识多元度对知识存量与人工智能技术注意力强度间关系的调节，此为模型6。具体回归分析的结果如表4-6所示。

表4-6 子研究一的分层回归结果1

变量	人工智能技术注意力强度					
	模型1	模型2	模型3	模型4	模型5	模型6
知识存量		0.023***	0.020***	0.019***	0.018***	0.013***
知识多元度			2.760***	2.714***	2.649***	2.693***
低成本竞争强度				−0.081***	−0.137***	−0.135***
差异化竞争强度					0.088***	0.087***
知识存量×知识多元度						0.008**
前瞻性	−0.014	−0.012	−0.014	−0.013	−0.013	−0.014
ROA	10.869***	10.424***	10.603***	10.765***	9.853***	10.126***
R&D	0.478***	0.428***	0.374***	0.341***	0.311***	0.316***
资产周转率	−0.132	−0.373	−0.477	−0.274	−0.069	−0.031
资产负债率	−0.763	−0.284	−0.779	−0.700	0.254	0.418

变量	人工智能技术注意力强度					
	模型 1	模型 2	模型 3	模型 4	模型 5	模型 6
销售费用	2.228***	1.849***	1.826***	1.667***	1.305***	1.351***
公司年龄	−0.045	−0.042	−0.038	−0.056	−0.023	−0.022
公司规模	−1.174***	−1.638***	−1.913***	−1.883***	−1.369***	−1.449***
高管团队规模	0.111	0.053	0.027	0.024	0.013	0.013
行业门类	controlled	controlled	controlled	controlled	controlled	controlled
年份	controlled	controlled	controlled	controlled	controlled	controlled
F 值	16.22	18.86	21.56	20.94	21.78	20.23
R^2	0.268	0.273	0.278	0.280	0.283	0.284
ΔR^2	—	0.005	0.005	0.002	0.003	0.001

注：Obs. = 7020，*** 表示 $p<0.01$，** 表示 $p<0.05$，* 表示 $p<0.1$。

4.4.3.1 知识基础与企业的人工智能技术注意力强度关系检验

表 4-6 列出了各模型回归的结果。模型 2 显示了知识存量与因变量人工智能技术注意力强度的回归结果，回归系数为 0.023，$p<0.01$。H4-1 得到支持，即知识存量与人工智能技术注意力强度呈显著正相关关系，企业的知识存量越大，对人工智能技术注意力强度越高。制造业企业的知识资源越丰富，会对人工智能技术投以更多的注意力。

模型 3 在模型 2 的基础上加入知识多元度这一变量，结果显示知识多元度与人工智能技术注意力强度呈显著正相关（回归系数为 2.760，$p<0.01$），H4-2 得到支持。制造业企业知识结构越复杂，知识多元度越高，企业探索新兴技术的意愿越强，在董事会报告中提到人工智能技术越多，并对其投入的注意力就越多。

4.4.3.2 知识多元度的调节效应检验

模型 6 中加入了知识存量与知识多元度的交互项，回归结果显示知识多元度能够正向调节知识存量与人工智能技术注意力强度之间的正相关关系（回归系数为 0.08，$p<0.05$），H4-3 得到支持。从图 4-2 也可以看出，当知识存量一定时，知识多元度高的企业对人工智能技术注意力强度会更高。

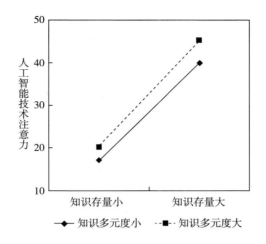

图4-2 知识多元度对知识基础存量与人工智能技术注意力强度间关系的调节

4.4.3.3 竞争导向强度与企业的人工智能技术注意力强度关系检验

低成本竞争强度与人工智能技术注意力强度之间关系的验证如表4-6中的模型4所示，在模型3的基础上加入低成本竞争强度变量，回归系数为-0.081，$p < 0.01$，H4-4得到支持，即低成本竞争强度与人工智能技术注意力强度呈显著负相关关系。制造业企业如果更强调低成本，往往会对智能制造投以较少的注意力，因为智能化的改造需要较大成本。

如表4-6中的模型5所示，在模型4的基础上加入差异化竞争强度，F值增大，R^2也就增大，说明模型得到进一步改善。差异化竞争强度与人工智能技术注意力强度之间呈正向显著相关，H4-5得到支持。当制造企业倾向于使用差异化战略时，管理层会更愿在人工智能新技术上投以更多注意力。假设检验结果如表4-7所示。

此外，从表4-6中可以看出，企业的 *ROA*、*R&D* 以及销售费用均对后发企业的人工智能技术注意力产生正向显著影响。这与以往学者的研究结论一致，企业的总资产收益率越高，关注新兴技术的时间和精力就越多；同时，企业的研发强度越高，对于人工智能新兴技术也越关注；销售费用越高，制造业企业对于数字化管理的需求也越高，因此也会越发关注人工智能技术。企业的公司规模对后发企业的人工智能技术注意力产生负向的影响，这可能是由于组织冗余以及惯性，公司规模越大，进行新技术的应用要涉及组织变革就越大，因此受到的阻力也越大。

表 4-7　子研究一的假设检验结果汇总

假设	支持与否
H4-1：知识存量正向影响企业对人工智能技术注意力强度	支持
H4-2：知识多元度正向影响企业对人工智能技术注意力强度	支持
H4-3：知识多元度正向调节知识基础存量与企业对人工智能技术注意力强度之间的关系	支持
H4-4：低成本竞争强度正向影响企业对人工智能技术注意力强度	支持
H4-5：差异化竞争强度正向影响企业对人工智能技术注意力强度	支持

4.4.4　稳健性检验

4.4.4.1　滞后两期的稳健性检验

考虑到滞后期的影响，做自变量和控制变量与因变量之间滞后两期（两年）的稳健性检验。如表 4-8 所示，知识基础存量的回归系数为 0.031，p<0.01，回归效应显著；在此基础上加入知识基础多元度变量后，知识基础多元度的回归系数为 1.633，p<0.01，回归效应显著；在模型 3 的基础上分别加入低成本竞争强度变量与差异化竞争强度变量，显著度与滞后一期相同，且系数同向；在模型 5 的基础上加入交互项：知识存量×知识多元度，p<0.01，调节效应显著，且系数为 0.015；模型检验与滞后一期的回归结果一致。

表 4-8　子研究一的分层回归结果 2

变量	人工智能技术注意力强度					
	模型 1	模型 2	模型 3	模型 4	模型 5	模型 6
知识存量		0.031***	0.027***	0.026***	0.024***	0.013**
知识多元度			1.633***	1.601***	1.538***	1.728***
低成本竞争强度				−0.098***	−0.171***	−0.168***
差异化竞争强度					0.113***	0.112***
知识存量×知识多元度						0.015***
前瞻性	−0.007	−0.005	−0.006	−0.006	−0.006	−0.007
ROA	3.255	3.535	3.809	3.709	3.146	3.189
R&D	0.406***	0.339***	0.300**	0.262**	0.226**	0.232**

变量	人工智能技术注意力强度					
	模型 1	模型 2	模型 3	模型 4	模型 5	模型 6
资产周转率	−0.280	−0.032	−0.122	−0.091	−0.403	−0.464
资产负债率	−4.227 ***	−3.588 **	−3.684 **	−3.547 **	−2.056 *	−1.971 *
销售费用	2.453 ***	2.020 ***	2.015 ***	1.805 ***	1.336 ***	1.397 ***
公司年龄	−0.116 *	−0.107 *	−0.104 *	−0.122 **	−0.092 *	−0.091 *
公司规模	−1.461 ***	−1.997 ***	−2.119 ***	−2.017 ***	−1.435 ***	−1.576 ***
高管团队规模	0.077	0.002	−0.019	−0.025	−0.037	−0.039
行业门类	controlled	controlled	controlled	controlled	controlled	controlled
年份	controlled	controlled	controlled	controlled	controlled	controlled
F 值	14.49	18.49	18.34	19.05	20.70	19.44
R^2	0.254	0.260	0.262	0.265	0.270	0.272
ΔR^2	—	0.006	0.002	0.003	0.002	0.002

注：Obs. = 6382，＊＊＊表示 p<0.01，＊＊表示 p<0.05，＊表示 p<0.1。

4.4.4.2　关于变量的替换检验

因为各制造企业之间业务的差异性，为了确保研究结果准确，将因变量做了频次前 13 的关键词集的替换，该关键词集是"智能制造、工业机器人、物联网、大数据、互联网＋、人工智能、工业 4.0、云计算、云平台、云服务、数字化、网络化、智能化。"知识存量的回归系数为 0.200，p<0.01，回归效应显著；在此基础上加入知识多元度变量后，知识多元度的回归系数为 1.848，p<0.01，回归效应显著；在模型 3 的基础上分别加入低成本竞争强度变量与差异化竞争强度变量，显著度与滞后一期相同，且系数同向；在模型 5 的基础上加入交互项：知识存量×知识多元度，p<0.01，调节效应显著，且系数为 0.013；模型检验与前文中所用的扩展词集计算的因变量的回归结果一致，具体回归结果如表 4-9 所示。

此外，考虑到制造业行业属性，参考杨德明（2018）将控制变量资产周转率替换为存货周转率，将销售费用替换为主营业务成本对控制变量做替换进行稳健性检验。回归效应与之前结果一致，说明模型是相对稳健的，此处不再赘述。

表4-9 子研究一的分层回归结果3

变量	人工智能技术注意力强度					
	模型 1	模型 2	模型 3	模型 4	模型 5	模型 6
知识存量		0.200***	0.016***	0.016***	0.014***	0.007*
知识多元度			1.848***	1.847***	1.826***	2.058***
低成本竞争强度				−0.012*	−0.087***	−0.086***
差异化竞争强度					0.116***	0.115***
知识存量×知识多元度						0.013***
前瞻性	−0.045	−0.027	−0.028	−0.028	−0.028	−0.029
ROA	7.910**	7.782**	7.661**	9.665***	6.271**	6.490**
R&D	0.226***	0.196***	0.165**	0.162**	0.134*	0.136*
资产周转率	−1.323	−1.228*	−1.162**	−1.134**	−0.670*	−0.655*
资产负债率	−1.897	−1.571	−1.711	−1.710	−0.144	−0.053
销售费用	1.247***	0.921***	0.918***	0.899***	0.445*	0.481*
公司年龄	−0.116***	−0.119***	−0.120***	−0.122***	−0.089**	−0.092**
公司规模	−0.789**	−1.044**	−1.169**	−1.168**	−0.544*	−0.643*
高管团队规模	0.201	0.110	0.083	0.084	0.069	0.044
行业门类	controlled	controlled	controlled	controlled	controlled	controlled
年份	controlled	controlled	controlled	controlled	controlled	controlled
F 值	11.38	11.89	15.33	15.64	15.75	15.79
R^2	0.263	0.268	0.273	0.274	0.284	0.286
ΔR^2	—	0.005	0.005	0.001	0.010	0.002

注：Obs. = 5231，***表示 p<0.01，**表示 p<0.05，*表示 p<0.1。

4.5 讨论与结论

4.5.1 结果讨论

本章基于注意力基础观和动态能力理论，结合实证研究验证知识基础与竞争导向对后发企业的人工智能技术注意力强度之间的关系，具体的实证结果如下：第一，后发企业的知识存量对其人工智能技术注意力强度具有正向显著影响。即知识存量越高，企业对人工智能技术注意力强度也就越高。第二，后发企业的知识多元度对人工智能技术注意力强度具有显著的正向影响。即知识基础多元度越高，企业对人工智能技术注意力强度越高。第三，知识多元度对知识存量与后发企业的智能制造注意力强度之间的关系具有正向的调节作用。即知识多元度越高，知识存量越大，企业对于人工智能技术注意力强度越高。

4.5.1.1　知识基础与企业的人工智能技术注意力强度的关系讨论

实证结果表明，知识存量会正向影响后发企业对人工智能技术注意力的强度。企业的知识基础与创新注意力密切相关。知识存量越大，代表企业所拥有的技术资本越雄厚，对新技术等创新注意力越高。知识基础积累是指企业对现有知识的反复利用和挖掘，通过反复应用某领域知识，企业能够充分理解这些知识元素以及知识元素间的因果联系，这能够使企业在进行外部信息和知识搜寻时，具有敏锐度的潜在识别力，因此更具有创造力。这也和 Forsman（2001）的研究结论相似，即知识存量有利于企业的创新产出。

知识多元度会正向影响企业对人工智能技术注意力强度。企业的知识基础越复杂，意味着企业拥有的知识元素种类越多，因此能够结合的知识元素组合就越多，出现新技术的概率也会越高。同时，企业的知识多元度越高时，其研发人员的视角越发多元与广阔，能够并且愿意进行知识边界的扩展；当市场发生变化时，企业能够更快地识别新机会并进行研发方向的调整，能从不同的方向考虑这些知识元素的联系，考虑新知识元素与旧知识元素的结合与碰撞，开展跨知识领域搜索，从而更有助于对新知识与新技术产生认知。知识基础的多元化发展过程本身是对识别新知识与潜在机会的促进与积累。

在此过程中，企业通过搜索外部知识与信息，不断接触新市场与新技术知识，其内部决策人员和研发人员的认知刚性也会较低，对于新技术的探索更具有动力，因此可能更愿意在新兴技术上投放注意力。因此，企业的知识多元度越高，企业会越容易注意到智能制造过程中的人工智能新兴技术。

知识多元度正向调节知识基础存量与人工智能技术注意力强度之间的关系。新兴技术需要在一个技术领域进行深挖，先形成一定的技术累积，为新技术的产生奠定基础。但是新兴技术又区别于一般的技术创新，它不仅有现有技术知识的积累与应用，更重要的是新知识元素的结合、跨领域知识领域的知识元素组合，在新知识与知识存量的整合中实现新技术知识的创造（刘岩，2011）。因此，当企业具有一定的知识存量时，知识结构多元度高的企业会有更多的知识元素组合，具有更强的识别、吸收并运用新知识的能力。因此，当企业的知识多元度较高时，知识存量与人工智能技术注意力强度之间的正向显著影响关系会更强。

4.5.1.2 竞争导向与企业的人工智能技术注意力强度的关系讨论

实证结果表明：低成本竞争与企业对人工智能技术注意力强度呈负向影响关系。低成本竞争导向的企业极其强调成本与预算的控制，通过最大限度地降低成本实现产品与服务的较低价格，从而获得规模经济。这类企业的产品组合较为有限，注重维持现有产品和市场，而不是开拓全新的市场（鲍新中，2014）。此外，由于其通过内部环境运营效率的提高，竭尽全力维持现有市场，面对市场或者技术的变化也通常是选择进行被动的追随。在价值链条上，企业关注更多的是原材料、生产环节的成本压缩，而不是市场需求的快速变化，因为它们必须持续与标杆企业进行价格竞争以获取竞争优势。因此对于智能制造这类需要花费大量人力与财力的领域倾向于减少人工智能技术注意力配置。这与杨德明（2018）的研究结论有出入：企业因需要降低成本所以会增加对"互联网+"的投入，但该研究讨论的是互联网行业与实体经济的集合，侧重的是"互联网+"即信息化的应用，而智能制造涉及多个领域，强调的是装备的智能化、人机交互等，需要花费更多的人力以及财力，因此企业对新技术投入可能会较少。本书实证研究对象是较为传统的制造业，因此，企业低成本竞争强度越高，对人工智能技术注意力强度越低。

差异化竞争与企业对人工智能技术注意力强度呈正向影响关系。制造业公司在进行追赶时，以差异化竞争为规则的企业为了寻求新的竞争优势会更愿意探索和发掘新的技术和方法，以期能满足多元化、个性化的市场需求。万兴和杨晶（2017）提出差异化源于企业自身的特征：企业本身的禀赋、日常的创新活动、运营管理等的改善需求，而这种差异化本身可以很好地与新一代互联网技术，如云平台、大数据、深度学习等相对应。同时，差异化竞争的企业通常会通过创造不确定和变化来与自己的对手竞争。采用差异化竞争的企业主要关注多重的全新技术或服务，不可避免地会倾向于通过突破创新来把握市场中新的机会。因此，制造业企业的差异化竞争强度越高，对人工智能技术注意力强度越高。

4.5.2 研究贡献

4.5.2.1 理论贡献

（1）验证了知识存量与多元度与企业的新兴技术注意力之间的关系。先前研究肯定了知识资源对注意力配置具有重要的影响作用。如 Kabanoff 和 Brown

（2008）指出知识结构会塑造管理者对特定问题上的注意力。卫武（2018）、赵晨（2017）等认为通过组织学习积累经验可提高对特定事物的注意力。由此延伸，金（2016）和 Terjese 等（2017）认为吸收能力对于知识的消化进而转化为注意力具有重要的影响。但大多从理论或使用定性角度阐述知识资源对注意力配置的作用。本章将使用专利衡量知识基础，将知识基础分为存量与结构，探究其对于注意力配置的影响，并以智能制造为例，丰富注意力基础观的实证研究。

企业的知识存量代表了其对知识领域的掌握程度，研究表明：知识存量对后发企业的新兴技术注意力强度具有正向影响。企业的知识存量越高，意味着该企业的技术探索能力、研发的成本与意愿越强，其对知识的应用能力也会使其对外部信息越敏感，因此会越容易注意到新兴技术。此外，知识多元度越高，后发企业的新兴技术注意力提升越快。这是因为，后发企业的知识多元度越高，其发现潜在机会与新技术信息的能力越强，这种促进与积累会使企业对于新兴技术会越敏感。

（2）验证了知识多元度对知识存量与企业的新兴技术注意力关系的调节作用。首先，通过实证研究，厘清了知识存量与多元度分别与企业新兴技术注意力存在何种关系。以往的研究对此持不同的观点，一部分学者认为企业的知识是其创新的源泉，通过积累知识存量可以提高其技术探索能力以及知识运用能力，但也有学者持不同观点，认为原有知识的持续积累会降低其对技术的创新性，陷入单一技术锁定。但通过研究证明，企业进行知识存量的积累有助于其关注新兴技术，其次，知识多元度的提高会加强这种联系，即知识存量一定，知识多元度高的企业新兴技术注意力更强，说明企业的知识存量以及异质性知识的提升会有助于提高其对新兴技术的识别能力。

（3）验证了竞争导向与企业的新兴技术注意力之间的关系。对于竞争战略的研究，之前的学者多从界定企业战略再讨论其对于组织方面的影响。如 Akan（2006）设计包含 25 种竞争战略的量表；任娟等（2015）采用杜邦体系中的总资产周转率与营业利润率这两个战略财务指标识别出低成本战略、差异化战略和低成本差异化战略。本章使用文本分析法，从定性和定量的角度出发测量企业的竞争导向，探究不同的竞争导向强度对组织行为的影响。同时，竞争导向对组织注意力的影响，前文多从理论方面加以阐释。如李健旋（2020）提出成本、人力资源、技术创新是影响中国制造业发展的关键因素。本章通过实证验证了两者间的关系：企业以低成本竞争会阻碍其对新兴技术的注意力，因为一味地强调低成本会使企业掉入低成本"陷阱"，精力集中于维持现有市场而不是追求新的市场机会；而差异化竞争会提高后发企业新兴技术注意力强度，内部组织的标新立异会促进其关注新兴技术，为其带来新的市场机会。

4.5.2.2 实践启示

（1）后发企业应重视智能制造技术，提高认知水平。我国制造业一直存在"自主创新能力弱"、"缺芯少核"、人口红利效益递减、外部技术壁垒等问题，面对系统的成熟技术，我国作为后发国家，企业很难通过传统的"引进、消化、吸收"方式实现追赶和赶超。但是面对新兴技术这样的机会窗口，每个国家和企业都是初学者，站在一致的起跑线，可以形成不同技术范式的技术模式。而此前的国家和企业可能会陷入技术锁定、知识惯性等陷阱，后来的企业和国家由于体量较小，可以吸取经验教训，更容易突破旧体制的束缚，实现弯道超车。中国作为后发经济体和制造业大国，面临的资源和环境约束不断增强，而近年来智能制造技术的涌现，可有效克服民营企业"低端锁定"路径依赖，克服传统的价值链路线惯性。可以说，中国制造企业能否抓住智能制造的机会，是决定中国从制造大国转向制造强国的关键。面对工业革命这样的机会窗口，企业可以通过提高对新兴技术的注意力从而更快进入该领域，更快地进行相关产品的研发，获取先发优势。因此，企业应提高对智能制造的注意力强度，如此才会部署更多的资源，促进新产品的研发。

（2）通过审视后发企业的知识基础，提高创新注意力。企业自身的知识基础资源，对于其创新注意力具有重要影响。在制造业行业，企业的核心能力在于其能否掌握核心技术。企业的知识存量越多，一方面提高了其技术研发能力，另一方面对企业的创新注意力也会越强。同时，企业的知识多元度越高，企业对知识的探索能力也就越强。新兴技术的发掘需要跨越知识界域的新知识元素的探索，在新知识与知识存量的整合中实现知识创造。有学者指出企业的知识资源会导致其陷入"知识惯性"或"单一技术锁定"，不利于其进行新兴技术探索，本章基于智能制造背景从实证的角度证明后发企业在智能制造技术上想要实现追赶甚至超越，可以从知识基础的角度审视自身的知识资源。首先，可以进行知识基础的积累，在此基础上，提高自身知识基础的多元度，从而提高其创新注意力，为新兴技术的研发积蓄力量。

（3）在强调成本领先模式的同时，提高差异化水平。研究证明，企业越强调低成本，对于新兴技术的注意力投入就会越低。企业的差异化竞争越高，对于新兴技术的注意力越高。对于中国制造业来说，低成本模式在很长时间以来是其竞争优势来源，但企业不可落入低成本模式的窠臼。成本领先是企业竞争力的必要条件，同时，面对互联网经济和日新月异的消费者需求，我国后发企业若想获取竞争优势，应主动进取，提高其差异化竞争。此外，对智能制造等新兴技术投以注意力以及资源，确实会提高短期内的成本，但是带来的创新优势是具有持续性的，同时可降低边际成本，提高规模效应。因此，在中国后发企业普遍强调成本领先的背景下，应提高企业的差异化战略导向，以期在智能制造领域乃至新兴技术所带来的新产业中占得一席之地。

4.6　不足与未来展望

企业对于新兴技术的注意力越强，这会使得企业更快地进入该领域，而注意力的多寡则取决于组织元素的水平（Eggers and Kaplan，2009）。本章旨在研究企业内部的资源与竞争的规则如何影响其对于新兴技术，如智能制造技术的注意力。但研究还存在一些不足，后续可以根据这些不足做出更深一步的研究，具体如下：

（1）本章主要研究的是组织内因素：组织所拥有的知识基础资源与既行的竞争导向对注意力配置的影响。根据 Li 等（2013）、Nadkarni 和 Barr（2008）的研究，技术环境、行业的变化速度等对注意力配置也会产生影响，未来的研究可以与外部因素结合探究其对注意力配置的影响。

（2）专利只是企业一部分的知识基础，而知识基础还可以使用其他方式测量，如问卷等。未来还可以结合隐性知识、组织学习（赵晨，2017）等探究知识资源对于注意力配置的影响。其次，根据刘岩等（2013）的研究，还可以将知识基础分为不同的维度，如宽度与深度等，讨论不同维度的知识基础与注意力配置有何影响，以期能够对企业在进行知识搜索与知识架构时获得一定的启示。

（3）注意力配置的主体一般是企业的 CEO 和高管团队，中层管理者也会在一定程度上影响组织的注意力配置（Ren et al.，2011）。其次，本章仅讨论了高管团队规模对企业注意力配置的影响，并未关注具体决策者的人口统计学特征，如高管团队年龄、冒险倾向、创新精神等。未来可以探讨企业 CEO 或者高管团队的不同特征和个性与其新兴技术注意力的关系。

第5章 子研究二：专利质量导向下企业专利数量增长能力重塑

——基于"专用、通用和权变"能力特征视角[①]

5.1 问题的提出

在我国从追赶到跨越的转型时期，以"高数量、低质量"专利产出为特征的企业技术创新能力亟须演进，以获得可持续的国际影响力（Artz et al.，2020）。然而，"数量与质量替代"逻辑（Quantity-Quality Trade-off）广泛存在：由于资产有限性和专用性，数量增长往往以质量降低为代价（Hottenrott and Lopesbento，2012；Mudambi and Swift，2014）。但这类研究忽视了能力的通用性和权变性有助于实现数量目标和质量目标间的均衡。能力通用性是指在特定目标下形成的能力可被复用于其他目标（Volberda et al.，2010）。在专利数量增长的过程中，企业不仅形成了解决特定问题的专用知识，还形成了定义和抽象问题、探寻解决方案等的一般性"元能力"，将有助于企业触类旁通地解决新问题（Martin，2011）。有研究采用 DEA 法将技术创新效率分解为规模效率、纯技术效率和技术进步效率，分别对应研发规模控制能力、技术领域内效率提升能力和技术领域选择能力。由于涉及研发投入和技术领域定位，这三种专利数量能力可复

[①] 本章内容来源于：陈力田，岑杰. 专利质量导向下企业专利数量增长能力重塑［J］. 科学学研究，2018，36（7）：1215-1223.

用于专利质量提升目标（Mudambi and Swift，2014）。但受制于资产专用性，三者对专利质量影响各异。能力价值具有权变性（Crossan and Apaydin，2010）。为适应快速变化的价值判断准则，企业需打破路径依赖，优化配置能力结构（Martini，Neirotti and Aloini，2015）。那么，在转型期难以预测环境下，何种专利数量增长能力更有助于提升企业专利质量？明晰该问题有助于企业配置能力优先级，以均衡专利数量和质量，但目前尚存研究缺口。

缺乏三种专利数量增长能力（研发规模控制能力、技术领域内效率提升能力和技术领域选择能力）对专利质量影响效用的比较研究。这三种能力分别关注规模效率提升、深耕已有技术领域的效率提升、探索技术前沿的效率提升（Artz et al.，2020）。比较三者对专利质量的作用，有助于明确专利质量导向下专利数量增长能力配置优先级，进而兼顾专利数量和质量。

目前，缺乏关于环境不可预测性对三种专利数量增长能力和专利质量关系的作用比较研究（Gao et al.，2017）。难以预测性是转型期的环境重要特征。"所处环境越动荡，企业越需从深耕已有技术领域转向探索新技术领域"，这类表述隐含着"环境信息可被决策者及时准确地感知和解释"这一信息的完备前提（Lavie，2006）。但在难以预测环境下，该前提不完全成立，企业难以依靠以往经验预测行为后果（Carson，Wu & Moore，2012），增加了企业开拓新技术机会的风险。

综上所述，为填补缺口，本章针对能力的专用性、通用性和权变性特征，基于305家创业板上市公司数据，先采用DEA法将企业专利数量增长能力解构为三种子能力，再比较三者对企业专利质量的效用，以及环境不可预测性在此过程中的调节作用。研究结果突破了"数量和质量替代"逻辑，识别了不同环境下以专利质量为导向的专利数量增长能力重塑路径。

5.2　研究假设

5.2.1　三种专利数量增长能力对专利质量作用效果的比较

根据资源配置焦点，专利数量增长能力分为研发规模控制能力、技术领域内效率提升能力和技术领域选择能力（Ma et al.，2017）。因能力具有通用性，企业专利数量和质量并非替代。但由于资源配置差异和资产专用性，促进专利数量增长的不同子能力对专利质量目标的通用程度不同。

首先，在促进专利数量增长的研发规模控制能力形成过程中，企业将资源配置于高效寻找最有利于专利数量增长的研发资源投入规模。这种以专利数量为导向的资源倾斜分配，加剧了专利数量和质量目标间的资源争夺，使企业以专利质量下降为代价增加专利数量。即便企业可采用资源编排替代资源占用方式进行创新，也仅是减弱专利数量导向下研发规模控制能力对专利质量的不良影响，并未改变二者关系的本质。

其次，在促进专利数量增长的技术领域内效率提升能力的形成过程中，企业将资源配置于提高调度和重组有限资源的效率（Kim et al.，2016），以更有效地深耕已有技术领域。这将通过技术和管理效率的提高来提升已有研发资源的利用率，缓解专利数量和质量导向对资源数量的争夺。在充足资源的保证下，高质量专利的产出速度加快，从而迅速提高专利的引用率和市场影响力，促进专利质量（Ernst and Fischer，2014）。对已有技术领域的深耕有助增加技术水平深度，在已有技术领域内提高相对竞争优势（Ernst et al.，2016）。由此，专利数量增长导向下的技术领域内效率提升能力比规模控制能力更能复用到企业专利质量提升过程中。

最后，在促进专利数量增长的技术领域选择能力的形成过程中，企业将资源配置于高效搜寻和选择有助于专利数量增长的前沿技术领域。这是企业重新选择更具价值研发方向的过程（Ernst et al.，2016）。该过程突破已有技术领域的变革惯例，可被复用于专利质量提升。当技术水平相同时，前沿领域的专利影响力显著高于非前沿领域（Aly et al.，1990）。当技术前沿已明确变更时，企业若只将资源聚焦于提升原有技术领域内研发效率，将限制产品和专利申请领域的多元化，局限于已有技术生产集和拥挤的技术区域，进而降低专利影响力和质量（裴江南和张野，2016）。所以，专利数量增长导向下的技术领域选择能力比技术领域内效率提升能力更能促进企业专利质量。

H5-1a：相比研发规模控制能力，技术领域内效率提升能力更易促进企业专利质量。

H5-1b：相比技术领域内效率提升能力，技术领域选择能力更易促进企业专利质量。

5.2.2　环境不可预测性调节下，三种专利数量增长能力对专利质量作用效果的比较

能力价值由外部环境决定，具有权变性（Crossan and Apaydin，2010）。由于知识产权交易制度缺位等原因，很多企业客户对高价值技术的界定尚不清晰，行业技术间竞争激烈，技术前沿存续时间短（Gao et al.，2017）。这使得企业难以准确计算选择新技术领域或维持已有技术领域的收益与成本。所以，企业在资源配置时，需考虑环境对能力价值的影响（Gao et al.，2017）。

首先，在促进专利数量增长的研发规模控制能力形成过程中，企业将资源配置于高效寻找最有利于专利数量增长的研发资源投入规模。只有企业所选技术领域具有高质量价值，这种资源配置才会减少专利数量和质量目标在资源上的争夺。在易于预测的环境中，企业可准确解释环境信号（Bstieler，2005），判断技术领域是否具有高质量价值。此时，企业可将专利数量导向下形成的研发规模控制能力复用到专利质量提升过程中。在难以预测的环境中，企业难以快速并准确地解释环境信号，判断技术领域的价值（Bstieler，2005）。企业很难参考自己和其他企业过去经验判断技术轨迹的发展趋势。此时，若在难以预测环境下盲目寻找最优研发规模，将产生更高的机会成本。由此，环境越难预测，专利数量导向下的研发规模控制能力对专利质量的价值越小。

其次，在促进专利数量增长的技术领域内效率提升能力的形成过程中，企业将资源配置于提高调度和重组有限资源的效率（Kim et al.，2016），以更有效地深耕已有技术领域。具有该能力的企业通过提高资源利用率为高质量研发减少资源约束（Ernst and Fischer，2014），并通过加深技术水平提高相对竞争优势（Ernst et al.，2016）。在易于预测环境中，这种获利方式易受到前沿技术领域变迁的挑战。但在难以预测环境中，由于前沿技术不确定，企业在无法准确解释环境中因果关系的情况下，将资源分配于内在管理效率提升上，有助于以更小沉没成本比竞争者更快速地推出专利，从而激活、创造和引领市场需求，扩大专利技术的影响力（Ernst et al.，2016）。因此，环境不可预测性加强专利数量增长导向下技术领域内效率提升能力对专利质量的正向作用。

最后，在促进专利数量增长的技术领域选择能力的形成过程中，企业将资源配置于高效搜寻和选择有助于专利数量增长的前沿技术领域。在易于预测环境中企业可准确识别高价值机会。此时，较高技术领域选择能力带来的效率优势并不显著。但难以预测环境中多数企业难以准确识别高价值新兴技术及其专有位置（Ernst et al.，2016）。此时，具较高技术领域选择能力的企业将更快识别有助企业专利质量提升的前沿技术领域，将能力复用于该过程（Ernst et al.，2016）。所以，环境不可预测性可以加强专利数量增长导向下的技术领域选择能力对专利质量的正向作用。但在难以预测环境中，技术前沿存续时间短且难以预测的特征导致相对于促进专利质量的技术领域深耕，以及将资源分配于技术前沿预测和跟随的机会成本和沉没成本都较大（Zhang et al.，2003）。因此，在难以预测环境下，以及在促进专利质量上，专利数量增长导向下的技术领域选择能力的作用，虽优于研发规模控制能力的效用，但不会优于技术领域内效率提升能力的效用。

H5-2a：相比于研发规模控制能力与企业专利质量的关系，技术领域选择能力与企业专利质量的关系更易受到环境不可预测性的正向调节。

H5-2b：相比于技术领域选择能力与企业专利质量的关系，技术领域内效率提升能力与企业专利质量的关系更易受到环境不可预测性的正向调节。

5.3　实证研究设计

5.3.1　样本和数据来源

本书选择 2015 年 12 月前在创业板上市的 407 家企业为对象。理由如下：一是数据可靠性高。由于受严格政府监管，上市公司须公布完整、准确且符合国际标准的公司研发与绩效数据。二是研究问题匹配性高。创业板企业面临更不确定的环境。为适应环境，这些企业需要通过进行技术创新来获得可持续竞争优势。观测区间定为企业成立年至 2015 年。接着，为避免同源偏差，本章采用多来源数据：从中国知识产权局推出的创业板企业专利记分牌中得到有效发明专利拥有量、维持年限为 10 年以上的有效发明专利数量、具有美/日/欧同族的中国专利数量、公司专利近 3 年被引次数这四个测量专利质量的指标数据；从 Soopat 专利数据库中下载了样本企业专利数量数据；从国泰安数据库、中国工业企业数据库、Wind 数据库、东方财富数据库中下载了样本企业的研发费用支出、研发人员数量、独立董事比例、机构投资者持股比例、国有股比例、CEO 两职性、企业年龄、企业性质、企业规模、行业销售收入、行业属性等指标数据。删除数据难以补全的企业，最终剩余 305 家企业样本。

5.3.2　变量测量

5.3.2.1　因变量：企业专利质量

因变量为企业专利质量。企业专利质量反映了企业专利位置的核心程度和在同技术领域中的相对水平（李牧南等，2017），用有效发明专利拥有量、维持年限为 10 年以上的有效发明专利数量、具有美/日/欧同族的中国专利数量、公司专利近 3 年被引次数进行衡量（朱雪忠等，2009）。本书参照中国知识产权局采取的专利质量指标测量准则，基于创业板企业专利记分牌中企业成立年至 2015 年 12 月 30 日的专利质量累计数据进行测量（Tang and Liou，2010）。采用主成分分析法，对专利质量结果进行总体评价。首先，指标数据标准化并检验相关性，发现相关性均小于 0.8，故指标间未高度相关，不可互相取代。步骤一：计算主成分方差贡献率。通过 SPSS19.0 软件计算各成分的公因子方差，得到各主成分对应的方差贡献率和特征根，按照特征根>1，累计方差贡献率>85% 的标准，发现前两个主成分可替代原有 4 个指标（累计方差贡献率为 85.267%）。主成分数 $k=2$，指标数 $p=4$。步骤二：计算各指标在各主成分线性组合中的系数。对评价企业质量的四个指标进行主成分分析，得到了 4 个指标对主成分的负载值，各主成分在线性组合中的系数。步骤三：计算并归一化各指标在综合模型得分系数，是以主成分方差贡献率为权重，对指标在主成分组合中系数的加权平均。主成分因子载荷量如表 5-1 所示。

表 5-1　企业专利质量各主成分的因子载荷量

企业专利质量	主成分 1	主成分 2
有效发明专利拥有量	0.915	0.173
维持年限 10 年以上的有效发明专利数	−0.403	0.623
具有美日欧同族的中国专利数	0.851	−0.239
公司专利近 3 年被引次数	0.504	0.713

5.3.2.2　自变量：研发规模控制能力、技术领域内效率提升能力、技术领域选择能力

自变量为三种专利数量增长能力：研发规模控制能力、技术领域内效率提升

能力和技术领域选择能力。分别采用 DEA 方法中的规模效率变化指数、纯技术效率变化指数和技术进步变化指数来进行测量（Ma et al.，2017）。第一，技术领域选择能力，用技术进步指数（Technical Change，TC）测量，它反映了技术进步驱动专利数量增长效率提升的程度。第二，技术领域内效率提升能力，用纯技术效率（Pure Technical Efficiency，PTEC）测量，反映了技术领域内效率提升驱动专利数量增长效率提升的程度。第三，规模效率指数（Scale Efficiency，SEC），反映了研发规模控制驱动专利数量增长效率提升的程度。

$$TC = \left[\frac{D_C^t (x^t,\ y^t)}{D_C^{t+1} (x^t,\ y^t)} \cdot \frac{D_C^t (x^{t+1},\ y^{t+1})}{D_C^{t+1} (x^{t+1},\ y^{t+1})} \right]^{1/2} \tag{5-1}$$

$$PTEC = \frac{D_V^{t+1} (x^{t+1},\ y^{t+1})}{D_V^t (x^t,\ y^t)} \tag{5-2}$$

$$SEC = \frac{D_C^{t+1} (x^{t+1},\ y^{t+1})\ / D_V^{t+1} (x^{t+1},\ y^{t+1})}{D_C^t (x^t,\ y^t)\ / D_V^t (x^t,\ y^t)} \tag{5-3}$$

其中，$(x^t,\ y^t)$ 表示第 t 期的研发投入和专利数量产出，$D_C^t (x^t,\ y^t)$ 表示在规模报酬不变的情形下在 t 期的距离函数，$D_V^t (x^t,\ y^t)$ 表示在规模报酬可变的情形下在 t 期的距离函数。参考 Ma 等（2017）方法，采用几何平均数来衡量 DEA 指数，以有效避免因时间选择随意性造成的误差。

5.3.2.3　调节变量：环境不可预测性

调节变量是环境不可预测性，反映环境变化趋势的不可预测程度，即环境中存在不规则和非系统性变化的程度，据 Cooper 等（2014）的做法，以二级行业代码细分下的行业分类进行测量。采用 5 年（20 个季度）时间窗口平滑移动，将本季度行业销售收入对上季度行业销售收入进行回归分析。基于 X-11-ARI-MA1 模型，控制增长、下降和周期趋势，得到调整后的 R^2。用 $1-R^2$ 表征决策当年参考的近 5 年环境不可预测程度，基于移动平均法得到专利质量积累期内的环境不可预测性。

5.3.2.4　控制变量

本章基于企业专利质量前因研究的文献选取控制变量。首先，由于战略部署是影响企业专利质量的重要因素，将 CEO 两职性、独立董事比例、机构投资者持股比例、国有股比例和企业性质五个变量列为控制变量。CEO 两职性为虚拟变量，当企业董事长兼职总经理时取值为 1；反之取值为 0（Ridge et al.，2015）。独立董事比例通过独立董事数占董事会总人数的百分比来测量（Cooper et al.，

2014）。机构投资者持股比例是指机构投资者持股数占企业总股数的百分比，国家所有权是国家持股数占企业总股数的百分比（Cooper et al.，2014）。企业性质为虚拟变量，当企业为民营企业时取值为 1；反之取值为 0。其次，由于企业经验、资源基础会对企业专利质量产生影响，控制了企业年龄和规模。企业年龄为观测年样本企业成立年限。企业规模为观测年企业的总资产（O'Brien and Davis，2014）。最后，控制了行业属性，并将其设为虚拟变量。当企业属于制造业时取值取 1；反之取值为 0。基于移动平均法得到专利质量积累期内的各控制变量取值。

5.4　实证研究结果

5.4.1　描述性统计

本部分对未标准化的变量进行描述性分析，得到均值、标准差，并采用 Pearson 相关系数来描述变量间相关性。由表 5-2 可知，技术领域内效率提升能力和技术领域选择能力分别与专利质量呈正相关，研发规模控制能力与专利质量之间无显著关系。H5-1a 获得支持。

5.4.2　假设检验

参照已有实证比较研究的方法（陈力田，2015），检验和比较三种专利数量增长能力对企业专利质量的影响，并比较环境不可预测性在这三对关系中的调节作用。分层回归前，要先对各变量进行标准化，采用强迫进入法进入模型。由表 5-3 中的模型 4 可知，研发规模控制能力回归系数为 0.020（$p > 0.1$），技术领域内效率提升能力回归系数为 0.121（$p < 0.05$），技术领域选择能力回归系数为 0.165（$p < 0.01$）。除研发规模控制能力对专利质量无显著影响外，技术领域内效率提升能力和技术领域选择能力均显著促进创新绩效，且作用递增。为检验三种专利数量增长能力对专利质量的递增作用，将这三种能力依次逐一放入模型，如表 5-3 中的模型 2 至模型 4 所示，模型的 ΔR^2 都显著递增。H5-1a 和 H5-1b 得到支持。

表 5-2 变量的描述性统计及 Pearson 相关性分析

变量	均值	标准差	1	2	3	4	5	6	7	8	9	10	11	12	13
专利质量	0.008	0.980	1												
技术领域内效率提升能力	1.092	0.912	0.114*	1											
技术领域选择能力	1.196	0.912	0.180**	-0.016	1										
研发规模控制能力	1.048	0.252	0.022	-0.047	-0.008	1									
企业年龄	13.133	4.338	0.084	-0.081	-0.040	0.076	1								
企业性质	0.917	0.276	0.069	0.022	-0.065	-0.051	-0.075	1							
企业规模	21.347	0.696	0.161**	0.104	0.038	-0.005	0.000	-0.016	1						
行业性质	0.748	0.435	0.066	-0.148**	0.091	0.010	-0.065	-0.080	-0.028	1					
独立董事比例	0.379	0.481	-0.010	0.006	-0.073	-0.025	-0.016	0.029	-0.102	-0.017	1				
机构投资者比例	0.181	0.156	0.063	0.009	0.038	0.056	0.105	-0.132*	0.133*	-0.013	-0.079	1			
国有股比例	0.011	0.044	-0.009	-0.028	0.003	0.097	0.071	-0.427**	0.029	-0.005	-0.081	0.144*	1		
CEO两职联性	0.451	0.439	-0.066	0.066	-0.135*	-0.053	-0.014	0.131*	-0.013	-0.051	0.056	-0.019	-0.156**	1	
环境不可预测性	0.234	0.046	-0.045	0.081	-0.015	0.032	0.040	0.061	-0.068	-0.650**	0.007	-0.030	0.038	0.040	1

注：N=305，*** 表示 p<0.001，** 表示 p<0.01，* 表示 p<0.05。

第 5 章　子研究二：专利质量导向下企业专利数量增长能力重塑

表 5-3　子研究二的分层回归分析结果

变量	专利质量							
	模型 1	模型 2	模型 3	模型 4	模型 5	模型 6	模型 7	模型 8
控制变量								
企业年龄	0.083	0.082	0.093	0.100^+	0.100^+	0.102^+	0.088	0.093^+
企业性质	−0.069	−0.069	−0.061	−0.051	−0.051	−0.055	−0.051	−0.048
企业规模	0.159^{**}	0.160^{**}	0.148^*	0.143^*	0.144^*	0.142	0.146^*	0.115^*
行业性质	0.068	0.068	0.086	0.074	0.082	0.077	0.096	0.143^+
独立董事比例	0.012	0.012	0.011	0.022	0.022	0.018	0.003	−0.006
机构投资者持股比例	0.034	0.033	0.033	0.028	0.028	0.026	0.027	0.025
国有股比例	−0.062	−0.063	−0.058	−0.050	−0.051	−0.052	−0.046	−0.049
CEO 两职性	−0.060	−0.059	−0.066	−0.045	−0.045	−0.041	−0.039	−0.023
自变量								
研发规模控制能力（SEC）		0.014	0.018	0.020	0.020	0.022	0.025	0.027
技术领域内效率提升能力（PTEC）			0.120^*	0.121^*	0.121^*	0.121^*	0.124^*	0.183^{**}
技术领域选择能力（TC）				0.165^{**}	0.164^{**}	0.164^{**}	0.170^{**}	0.175^{**}
调节变量								
环境不可预测性（EUP）					0.013	0.006	0.024	0.085
乘积项								
SEC×EUP						−0.040	−0.018	−0.016
TC×EUP							0.132^*	0.143^{**}
PTEC×EUP								0.205^{***}
R^2	0.048	0.049	0.062	0.088	0.089	0.090	0.106	0.141
ΔR^2	—	0.001	0.013	0.040	0.001	0.001	0.016	0.035
F 值	1.879^+	1.671^+	1.953^*	2.585^{**}	2.365^{**}	2.216^{**}	2.457^{**}	3.172^{***}

注：N=305。＊＊＊表示 $p<0.001$，＊＊表示 $p<0.01$，＊表示 $p<0.05$，+表示 $p<0.1$。

　　由表 5-3 中的模型 8 可知，研发规模控制能力和环境不可预测性的乘积项回归系数为−0.016（$p>0.1$），技术领域内效率提升能力和环境不可预测性的乘积项回归系数为 0.205（$p<0.001$），技术领域选择能力和环境不可预测性的乘积

回归系数为 0.143（p<0.01）。为检验环境不可预测性对三类专利数量增长能力和专利质量关系的调节作用是否显著递增，将各类能力和环境不可预测性的交互项依次逐一放入模型，如表 5-3 中的模型 6 至模型 8 所示。由模型 7 和模型 6 对比可知，模型 ΔR^2 显著递增，H5-2a 成立。由模型 8 和模型 7 对比可知，模型的 ΔR^2 显著递增，H5-2b 成立。

5.4.3 稳健性检验

考虑到"具有美、日、欧同族的中国专利数量"常被代表企业专利质量，故本章以此作为专利质量的替代测量方式，来验证以上结果的稳健性。由表 5-4 可知，上述结果仍然成立。

表 5-4　稳健性检验分析结果

变量	专利质量							
	模型 1	模型 2	模型 3	模型 4	模型 5	模型 6	模型 7	模型 8
控制变量								
企业年龄	0.078	0.079	0.087	0.092	0.092	0.094	0.074	0.082
企业规模	0.013	0.013	0.004	0.000	0.004	0.002	0.008	−0.039
行业性质	−0.029	−0.029	−0.015	−0.025	0.002	−0.003	0.024	0.096
独立董事比例	0.013	0.013	0.013	0.021	0.021	0.018	−0.004	−0.017
机构投资者持股比例	−0.020	−0.019	−0.020	−0.024	−0.022	−0.024	−0.023	−0.027
国有股比例	−0.035	−0.034	−0.031	−0.024	−0.026	−0.028	−0.019	−0.024
CEO 两职性	−0.062	−0.062	−0.067	−0.050	−0.051	−0.048	−0.043	−0.020
自变量								
研发规模控制能力（SEC）		−0.012	−0.009	−0.007	−0.009	−0.007	−0.003	0.000
技术领域内效率提升能力（PTEC）			0.089[+]	0.090	0.090	0.090	0.094	0.183[**]
技术领域选择能力（TC）				0.133[*]	0.131	0.130	0.139	0.148[**]
调节变量								
环境不可预测性（EUP）					0.042	0.034	0.061	0.153[*]

续表

变量	专利质量							
	模型 1	模型 2	模型 3	模型 4	模型 5	模型 6	模型 7	模型 8
乘积项								
SEC×EUP						−0.038	−0.007	−0.004
TC×EUP							0.185**	0.203***
PTEC×EUP								0.312***
R^2	0.012	0.012	0.019	0.036	0.037	0.039	0.070	0.152
ΔR^2	—	0	0.007	0.024	0.001	0.002	0.031	0.082
F 值	0.439	0.394	0.583	1.008	0.947	0.904	1.571+	3.457***

注：N=305。***表示 p<0.001，**表示 p<0.01，*表示 p<0.05，+表示 p<0.1。

由于建立因果关系的必要条件之一是原因和结果在时间上的先后顺序，本书在变量测量上充分考虑了三类专利数量增长能力和专利质量的时间先后顺序。故上述模型的估计系数表明了先前解释变量值对当期被解释变量值的影响，能够反映因果关系。

5.5 讨论与结论

5.5.1 研究结论

（1）专利质量导向下专利数量增长能力优先级次序由低至高为研发规模控制能力→技术领域内效率提升能力→技术领域选择能力。

研究发现，研发规模控制能力、技术领域内效率提升能力、技术领域选择能力对专利质量的促进效用递增。该发现响应了 Kim 等（2016）关于"未来研究可结合转型经济特点，考虑专利数量和专利质量相均衡的技术创新能力演进路径"的呼吁，显示已有研究高估了专利数量导向下研发规模控制能力对专利质量的积极作用。

（2）在难以预测环境中，上述优先级次序重塑路径为研发规模控制能力→技术领域选择能力→技术领域内效率提升能力。

研究发现，环境不可预测性在三类专利数量增长能力对专利质量的作用中起到不同程度的调节作用。环境越难预测，上述优先级次序越有以下重塑趋势：研发规模控制能力→技术领域选择能力→技术领域内效率提升能力。该发现响应了Gao等（2017）关于"未来研究可针对转型经济中制度缺失带来的因果模糊环境特征，识别在适应制度环境的企业战略选择行为"的呼吁，首次通过比较验证识别了环境不可预测性对"数量—质量"均衡导向技术创新能力结构有效性的影响差异。结论显示，由于转型经济体难以预测的环境破坏了前人研究基于的"决策所需信息可被决策者及时准确地感知"这一信息完备前提，"企业需要加大对环境所需新机会的投入，才能适应动荡环境"的观点不再适用，已有研究高估了在难以预测环境下，追寻前沿技术对专利质量的积极影响，低估了深耕已有技术领域对专利质量的积极影响（Gao et al.，2017；Lavie，2006）。

5.5.2 理论贡献

（1）静态资源观是已有研究得出"数量与质量替代"论断的原因。本书突破静态资源观，从能力专用性和通用性特征视角出发，先采用DEA方法将企业专利数量增长能力解构为三种子能力，再比较解构后子能力对企业专利质量的通用效用，识别了"研发规模控制能力→技术领域内效率提升能力→技术领域选择能力"这条"数量—质量"均衡导向下技术创新能力重构路径。填补了"缺乏专利数量增长能力对专利质量影响效用的比较"的研究缺口，基于能力通用性视角突破了广泛存在于经济和管理学界的"数量—质量替代"逻辑。

（2）动态能力研究中"动态环境中，企业需要灵活转变技术领域以抓住商机"逻辑的前提假设是"环境可被及时准确感知"。但这一前提在以环境难以预测为重要特征的转型期并非完全成立。在发达国家得到的理论和发现并非完全适用于新兴市场情境（裴江南和张野，2016）。这为转型经济体中企业技术创新能力研究提供了新机会。针对能力的权变特征，本章基于中国国情，引入环境不可预测性这一调节变量，通过比较环境不可预测性对三种专利数量增长能力和专利质量间关系的作用，识别了难以预测环境下，以专利质量为导向的专利数量增长能力的重构路径：研发规模控制能力→技术领域选择能力→技术领域内效率提升能力。该发现填补了"缺少结合转型经济环境特征的关于专利数量增长能力对专利质量作用优先级比较的研究"的缺口，突破了动态能力研究"重探索新技术领域，轻深耕已有技术领域"的观点。

5.5.3 实际意义

（1）为高效实现专利数量向专利质量的转型，企业可将专利数量增长能力复用到专利质量目标中去。但在配置资源时，各子能力的优先级需要调整。企业需从简单增加努力程度转变为改变努力模式和努力目标，将主要资源配置于深耕已有技术领域和寻找接近前沿的新技术领域。可基于专利投资组合评估，判断已有技术领域和新技术领域间是互补或替代关系，从而为选择研发伙伴和引入授权机会做准备，以提高专利质量。

（2）在难以预测的环境中，企业需更注重提升内部技术管理效率以深耕已有技术领域。一方面，这可避免因技术前沿模糊多变造成的机会和沉没成本上升。另一方面，企业可利用制度缺失的独特机会，高效地开发高质量专利，以获得领先地位，而非跟随地位。

5.6 不足与未来展望

本章独立分析了三种专利数量增长能力对企业专利质量的影响，来揭示能力间动态关系。未来还可基于动态、系统视角，进一步研究不同能力的动态关系对企业专利质量的影响。

第 6 章　子研究三：创新能力异变事件对企业专利质量的影响路径^①

6.1　问题的提出

国家知识产权局在《2019 年深入实施国家知识产权战略加快建设知识产权强国推进计划》中明确提出：要强化知识产权创造质量导向，逐步引导企业专利工作重点由数量向质量转变。专利质量导向下创新转型情境迫切需要企业创新能力结构异变，以识别并把握更高价值的技术机会。这涉及内外权变因素约束下创新能力异变事件幅度和速度的控制，以正确把握异变的时机和惯例破坏效率。研究发现启动从对已有技术轨迹的渐进遵从转向更高价值的新技术轨迹突破引领的创新能力异变事件，有助于企业规避因路径依赖造成的"成功陷阱"并提高专利质量（吴建祖和肖书锋，2016；Mudambi and Swift，2014）。但基于二元创新理论，该过程中存在天然的"柔性—效率"矛盾，研发费用增长风险极高（Swift，2016），企业难以准确判断技术价值和选择研发投资领域，产生的机会成本降低了专利价值创造效率。争论核心在于专利质量导向下我国企业创新能力异变事件的时机选择和惯例破坏前提：企业能准确识别和配置适当资源的高价值研发领域。但对以难以预测环境为重要特征的我国经济转型期创业板企业，该前提

<hr>

① 本章内容来源于：陈力田，常欣冉，吴蕊. 创新能力异变事件对企业专利质量的影响路径［J］. 科研管理，2024，45（1）：143-152.

未必成立。

首先，创新能力异变事件和专利质量间存在"速度—质量"矛盾。已有研究多关注于创新能力异变幅度对专利质量的影响，对创新能力异变速度的影响缺少研究。一方面，高速创新能力异变可快速推出新技术领域专利，提高其市场影响力，进而促进专利质量（陈力田和岑杰，2018）。另一方面，创新能力异变伴随着研发费用与历史趋势不符的变化（Mudambi and Swift，2014），由于研发资源的有限性和专用性，这会约束专利质量提升所需的持续研发、合作网络构建的研发资源，从而导致新技术领域专利数量的增长以专利质量下降为代价（陈力田和岑杰，2018）。争论核心在于忽视了能力价值的内外部权变性有助于均衡速度和质量目标。因此，一方面，可从幅度和速度特征对创新能力异变事件进行细分刻画，需要引入资源使用效率这一和创新能力异变速度有关的因素，研究其对专利质量的影响。另一方面，需介入创新能力异变时机和惯例破坏效率有关的内外部边界条件，研究其和创新能力异变特征的匹配组合对专利质量的影响。

其次，创新能力异变事件和专利质量之间存在难以预测环境这一外部权变因素。二元创新理论研究中隐含着"环境中技术领域商业价值判断所需的信息条件完备"这一信息完备前提，新技术领域商业价值决定该领域与市场需求和技术轨迹变化趋势的匹配程度（陈力田和张媚媚，2021），转型经济体中的知识产权交易制度缺乏等现象使得技术领域的商业价值信息不完备（Gao et al.，2017）。这使得企业难以准确计算创新能力异变的价值（Carson，Wu and Moore，2012）。有研究认为面临不确定环境的企业若不促进创新能力异变，将难以抓住动态环境中的新机会，导致专利价值的下降（陈力田和张媚媚，2021），但也有研究认为处于高度不确定环境中的企业，往往难以准确辨别高价值技术领域（Wittman，2019），此时若贸然进行创新能力异变，将难以带来商业价值。综上，环境难以预测性这一外部权变因素对专利质量导向下企业创新能力异变事件有效性起着重要作用，需研究其程度和比例与创新能力事件特征的匹配组合对专利质量的影响。

最后，创新能力异变事件和专利质量间存在价值认知特征这一内部权变因素。二元创新理论研究中隐含着"企业有适当认知资源配置于高价值技术领域"这一认知资源完备前提，处于难以预测环境的企业能否识别高价值技术领域，取决于其是否具有匹配环境特征的价值认知水平（Wittman，2019）。从技术研发到高质量专利产出，是一条贯穿技术机会价值判断、选择、攫取、试错、创造和扩散过程的价值链（陈力田和张媚媚，2021）。受效率导向绩效目标的影响，价值认知有可能系统思考价值创造各环节的整体效率，包括复杂度和聚焦度两个维度（Nadkarni and Narayanan，2008）。价值认知是影响企业风险决策的重要因素（Hutzschenreuter and Horstkotte，2013），但关于其在风险决策中的作用尚存争论。信息加工理论认为，具有复杂、分散认知的企业，有更多完备的知识源，能更准确识别和选择环境中的机会，进而提高成功率（Cooper et al.，2014）。但社会分类理论认为复杂、分散认知的企业在决策中会产生更远的心理距离，也会提高本就很高的风险决策制定成本。因此企业在研发决策过程中价值认知的复杂度和聚焦度，需要和其所处的环境特征相匹配。但目前尚缺少对"环境—价值认知"细分特征匹配视角下创新能力异变效用的考虑，本书将弥补这一缺口。

综上所述，为实现创新质量导向下"产业环境—创新能力异变—价值认知构架"优化配置（Eisenhardt，Furr & Bingham，2010），本章基于时机选择和惯例破坏视角，采用 115 家发生创新能力异变事件的我国创业板上市公司 2011～2017 年数据，细分从渐进到突破转换的创新能力异变事件、难以预测环境和价值认知特征，研究分解后各要素配置模式对事件发生后企业专利质量的影响路径。

6.2　研究设计

6.2.1　研究方法选择

本书借助 QCA 分析方法研究各要素间复杂机理以揭示创新能力异变事件下如何产生高质量专利（郝政等，2022；Lou et al.，2022），遵循"变量测量→分析变量间的条件组合→基于案例揭示过程机理"的顺序，对创新能力异变、价值认知、难以预测环境的各细分特征的联动效应进行组合，对比分析三者的不同组合方式对专利质量的影响。该方法基于集合论关系对因果关系进行建模，通过组态方式处理有限复杂案例，关注于并发因果关系，故其适用于揭示变量间的互补与替代关系，且对中小规模样本更具优势（邱玉霞和孙晓燕，2017）。

6.2.2 样本选择

首先，路径揭示样本。本书选择 2011～2017 年观测区间创业板上市企业为研究对象，理由如下：一是数据准确性和可得性较高。创业板始于 2009 年 10 月，研发数据较为完整（陈力田和张媚媚，2021；Li and Liang，2015）。同时，由于专利批准平均需要 3～5 年（Strumsky et al.，2010），为确保专利质量测量的准确性，将截止时间控制在 2017 年。二是研究问题匹配性较高。中国在 2011 年左右努力实现经济转型，使所处环境不确定性程度更高的创业板企业创新转型行为较常见，提供了合适的观测样本和时间窗口（陈力田和张媚媚，2021）。为避免同源偏差，本章采用多源数据：企业专利数量数据源于 Soopat 专利数据库，研发支出、研发人员数量、行业销售收入等指标数据源于东方财富数据库、中国工业企业数据库、国泰安数据库和 Wind 数据库，专利质量数据源于智慧芽全球专利数据库，并结合样本企业网站进行补充和验证。为避免内生性问题，环境难以预测程度的数据收集滞后 5 年（Cooper et al.，2014），专利质量的数据测量使用创新能力异变事件发生当年、次年和后年 3 年数据均值。为确保研发费用支出和企业专利质量数据连续可得，本章删除 2011～2016 年倒闭或破产的企业数据；考虑到专利申请滞后期导致 2018 年后的专利数据尚不完整，剔除创新能力异变发生在 2016 年的样本。该样本中共有 193 个创新能力异变事件，删除技术创新效率缺失样本，剩下 138 个事件；删除专利质量缺失样本，剩下 115 个创新能力异变事件。

其次，路径机理揭示与佐证样本。在组态分析后，多案例研究方法有助于深入阐述路径机理。为提高普适性、增强研究价值，此案例样本区别于路径揭示样本。案例选择的标准包括：一是所选企业经历了创新能力异变事件，具有典型性；二是所选企业分布行业具有多样性，提高了研究结论的普适性；三是资料可获得，保证了信息真实和结论有效性（Ragin，2009）。综合以上标准，研究选取 5 个企业用以路径阐述。创新能力异变事件特征及所属企业情况如表 6-1 所示。

表 6-1 创新能力异变事件特征及所属企业情况

企业名	行业	事件陈述
XYD	软件	电子影像和 Sunflow 工作流软件产品线所基于的 OCR 技术突破事件
HW	通信	在细分行业世界排名第一后，随销售额等比增长的研发费用收效甚微事件

企业名	行业	事件陈述
ND	电池	高温电池专利生产过程中环保技术研发伴随的创新能力异变事件
ZDSY	水处理	负压输送技术研发伴随的大幅度创新能力异变事件
UT	通信	将研发资源从渐进式小灵通技术革新转移向新技术领域探索事件

6.2.3 变量测量及校准

变量测量

（1）创新能力异变事件。由幅度和速度两个特征共同表征。

1）创新能力异变幅度。借鉴 Mudambi 和 Swift（2014）、Swift（2016）的测量方式，使用 2011~2015 年共 20 个季度的研发费用数据，并通过 GARCH 模型将研发费用正向波动最极端的情况，用于衡量利用式向探索式创新转变的幅度（陈力田和张媚媚，2021）。计算步骤为：对观测期内每个企业研发费用进行偏相关检验，再进行自回归，计算出第 i 个企业第 t 年第 n 个季度的自回归模型残差 u_{itm}；计算第 i 个企业第 t 年第 n 个季度的 GARCH 模型的学生化残差 e_{itn}（stud）；求得 e_{itn}（stud）的绝对值最大值 e_i（max）；若其取值为正，则判断该观测样本发生创新能力异变事件；将该样本创新能力异变程度变量赋值为 e_i（max）。

2）创新能力异变速度。采用 DEA 方法，基于样本企业 2011~2015 年的研发投入和专利数量产出数据，参考距离函数 $D（x，y）$ 的定语与计算方法（Fare et al.，1994），用于衡量创新能力异变事件从研发到专利产出的速度。投入包含研发费用和人员数量；产出包含发明专利、实用新型专利和外观设计专利数量（陈力田和岑杰，2018；Wang and Huang，2007）。从 t 时期到 $t+1$ 时期，创新能力异变速度 Malmquist 指数：

$$M_{i,t+1}（x_i^t，y_i^t，x_i^{t+1}，y_i^{t+1}）=\left[\frac{D_i^t（x_i^{t+1}，y_i^{t+1}）}{D_i^t（x_i^t，y_i^t）}\frac{D_i^{t+1}（x_i^{t+1}，y_i^{t+1}）}{D_i^{t+1}（x_i^t，y_i^t）}\right]^{1/2}$$

$$(6-1)$$

其中，$（x_i^t，y_i^t）$ 表示第 i 个观测值在第 t 期的研发投入和专利数量产出。

（2）价值认知。可分为两个维度：复杂度和聚焦度。基于创新能力异变事件发生当年的企业年报和社会责任报告，运用内容分析法测量变量（陈力田和张媚媚，2021；Nadkarni and Narayanan，2008），重点识别和记录企业创新战略决策时思考价值创造各环节因素的语句（陈力田和张媚媚，2021；吴东，

2011）。

价值认知复杂度（Nc），表征企业决策认知过程中，考虑的价值创造环节数量。以上述步骤所选择的语句为范围，基于关键词表计算考虑的价值创造链条所有环节（如研发、生产、市场、人力、运营管理、设计、供应、信息管理、关系管理、服务等）总数，用来对价值认知复杂度进行表征（吴东，2011）。

价值认知聚焦度（λ_c），表征企业决策认知过程中，价值取向的一致程度。$\lambda_c = \dfrac{1+N_p}{1+N_s}$，其中 N_p 代表主要价值创造活动的概念数，N_s 代表支持性价值创造活动的概念数（唐睿和唐世平，2013）。

（3）环境难以预测性。指在环境中不规则、非系统性的变动（Gibson and Birkinshaw，2004），作为环境不确定性的一个维度，反映了企业难以根据过往经验预测一项行为结果的程度（Cooper et al.，2014）可分成以下两个特征。

环境难以预测程度，表征着环境中不规律和非系统的变化存在的总体程度。将上一季度和当前季度的行业销售收入分别作为自变量和因变量进行回归，计算标准误，测量创新能力异变事件发生当年的近五年环境难以预测程度。

环境难以预测比例，表征着环境中不规律和非系统的变化存在的相对比例。基于二级行业代码，将时间窗口设置为五年（20 个季度）平滑移动，将上一季度和当前季度的行业销售收入分别作为自变量和因变量进行回归，依据 X-11-ARIMA1 模型，控制增长、下降和周期趋势，计算出 $1-R^2$，测量创新能力异变事件发生当年的近五年环境难以预测比例（陈力田和岑杰，2018）。

（4）专利质量。参考唐志勇（2018）的做法，采用文本解读法对专利质量进行测量。文本解读法的运用方式为测算专利主权项的总字数（Plength），作为专利质量的计算方法（唐志勇，2018）。

6.3　实证研究结果

6.3.1　数据校准及必要性分析

本书通过 fsQCA3.0 软件，基于直接校准法对变量进行赋值（见表 6-2）。

借鉴 Ragin（2009）的研究，将变量中95%分位数值设置为完全隶属于，5%分位数值设置为完全不隶属于，50%分位数值设置为交叉点，并以该校准后变量赋值转变为真值表（郝瑾、王凤彬和王璁，2017；Ragin，Strand and Rubinson，2008）。

表6-2　子研究二的变量校准赋值统计

变量	变量	完全隶属于	交叉点	完全不隶属于
创新能力异变	幅度 X1	10.57	2.81	1.61
	速度 X2	40.37	0.40	0
价值认知	复杂度 X3	9	8	6
	聚焦度 X4	3	1.5	1
环境难以预测性	程度 X5	0.29	0.21	0.18
	比例 X6	0.97	0.92	0.35
专利质量	专利质量 Y	9488.73	1392.67	270.53

在数据校准后进行单个条件变量的必要性分析（见表6-3）。所有条件变量必要性水平均未达到0.9，均非导致结果变量的必要条件（里豪克斯，2017），需将条件变量组合进行分析。

表6-3　子研究三的必要性条件分析

变量	专利质量 Y	
	Consistency	Coverage
创新能力异变幅度 X1	0.690	0.667
~创新能力异变幅度 X1	0.737	0.570
创新能力异变速度 X2	0.520	0.621
~创新能力异变速度 X2	0.827	0.554
价值认知复杂度 X3	0.559	0.615
~价值认知复杂度 X3	0.728	0.513
价值认知聚焦度 X4	0.660	0.631
~价值认知聚焦度 X4	0.760	0.593
环境难以预测程度 X5	0.655	0.570
~环境难以预测程度 X5	0.683	0.579
环境难以预测比例 X6	0.698	0.565

续表

变量	专利质量 Y	
	Consistency	Coverage
~环境难以预测比例 X6	0.694	0.636

注：~表示条件的非集。

6.3.2　创新能力异变事件对企业专利质量的影响路径分析结果

基于真值表进行分析，因样本数为 115，属于 QCA 分析中的中小规模样本，故将案例频数阈值设置为 1（郝政等，2022）、一致性阈值为 0.80 的标准筛选条件组合，并将 Y 和 ~Y 的 PRI 阈值分别设置为 0.5 和 0.75（An et al.，2020；Dwivedip et al.，2018），结果发现产出高/低质量专利的路径（见表 6-4）。所有前因条件构型的一致性指标都大于理论值 0.8，说明所有前因条件构型都能引起高/低质量专利；总体一致性指标大于理论值 0.8，说明所有可能导致企业高/低质量专利的前因条件组态，都可被分析所得的前因条件组合包含（程聪等，2018）。

表 6-4　企业专利质量路径类型

结果变量				Y	~Y			
路径类型				Ⅰ	Ⅱ	Ⅲ	Ⅳ	Ⅴ
条件变量	创新能力异变	幅度	X1	●	⊗	⊗	●	⊗
		速度	X2	⊗	●			●
	价值认知	复杂度	X3	●		⊗	⊗	⊗
		聚焦度	X4	●			●	⊗
	环境难以预测性	程度	X5	●	●	•	⊗	●
		比例	X6	⊗		●	⊗	•
一致性				0.83	0.91	0.91	0.93	0.92
原始覆盖率				0.26	0.03	0.08	0.09	0.05
净覆盖率				0.26	0.27	0.32	0.24	0.25
一致性				0.83	0.90			
原始覆盖率				0.26	0.52			

注：黑圆点表示该条件存在，其中●表示核心条件存在，•表示边缘条件存在。白圆点表示不存在，其中⊗表示核心条件不存在，⊗表示边缘条件不存在。空格表示该条件可能存在也可能不存在。

路径Ⅰ指出高创新能力异变速度、低创新能力异变幅度、复杂价值认知、聚焦价值认知、高环境难以预测程度、低环境难以预测比例为核心条件的企业可以产生高质量专利。这是时机选择和惯例破坏兼顾的路径结果，一致性为 0.83（大于 0.8），原始覆盖率为 0.26。

路径Ⅱ指出低创新能力异变幅度、高创新能力异变速度、高环境难以预测程度为核心条件，简单价值认知为边缘条件的企业会产出低质量专利。这是时机选择不清和惯例破坏效率低下的路径结果，一致性为 0.91（大于 0.80），原始覆盖率为 0.03。

路径Ⅲ指出低创新能力异变幅度、简单价值认知、高环境难以预测比例为核心条件，高环境难以预测程度为边缘条件的企业会产出低质量专利。这是时机选择不清和惯例破坏效率低下的路径结果，一致性为 0.91（大于 0.80），原始覆盖率为 0.08。

路径Ⅳ指出高创新能力异变幅度、聚焦价值认知、低环境难以预测程度、低环境难以预测比例为核心条件，简单价值认知为边缘条件的企业会产出低质量专利。这是惯例破坏效率低下的路径结果，一致性为 0.93（大于 0.80），原始覆盖率为 0.09。

路径Ⅴ指出低创新能力异变幅度、高创新能力异变速度、高环境难以预测程度为核心条件，高环境难以预测比例、松散价值认知为边缘条件的企业会产出低质量专利。这是时机选择不清和惯例破坏效率低下的路径结果，一致性为 0.92（大于 0.80），原始覆盖率为 0.05。

本书借鉴 White（2021）研究，将一致性门槛提升至 0.85，进行稳健性分析，结果发现了产出高质量专利的路径和产出低质量专利的路径未发生改变。

6.3.3　路径机理分析

本书进一步基于案例样本，深入阐述路径类型。

6.3.3.1　专利质量高的"难以预测程度高且比例低的环境—复杂且聚焦的价值认知—高幅低速的创新能力异变"匹配路径类型Ⅰ

在路径Ⅰ中，环境中不规律和非系统变化存在的总体程度高但相对比例低，说明环境中技术价值虽然动态，但容易预测变化模式和方向。此环境中，若企业在做出创新能力异变这一决策时考虑较多价值环节且取向一致，可增加对环境中机会价值的全面了解，从而准确判断异变时机。在准确判断能力异变时机的前提下，企业高幅度地进行低速的创新能力异变，以控制环境突然发生难以预测的不确定性变化的风险，并以最低的惯例破坏成本实现高价值技术机会的攫取，以提高专利质量。在此过程中，企业高效率地破坏了以往利用式创新基于的组织惯例，实现从利用式向探索式创新的转变。案例样本 XYD 公司的 OCR 技术突破这一创新能力异变事件属于此路径。由于电子成像技术无法满足银行客户流程改造需求，XYD 公司开始关注外部环境中的新技术机会，发现了 OCR 技术，此技术的替代性和累积性逐渐提高，技术价值变化速度快，但趋势较易被预测。因此，XYD 战略决策层决定从利用式转向探索式创新。在此决策过程中，决策层考虑的价值环节多，展开的讨论也很激烈，但价值的取向一致：作为软件企业，核心技术自主研发是关键。该价值认知特征支持了 XYD 公司对环境中机会价值的整体了解，并准确判断了创新能力异变事件的时机。接着，公司通过技术导向组织结构和大幅度研发投入把握了这次时机；同时，为跟随行业主导技术发展趋势以规避风险，其创新能力异变速度并不快，公司以"年"为单位，收集产品创新建议，定期进行组织学习及时反馈研发进度、更新组织惯例，控制探索式创新风险，最终成功推出了 OCR 技术，并应用到多条产品线，获得了商业价值。

6.3.3.2　专利质量低的"难以预测程度高的环境—简单的价值认知—低幅高速的创新能力异变"匹配路径类型 II

在路径 II 中，环境中不规律和非系统的变化存在的总体程度高，说明环境中技术价值比较动态，此时若企业做出从利用式向探索式创新转变决策过程中考虑的价值环节过于简单，就会对外部环境机会判断不准而错失了异变的时机，浪费了高速度探索高价值技术领域的机会，惯例破坏幅度减低，过于遵循已有惯例，降低了专利质量。案例样本 HW 公司在世界通信交换设备制造业排名第二升为第一后，随销售收入等比增长的研发投入费用收效甚微这一创新能力异变事件属于此路径。

对于通信制造业，核心技术的竞争本质上是技术标准的竞争。在高度竞争的环境下，技术价值变化程度高且难以预测。HW 公司行业排名从世界第二升至第一，本质上是行业跟随者向领先者的竞争位势转变。由于公司当时战略决策较为集权，其跟随者战略引领下的资源配置方向多为提高技术追赶效率，而非探索新技术领域。这导致公司用于探寻未来技术研发甚至技术标准申请方向的预研经费投入大，却找不到方向。事件发生时及之后的一段时间，公司没有新的重大产品研发，大多数员工只参加标准产品化过程，如做芯片架构使芯片更好用、软件运行更流畅，这导致惯例破坏幅度过低，专利申请质量下降。

6.3.3.3 专利质量低的"难以预测程度高且比例高的环境—简单的价值认知—低幅的创新能力异变"匹配路径类型Ⅲ

在路径Ⅲ中，环境中不规律和非系统的变化存在的总体程度和比例均高，说明环境中技术价值较为动态，且难以预测发展方向。此时，若企业创新能力异变这一决策考虑的价值环节过于简单，后又选择了低幅度创新能力异变，则不仅会对技术价值判断不准，加大对环境突发不确定变化失控的风险，从而降低专利质量，还会因认知结构的简单导致创新能力异变过程中惯例破坏程度低，过于遵循已有惯例，从而降低专利质量。案例样本 ND 公司高温电池专利生产过程中环保技术研发伴随的创新能力异变事件属于此路径。

该行业环境中环保技术价值高低有争论，国内市场要求较低，国外市场要求较高。由于公司国际化战略尚不明确，所以环保技术价值难以预测。与领先同行一样，ND 公司在创立之初即注重生产过程中的环境保护技术研发及应用，但制定决策时未考虑过多的价值创造环节，以致对供应商的要求较低。公司仅投入了少量研发资源用于环保技术创新，创新能力异变幅度较低。由于对价值环节考虑不全，公司已有的专利技术未能有效覆盖价值创造过程，2006 年的供应商污染事件对公司发展造成损失。

6.3.3.4 专利质量低的"难以预测程度低且比例低的环境—聚焦且简单的价值认知—高幅的创新能力异变"匹配路径类型Ⅳ

在路径Ⅳ中，环境中不规律和非系统的变化程度和比例都较低，说明环境变化较平稳且易预测变化模式和方向。此环境中，若企业在创新能力异变决策过程中考虑的价值环节不足且取向过于一致，容易对技术价值判断不准。此情境下，选择高幅度创新能力异变，容易浪费在平稳环境中探索高价值技术领域的机会，降低专利质量。案例样本 ZDSY 公司的负压输送技术研发伴随的大幅度创新能力异变事件属于此路径。

此事件中，ZDSY 公司进入农村市场，以环保水处理工程的方式参与生态县建设，并在设备制造过程中高度重视环保技术创新研发。因企业自身生产规模小且定位国内市场，外部利益相关者并未过多强调环保技术创新。外部环境中技术价值变化速度不快且较易预测。但校企出身的 ZDSY 公司价值认知简单又聚焦，在环保技术价值不高的情况下就对突破已有技术轨迹进行环保技术研发的关注很高。ZDSY 将资源配置方向专注于负压输送技术突破。在预算计划中包含了大量对于该技术的研发投入，创新能力异变幅度很大。但由于并未准备充足的冗余资源，导致资源在各种用途间的转换成本较高，未和技术价值匹配。所以，ZDSY虽然投入了大量资源用于负压输送技术研发，但因技术资源的灵活性不够，缺乏市场推广，导致负责此项技术研发的德国专家半途而废。在关键人才流失之后，专利质量下降。

6.3.3.5 专利质量低的"难以预测程度高且比例高的环境—松散的价值认知—高速低幅的创新能力异变"匹配路径类型Ⅴ

在路径Ⅴ中，环境中不规律和非系统的变化程度和比例都较高，说明环境较为动态且难以预测发展方向。在此环境中，若企业从利用式创新转向探索式创新这一决策时价值取向过于松散，选择了低幅高速的创新能力异变，则会因加大难以预测环境中失控的风险和控制不当创新能力异变过程中惯例破坏幅度而降低专利质量。案例样本 UT 公司将研发资源从渐进式小灵通技术革新转移向新技术领域探索这一创新能力异变事件属于此路径。

UT 公司小灵通事件中，通信制造业环境中技术变化的速度很快且难以预测。但 UT 公司决策层价值认知环节数量过于松散，导致其对环境缺乏清醒认识，没有深刻发现技术价值的变化，低估了小灵通技术的发展前景，选择了盲目进行探索式创新。实际上，今后小灵通技术可以和通信行业高价值新技术并存，并达到可提供多种无线数据业务的水平。UT 做出了退出小灵通市场的决策，减少对尚有发展潜力的小灵通技术的渐进式改革，贸然从渐进式创新转向探索式创新。这一决策加快创新能力异变速度转向陌生市场的决策的机会成本和风险都很大。一些人才的离职，导致 UT 产品难以创新，不断下滑的销售额已不足以支撑高幅度创新能力异变所需的研发投资，降低了专利产出的质量。

6.4 讨论与结论

6.4.1 研究结论

基于 115 家发生创新能力异变事件的我国创业板上市公司 2011~2017 年数据并佐以 5 家不同特征的企业案例，本章使用 fsQCA 方法，研究创新能力异变、难以预测环境和价值认知的配置模式对创新能力异变事件发生后企业专利质量的影响路径。研究结论如下：

第一，发现单个要素不构成影响企业专利质量的必要条件，企业专利质量高低取决于多项前因要素组成的复杂组态。创新能力异变在国家创新重大需求中的价值在于会形成新的创新路径，为了突破从利用式向探索式创新转变过程中"柔性—效率"矛盾、环境中技术价值信息不完备和机会识别所需的认知资源不完备的困难，创新能力异变需要和行业环境、价值认知因素结合起来，识别有限资源之间的最优匹配方式，才能对专利质量产生显著影响。

第二，创新能力异变产生的新创新路径中，仅存在一条有效路径有助于提升企业专利质量，即匹配路径Ⅰ"难以预测程度高且比例低的环境—复杂且聚焦的价值认知—高幅低速的创新能力异变"。在该路径中，企业通过复杂且聚焦的价值认知识别动态易预测的技术机会价值，并通过高幅低速的创新能力异变攫取机会。

第三，创新能力异变产生的新创新路径中，存在四条降低企业专利质量的路径。当企业面临的环境难以预测程度高或者比例高时，价值认知过于简单或者松散，同时又进行了低幅度创新能力异变，则会因时机不清、惯例破坏不当的问题，导致低质量的专利对应于路径Ⅱ、Ⅲ、Ⅴ。这一发现识别了难以预测环境下导致专利质量降低的创新能力异变新路径，提出简单松散的价值认知才是控制创新能力异变幅度这一风险调控行为无效的关键。而当企业面临难以预测程度和比例都低的环境时，若价值认知过于聚焦又简单，虽然进行了高幅度的创新能力异变，也会因为延误时机造成专利质量低下的后果，对应于路径Ⅳ。

第四，通过对比影响企业专利质量的5个路径发现，导致高、低两种不同的专利质量的组态效应间具有典型非对称性。创新能力异变、价值认知复杂度和聚焦度、环境难以预测性程度组成的复杂组态是提升企业专利质量的充分条件，但其中某些因素组合同时也是导致低专利质量的充分条件。所以不能简单将企业专利质量高低的原因归结为"非此即彼"的关系。

6.4.2 研究贡献

首先，在理论贡献上，本章产生了三个实质贡献点。

第一，基于我国情境，深化了专利质量导向下企业创新能力异变内涵的理论研究。二元创新理论所强调的"柔性—效率"矛盾认为一方面创新能力异变有助于将资源转移到高价值的研发领域，进而灵活适应环境变化，但同时大幅度的创新能力异变会降低专利价值创造效率，因此"柔性—效率"矛盾为转型研究中创新能力异变对企业价值的"积极—消极"争论提供了解释，但其未解决创新能力异变事件和专利质量间存在"速度—质量"矛盾。以往研究多关注于企业如何通过外部合作、知识吸收开展探索与利用式研发（阳镇、李纪珍和凌鸿程，2022），鲜有研究关注创新能力异变幅度对专利质量的影响，对创新能力异变速度的影响研究更是缺乏（陈力田和岑杰，2018）。本书基于我国情境，将创新能力异变事件分解为幅度和速度两个维度，再分析其对专利质量的影响，明确了复杂动态环境中专利质量导向下企业创新能力异变的内涵，发现对于秉承复杂聚焦的价值认知，面临动态易预测环境的我国企业而言，高幅低速的创新能力异变有助于我国企业捕捉新兴技术机会，实现关键核心技术突破。该发现深化了专利质量导向下创新能力异变的内涵，填补了二元创新理论的研究缺口，突破了以往学者对创新能力异变幅度的研究（陈力田和张媚媚，2021），有助于平衡"柔性—效率"争论。基于 Tarba 等（2020）关于"未来可开发更先进的模型提供组织二元性微观层面的研究"，进一步深化了二元创新的研究。

第二，研究结论突破了二元创新理论研究中隐含着"环境中技术领域商业价值判断所需的信息条件完备"这一信息完备前提所能解释的范畴，基于能力价值权变视角将难以预测环境细分为程度和比例两个特征，拓展了难以预测环境下通过创新能力异变提升专利质量的外部影响因素及其作用机理和发展路径。基于路径Ⅰ、Ⅱ、Ⅴ的对比研究，发现即使具备高环境难以预测程度这一核心条件，若是没有恰当把握创新能力异变的时机和效率，并不能确保能够带来高专利质量。该发现针对"创新能力异变事件中难以预测环境对企业专利质量影响存在争论"这一研究缺口，识别了企业专利质量导向下创新能力异变事件有效性的外部激发情境，深化并丰富了企业专利质量问题的研究。相较于前人认为环境变化对企业专利质量影响积极或消极的研究（Xu，2020；Chung et al.，2019），进一步发现难以预测环境单要素不构成影响企业专利质量的必要条件，取决于多要素的复杂组合，拓展了相关路径研究。该发现响应了 Gao 等（2017）关于"未来研究可针对转型经济中因果模糊的环境特征，识别企业在适应环境过程中的战略选择行为"的呼吁，填补了陈力田等（2021）关于"缺乏根据异变方向分解的企业创新能力异变对企业价值作用的激发情境研究"的缺口。

第三，本章结论突破了二元创新理论研究中隐含着"企业有适当认知资源配置于高价值技术领域"这一认知资源完备前提所能解释的范畴,以生存压力带来的认知资源约束为重要权变特征的经济转型期中国创业板企业为样本,识别了专利质量导向下创新能力异变路径中的"环境—价值认知"匹配模式。以往研究从高层管理者的特征出发,关注价值认知的单一维度(陈力田和张媚媚,2021;Chen et al.,2012)对创新能力异变有效性的作用,均未深入考虑中国创业板企业环境的复杂性。针对"尚无创新能力异变事件中价值认知和难以预测环境特征间匹配模式对专利质量的研究"这一缺口,将影响创新能力异变事件和专利质量之间关系的内外部权变因素纳入研究框架。相较于单一研究环境因素或认知因素(Wittman,2019),本章从创新能力异变(幅度和速度)、价值认知(复杂度和聚焦度)以及环境难以预测性(程度和比例)层面出发,研究多维度特征对专利质量的影响,识别了内外部权变因素优先级重塑的内部情境。

第四,本章研究结论对企业实践产生贡献。一是专利质量导向下创新转型情境中,企业需具备从利用式向探索式创新转型的战略意识,才能启动创新能力异变事件。二是为处于创新转型背景下的企业提供了可行的提升企业专利质量的匹配路径,即"高程度低比例环境难以预测性—复杂聚焦价值认知—高幅低速创新能力异变"匹配型路径类型Ⅰ。企业应基于自身所处的环境特征进而选择适合的路径,在动荡环境中,企业要准确预测环境变化的方向,有效利用和整合所有资源,对时机进行准确把握,进行高幅度、低速度创新能力异变,从而实现专利质量的提升。三是本章还发现了创新能力异变过程中,异变特征、难以预测环境和价值认知特征的四种不当配置模式对企业专利质量的负面影响路径。企业应当充分考虑内外部环境,选择合适的领域和时机,适时调整企业的专利质量战略。已处于高程度的难以预测环境中的企业,高速度探索新技术领域的管理者应考虑更多的价值环节,增加对环境中机会价值的全面了解,才能抓住创新能力异变的机会。已经处于高程度高比例难以预测环境中的企业,管理者应具备更加复杂且聚焦的价值认知,创新能力异变也应该向高幅度进行优化转型,才能实现专利质量的提升。若企业面对低程度低比例难以预测环境,此时企业战略为高幅度的创新能力异变,管理者的认知模式就应该向复杂价值认知转型,才能利用好在平稳环境中探索高价值技术领域的机会,并带来高质量产出。

第五,在研究方法上,本章使用 fsQCA 的方法对比分析不同组合方式对专利质量的影响,拓展了传统相关线性回归方法的简单因果分析逻辑,并结合案例研究深入剖析了创新能力异变机理,弥补了传统定量式 fsQCA 方法对路径分析过于简单的问题。

6.4.3　政策启示

第一，不同于传统强调政策稳定性的研究，本章发现动荡环境也能刺激部分遵循高幅低速路径进行创新能力异变的企业产生高质量专利。这意味着政府可以参与市场调控，共同作用企业微观环境，积极创造变化从而筛选出真正具有动态适应性和专利质量导向下路径调整能力的企业予以支持。

第二，在政策执行的稳定期，也需要监控和引导企业专利质量提升的创新能力异变路径。具体而言，对于大幅提高研发支出进行创新能力异变的企业，需要增强其对环境中的机会，特别是支持专利质量提升的政策机会的关注，从而提高更有价值的专利产出。

6.5　不足与未来展望

未来可进一步研究价值链其他环节要素如何作用于专利质量到企业绩效的过程，还可考虑其他要素的加入是否影响企业专利质量的匹配路径，如企业通过适宜途径获取外源技术，助力创新能力提升（许庆瑞等，2020），从而对以专利质量为导向的创新质量产生一定的影响。

第 7 章 子研究四：专利数量和质量均衡导向下人工智能企业技术创新能力提升策略研究

——创新能力异变幅度和价值认知的调节作用[①]

7.1 问题的提出

通过对研发强度、专利数量和专利质量、创新能力异变幅度、价值认知复杂度进行文献梳理，本书发现以下问题：

首先，研发强度与专利产出间的关系仍未达成一致。目前关于研发强度对专利数量的关系较多的学者倾向于其存在正相关，但在研发强度对专利质量关系存在正相关、倒 U 型、不相关和负相关四种。持正相关观点的学者主要认为企业研发强度的增强给企业专利的研发提供了动力，因而会促进企业申请更多的专利，从而达到增加其专利产出的数量，最终提高企业专利产出的质量（Huang et al.，2017）。持不相关和负相关观点研究较少，学者们认为：一方面，研发是存在风险的，企业即使投入较多的研发资源也不一定能够产出具备高技术和经济价值的专利（Griliches，1998）；另一方面，专利数量和质量间存在权衡，两者的资源基础存在竞争，因此企业倾向于以质量换取数量的做

---

① 本章内容来源于：钟俊红. 研发强度与人工智能企业专利数量和专利质量研究：研发跳跃和价值认知的调节效应［D］. 浙江工商大学，2023.

法，产出低价值的专利（De Rassenfosse，2013）。由此可见，国内外学者关于研发强度对创新产出的影响机制尚未明确。且大多的研究样本均基于对于企业创新产出的研究，比较多的学者都是基于单个整体的变量出发，而本书强调创新产出的"量"和"质"双增长视角，对研发强度决策有效性进行深入的探讨和研究。

其次，缺乏创新能力异变幅度在企业研发强度决策中的研究。通过对创新能力异变相关文献的梳理，发现较多学者从创新能力异变的单一视角出发，基于间断平衡理论研究对企业绩效、创新产出的影响，甚至是研究创新能力异变的影响因素。企业的创新发展不仅需要前期的研发投入作为基础，同时会受到研发在一段时间的波动及突破以往趋势的影响，以实现对研发资源的妥善管理和分配，但以往的研究缺乏将创新能力异变幅度作为调节因素探讨企业研发投入对创新产出的影响（陈力田等，2024）。那么，本章通过引入创新能力异变幅度这个调节因素，探讨其会如何影响企业研发投入决策对创新产出的影响。

最后，价值认知复杂度在企业决策行为与企业创新产出中的运行机理模糊。通过梳理与价值认知复杂度相关的文献，发现大部分的学者主要研究认知复杂度对企业高层管理者战略行为会产生什么样的影响，比如企业高层管理者的认知能力会影响企业战略决策速度、战略决策的灵活性等，而鲜少研究从企业创新价值链视角出发探讨认知复杂度对企业战略的影响。因此，本章尝试引入价值认知复杂度这一变量，结合吴东（2011）用价值链刻画企业认知复杂度的创新性研究，将其和企业创新能力异变幅度相结合，探讨不同情境下对研发强度与人工智能企业专利数量和专利质量的关系变化情况，并拓展相应的研究范围。

综上所述，面向处于新兴技术轨迹转变期的人工智能企业"专利数量—专利质量"均衡导向下研发策略制定难题，针对"企业如何制定与创新能力异变特征和价值认知特征相匹配的研发策略"研究问题，本章基于间断均衡理论、能力理论和价值认知视角，选择人工智能概念股上市企业样本，实证研究创新能力异变、价值认知、研发投入强度和企业专利数量和专利质量之间的关系及作用路径。

7.2 研究假设

7.2.1 研究假设

7.2.1.1 研发强度与人工智能企业专利产出的关系研究

研发投入是引进新产品和新工艺的关键组成部分，是企业生产力增长和可持续发展的必要条件（Adams，1990），其强度是衡量企业创新能力的重要指标（Savrul and Incekara，2015），是形成企业核心竞争力的主要途径之一。人工智能是计算机进步的前沿领域，其具有很强的自主性和学习性（Berente et al.，2021）。基于资源基础观所强调的内部资源重要性，企业要想利用该人工智能实现商业价值，就需要对其投入大量有形或无形的研发资源，以及不同的技术能力轨迹和过程，以开发新知识和新技术，确保企业能够在人工智能领域获得持续的竞争优势。

首先，企业研发强度的不断提高使得企业更具丰富资源，因而企业会尝试将资源配置于能够高效搜寻最有利于企业专利数量增长的方面，即挖掘整合基础知识并将其进行一定程度的利用和创造性的加工（Vithessonthi and Racela，2016）。其次，随着人工智能技术的不断发展，企业有更大的动力在专利数量增长的技术领域内提升研发强度，企业能够将对应的研发资源配置于提高调度和重组有限资源的效率，以便深耕于已有的技术领域（Kim et al.，2016）。最后，对企业而言，人工智能领域是更具价值的研发方向，因此高强度的研发投入能够有助于企业拥有和获取更具价值的资源（Das and Teng，2000），进而获取专利数量增长所需的资源基础。综上，在人工智能技术浪潮下，企业对人工智能领域研发强度的不断提高，能够带给人工智能企业更多的研发动力，进而产生各种发明、实用新型、外观设计的专利申请。

H7-1：研发强度正向影响人工智能企业专利数量。即研发强度越高，越有利于增加人工智能企业专利数量。

然而，人工智能不仅有着很强的自主性和学习性，它同时也具有很高的难以预测性，这是人工智能企业所面临的挑战。首先，人工智能属于计算机进步前沿领域的新兴技术（McCorduck and Cfe，2004），其始终是解决越来越复杂的决策问题，存在存续时间短且复杂性的特征（Berente et al.，2021），因此企业对人工智能领域的探索会产生很大的不确定性（Baird and Maruping，2021；袁野等，2021）。这些特征导致相对于在促进人工智能领域专利质量的技术领域深耕，以及将资源分配于技术前沿预测和跟随的机会成本和沉没成本都较大（Zhang et al.，2003），进而无法及时配置专利质量提升所需的研发资源基础，也不利于自身比竞争对手更快速地推出专利，从而不利于企业激活、创造和引领市场需求，使企业难以均衡企业研发强度与专利质量之间资源配置的关系。加之，由于人工智能技术尚处于进一步的研发和创新过程中，其技术本身存在很大的不确定性，且研发需要建立在大量信息资源的基础上，有可能会涉及公众的隐私安全等诸如此类的伦理问题，从而也给人工智能的研发创新带来困难。

其次，企业从事人工智能领域的研发活动能够有助于企业在这个飞速发展的技术时代领先于竞争对手，但研发同时也涉及了不同的组织安排、程序和资源禀赋（March，1991）。依据资源基础观和技术创新过程观，企业内部有各种研发资源分配的方式（Hirshleifer，1993；Jensen，1993），因而需要在不同的轨迹上投入和管理研发资源，以达到创造新知识的目的。专利数量的增长和专利质量的提升被认为既相互关联又相互排斥（Mudambi and Swift，2014），它们会对稀缺的研发资源产生竞争，进而迫使决策者做出相应的权衡（Gupta et al.，2003）。人工智能的难以预测性带来较多研发上的复杂性和不确定性，因而大多数的企业都倾向于将研发投入到更具有应用型人工智能项目上（Capello and Nijkamp，2009），这种以专利数量为导向的研发资源倾斜分配，加剧了专利数量和质量目标间资源争夺，使企业以专利质量下降为代价增加专利数量。人工智能技术专利质量的提升过程是累积的，因此这种以专利质量换取专利数量的方式可能会破坏其知识基础，损害企业长期的创新能力，从而不利于人工智能企业实现高质量的专利产出。

最后，企业研究人工智能技术并投入较高的研发强度是企业管理者努力建立声誉的一部分，以便能提高其在市场上的知名度（Hirshleifer，1993）。但人工智能研发周期长、成本高、产出质量难以确定，因此较高的研发强度主要是用来实现短期的财务成就的，即利用专利数量的增长来达到一些技术创新方面的小成功。由于人工智能研发项目信息的不对称性，加之人工智能应用范围的不断扩大，其商业落地难度越来越高，因而管理者在很大程度上更加倾向于将研发资源分配在风险较低的项目上（Aboody and Lev，2000）。当企业研发强度提高时，管理者倾向于将更多的资源，如资本或人力用于专利数量的增长方面，即企业通常会将研发投入模式常规化，目的是节约搜索和学习成本（Sydow et al.，2009）。同时，企业会依赖以往的技术路径，将研发强度更多地聚焦于原有的技术领域内，即局限在人工智能已有的技术生产集和拥挤的技术区域上，这将会降低专利的影响力和质量（裴江南和张野，2016）。因此研发强度与企业专利质量水平之间存在负相关的关系，因为较高的研发强度很有可能导致更多的研发资源被分配到如何增加专利数量的层面上来，从而使企业本质上更具数量水平，而不是质量水平（Lee et al.，2014）。

H7-2：研发强度负向影响人工智能企业专利质量。即研发强度越高，企业追求创新的专利质量水平越低。

7.2.1.2 创新能力异变幅度在研发强度与人工智能企业专利产出中的调节作用

人工智能是计算机进步前沿领域的新兴技术，其在结构和功能上具有深度融合的潜力，但人工智能的难以预测性给企业研发时机和研发方向带来困难。因此基于人工智能的快速应用和发展，企业合理把握其创新发展态势就显得尤为重要（陈凡和彭康宁，2022）。创新能力异变幅度是利用式创新和探索式创新之间的转换。基于间断平衡理论，企业在利用式创新与探索式创新之间的转换发生了创新能力异变，而这种在利用与探索之间能力轨迹的跳跃是存在风险的。人工智能本身既可作为技术创新要素，也可被视为一种动态的创新情景。因此，当技术轨迹转换幅度较小的时候，企业对已有的技术路径突破较小，从而由惯性带来的路径转换的成本就比较低，企业能有更多的现金流经营企业的项目（成力为和刘诗雨，2021），同时也有更大的空间和资本去实现企业创新能力的提升，从而能够均衡研发强度与专利数量增长所需资源之间的配置方式，即该情境下研发强度的提高会促进专利数量的增长。当创新能力异变幅度较大的时候，由于企业在人工智能领域需要突破已有的路径程度较大（Lavie and Rosenkopf，2006），从而由惯性带来的转换成本较高，出于创新能力异变幅度过大而带来的高沉没成本和机会成本（Lavie and Rosenkopf，2006），企业会将研发资源配置在相对比较稳定的项目中去，而研发投入的高风险（Honoré et al.，2015）和人工智能的不可预测性的特征使企业难以均衡其研发强度与专利数量增长之间的资源配置方式。

H7-3：企业创新能力异变幅度负向调节了研发强度与人工智能企业专利数量之间的关系，即企业创新能力异变幅度越小，企业加强研发强度越有利于人工智能企业专利数量的增长。

虽然前文假设了较高的研发强度对专利质量水平的负相关影响，但这种情况下，企业在受到环境和决策影响时，研发强度和专利质量间的负向关系可能并不普遍真实，这种反常的现象可能缺乏对创新能力异变幅度情境的考虑。不可否认的是，人工智能具有很高的复杂性和不确定性，这种复杂性一方面体现在其技术的研发资源比重大但其研发的投入与产出难以匹配；另一方面利用人工智能解决问题的决策背景发生了巨大的转变（Avgerou，2019；Benbya et al.，2020）。在创新能力异变幅度情境下，不仅有利于企业避免过度聚焦于已有的技术能力和人工智能领域拥挤的生产区，还有利于避免企业因过度探索未来而导致失败。但是创新能力异变是存在一定的风险的，这种风险可能来源于人工智能企业对跳跃时机的错误判断。若企业在当前的能力能够带给企业较大价值时就选择跳跃，那么企业需要负担对时机判断错误的代价，会影响到企业研发资源的合理配置。即当现有能力仍然能够给企业创造新的竞争优势时，企业选择研发大幅度的跳跃，可能无法获得研发强度提高所带来的显著性专利产出质量上的回报。当创新能力异变幅度较大时，企业需要对内部的资源进行重新配置（Helfat and Eisenhardt，2004），由此会带来较高的沉没成本，从而不利于配置专利质量提升所需的资源基础。即在高创新能力异变幅度情境下，存在创新失败风险和损耗资源基础的弊端，因此低创新能力异变幅度情境也许会更适合人工智能企业均衡研发强度与专利质量之间的关系，进而有利于提高企业专利的产出和专利的影响力，从而有助于其比竞争对手取得更加显著性的成果。

H7-4：企业创新能力异变负向调节了研发强度与人工智能企业专利质量的关系，即创新能力异变幅度越小，研发强度越强，越有利于人工智能企业提高专利质量的水平。

7.2.1.3　创新能力异变幅度与价值认知复杂度联合交互在研发强度与人工智能企业专利产出中的调节作用

在人工智能技术浪潮下，利用计算机解决复杂的决策问题的同时，也对管理者的决策能力提出了更高的要求，管理者需要随着不断出现的人工智能调整他们的角色，利用技术决策的同时也需具备了解人工智能技术的能力（Seidel et al.，2018）。人工智能创新发展在企业设计、生产、管理、营销、销售多个环节中均有渗透且成熟度不断提升，极大地影响着管理者的价值链认知水平。当创新能力异变幅度较低时，企业在利用式创新和探索式创新之间的转换幅度较小，且产生的沉没成本较低。复杂度主要表示的是管理者知识结构中包含的知识广度，结合价值链创造的环节，即管理者关注到的价值创造环节的数量（陈力田和张媚媚，2021）。复杂度高，表明企业关注比较多的价值链环节。企业在发生创新能力异变的情况下，在原有的技术领域内突破创新的转换成本是存在的，这时企业如果关注过多的价值创造环节，就需要花费很多的时间和精力去协调管理成本和重组资源分配（Shimizu and Hitt，2005），就使得企业难以均衡研发强度与专利数量增长所需资源之间的配置方式，进而不利于企业专利数量的增长。

H7-5：创新能力异变幅度和价值认知复杂度联合交互调节了研发强度与人工智能企业专利数量的关系。即在企业创新能力异变幅度较低、价值认知复杂度较低的情况下，企业研发强度越高，越有利于专利数量的增长。

专利质量的提升需要专利数量作为基础，但实际所需的资源基础与专利数量是有所差别的。专利质量的提升会伴随着企业对已有技术路径的探索和尝试以及在新技术领域的跳跃，进而寻找高价值技术的轨迹。当企业创新能力异变幅度比较低的情况下，企业不需要投入高成本协调管理和资源的配置，企业能够高效地搜寻有利于专利质量提升所需要的资源基础。人工智能的迅猛发展，一方面改变了企业业务生态与价值创造方式（Fischer et al.，2020），变革了企业原有运行逻辑（Yoo et al.，2010）；另一方面也对创新管理者的价值链认知能力提出了更高的要求（李巧华等，2023）。前文假设了较高的研发强度与人工智能企业专利质量间的负向关系，这种反常的负向关系可能是缺乏对创新能力异变幅度和创新价值链认知双重交互情境的考虑。认知复杂度描述了管理者创新决策的多样化，即管理者认知结构中的分化和整合（Walsh，1995；Nadkarni and Barr，2008），结合价值链创造的相关环节，即管理者关注价值链上的环节数量。复杂度高，表明管理者认知结构中的丰富和多层次，即会关注到较多的价值链环节数。在创新能力异变幅度较低的情景下，企业周转的余地大，若想实现人工智能的研发创新发展，就需要识别人工智能专利质量提升所需的价值链创造环节。当前，人工智能属于前沿技术，对前沿技术的探索即是识别人工智能技术专有位置（Ernst and Fischer，2014），这种技术可能是多种技术的集合，也可能是一种技术的巨大突破，因此需要企业关注比较多的价值创造环节，以便于探索出人工智能这项前沿技术突破性的创新能力轨迹。即企业在高研发强度下能否获得相应的产出，很大程度上取决于企业在人工智能领域创新能力异变幅度下创新资源在价值链环节上的应用程度和资源分配管理能力。

H7-6：创新能力异变幅度和价值认知复杂度联合交互调节了研发强度与人工智能企业专利质量的关系。即在企业创新能力异变幅度较低、价值认知复杂度较高的情况下，研发强度越强，越有利于人工智能企业提高专利质量的水平。

7.2.2　概念模型

本章主要探讨研发投入强度与人工智能企业专利数量和专利质量之间的关系如何，以及加入创新能力异变幅度变量后，会在两者关系中起到何种作用。最后，探讨创新能力异变幅度与价值认知复杂度的联合交互作用会对研发投入强度与人工智能企业专利数量/质量之间产生何种影响，子研究四概念模型如图 7-1 所示。

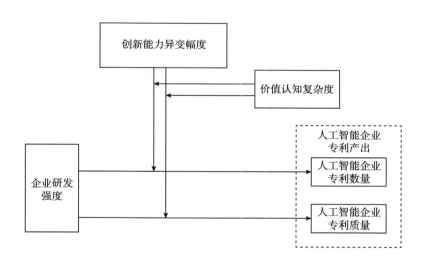

图 7-1　子研究四的概念模型

7.3　实证研究设计

7.3.1　数据来源和样本选取

本章选择 2011~2021 年同花顺人工智能概念股的上市公司（以人工智能相

关产品、技术、服务和相关解决方案为主营业务或者正在进行人工智能技术的开发和应用的上市企业）为研究对象，理由如下：①学术界在 2010 年就有学者开始研究人工智能企业的战略管理（Min，2010），故选择 2011 年作为研究样本的起始时间。②数据可靠性强。上市公司会受到政府部门更加严格的管控，需公布其准确、完整的公司研发数据和专利数据等，中国证券会也在逐步规范上市公司的年报披露并加强上市公司对战略相关信息的披露。③研究问题匹配性高。人工智能是计算机进步前沿领域的新兴技术，技术研发的复杂性和不确定性高，因而人工智能企业的研发活动密集，创新需求和要求高，企业团队也具备较强的研发基础。同时，为了更准确地测量，本书对数据进行了初步筛选：①剔除 ST、*ST 和 PT 等标志的业绩绩效较差的公司；②剔除数据缺失或不全的公司。除此以外，考虑到研发强度对人工智能企业专利数量和专利质量的影响存在滞后效应，以 1 年作为滞后期，自变量、调节变量、控制变量使用数据为 2011~2020 年，因变量数据为 2012~2021 年。最终获得 84 家企业样本，756 条具体观测值。

本章的数据主要来源于巨潮资讯网、国泰安 CSMAR 数据库、Wind 数据库，从中下载研发数据、专利数据、破产威胁、独董比例、机构投资者持股比例、国有股比例、企业年龄、企业规模等指标数据，并结合企业年报和社会责任报告对数据进行了手工编码和验证。

7.3.2　研究变量设计

7.3.2.1　被解释变量：专利数量（NOP）和专利质量（SQT）

专利数据是衡量企业整体技术实力的指标，它提供了技术和科学之间的联系。本章选用专利数据来代表企业创新产出的理由如下：一方面，专利是技术创新的客观和可复制测度，极大地提高了实证结果的可复制性（Hall et al.，1986；Sampson，2007）。另一方面，专利是具有明确绩效含义的技术创新指标（De-Carolis and Deeds，1999；Bloom and Van Reenen，2002）。

专利数量代表的是企业研究和开发的产出规模。而专利质量代表的是企业研究产出的质量或影响，以及专利发明本身所具有的技术和经济价值的先进性和重要性（Lanjouw et al.，1998）。借鉴 Hottenrott 和 Lopes-Bento（2012）的研究，从专利数量和专利质量两个维度开展研究，其中专利数量以企业发明专利申请数量测算，专利质量以企业专利被引次数测算，被引次数是最早用来评价专利质量的指标，也是后续不断被证明的较为经典、重要、具有合理性的指标（Schankerman and Pakes，1985；李牧南和褚雁群等，2019），一直被广泛用来评价企业的专利质量和技术影响力（Chen and Chang，2010）。为保证数据的可获得性和稳定性，借鉴陈文俊等（2020）的测算方式，对两个数据进行如下处理：

企业专利数量=1+企业当年专利申请总数的自然对数　　　　　　　　（7-1）

企业专利质量=1+企业当年专利被引次数的自然对数　　　　　　　　（7-2）

7.3.2.2　解释变量：研发强度（RD）

企业研发强度是企业对新思想、新技术投入程度的最佳指标（Narin et al.，1987），指企业将有限的资源投资于研发力度的大小，衡量了企业对知识创造的投入程度（Hall et al.，2005），其涵盖了有形要素与无形要素。有形要素如研发资金的投入，无形要素如研发人员的投入等。综合而言，无形要素的衡量比较难以量化研究，因此以往研究多以有形要素衡量，如研发费用支出。借鉴安志和路瑶（2019）、Fu等（2020）的研究，以研发投入总额占营业收入比例来衡量企业研发强度。

7.3.2.3　调节变量：创新能力异变幅度（RDL）

借鉴 Mudambi 和 Swift（2014）、Swift（2016），参考了其对创新能力异变幅度的测量方式。一方面，利用 2011 年至 2020 年 10 年的研发费用数据作为基础测算数据，通过构建 GARCH 模型，即广义自回归条件异方差模型得出本章研发费用的时间趋势（因 GARCH 模型需对误差项的方差建模，所以比较适合于研究研发费用波动最极端的情况，用来衡量探索式和利用式创新相互转变的幅度）。另一方面，因其是时间序列数据，所以必须考虑时间序列数据的自相关性以保证模型的准确度。基于此，就需要对观测期内每个企业研发费用数据先进行自相关的检验。在利用 Eviews 软件的基础上，具体操作步骤如下：

步骤一：对观测期内每个企业研发费用进行偏相关检验，若数据呈现显著偏相关，证明可以进行自回归的计算，则计算第 i 个企业第 t 年的自回归模型残差 u_{itn}，然后进行下一步的建模；若数据呈现无显著偏相关的关系，则不对该数据进行自回归的操作。

步骤二：计算第 i 个企业第 t 年的 GARCH 模型残差 e_{itn}，该值便是该年度企业研发费用偏离该企业历史趋势预测值的程度，即研发费用的变动情况。该值基于 GARCH 模型对 u_{itn} 建模，故得到的残差 e_{itn}。

步骤三：在完成以上步骤后，将第 i 个企业第 t 年的研发费用 GARCH 模型的学生化残差 e_{itn}（$stud$）计算出来，以便后续的比较研究。具体计算公式如下：

$$e(stud) = \frac{e_{itn}}{s_i \sqrt{1 - h_{int}}} \tag{7-3}$$

其中，s_i 是 e_{itn} 的标准差，h_{itn} 是第 i 个企业第 t 年的 u_{itn} 对整个估计的影响。

步骤四：对每个企业 2011~2020 年 10 年期间学生化残差的绝对值进行比较，并找出观测期间的最大值 $e_i(\max)$，该值即为第 i 个企业的创新能力异变幅度。将创新能力异变事件发生当年及以后各年创新能力异变幅度值设为 $e_i(\max)$，将创新能力异变事件发生前各年创新能力异变幅度值设为 0。若 $e_i(\max)$ 较小说明企业创新能力异变幅度较小，$e_i(\max)$ 较大说明企业创新能力异变幅度较大。

7.3.2.4　调节变量：价值认知复杂度（Nc）

价值链分析法是战略管理领域比较经典的一项分析方法，其旨在分析各项企业活动的价值创造和竞争优势，即将企业的知识结构运用价值链的手法来刻画。企业的价值活动分为主要活动和支持活动。

借鉴 Nadkarni 和 Narayanan（2007）的研究，参考吴东（2011）、陈力田和张媚媚（2021）对价值创造环节编码研究设计，如表 7-1 所示，运用内容研究方法来刻画中国企业在研发过程中的价值认知复杂度。将企业的价值创造活动划分为两方面：一是主要活动（Np），包含研发、设计、供应、生产、营销、服务；二是支持活动（Ns），涵盖信息、关系、运营、人力。对于每家样本企业，采用企业价值链创造的总概念数量进行测度，具体步骤如下：

表 7-1　价值创造环节编码词

价值创造活动	价值创造环节	关键词
主要活动（Np）	研发	研究、研发、科研、研制、开发、引进、获取、技术合作、升级、改造等
	设计	设计、规划等
	生产	加工、代工、冶炼、粗炼、精炼、组装、装配、合成、制造、生产、制作、制版、研制、出版、印刷、复制、建造、建设、施工等
	营销	宣传、开拓、拓展、推广、市场、营销、广告、品牌、口碑、形象、承销、发行、渠道、经营、批售、批发、零售、分销、销售、买卖、交易、市场、谈判、进口、出口、贸易等
	供应	勘探、开采、采选、采伐、采购、采办、购买、运输、物流、货运、配送、存储、储存、冷藏、储藏、仓库等
	服务	维护、维修、修理、安装、调试、租赁、出租、代表、代理服务、技术服务、技术支持、技术输出、技术咨询、转让、许可、顾问、售后服务等

续表

价值创造活动	价值创造环节	关键词
支持活动 （*Ns*）	信息管理	信息收集、搜集、调研、考察、了解、机会、风险、分析、反馈、汇报、报告、掌握、人文、社会、文化、法律、政治、经济、政府、机构等
	关系管理	联系、沟通、协调、关系、协调、组织、沟通、合作、联盟、招商等
	运营管理	监管、监理、控制、财务、运营、项目管理等
	人力	募集、招聘、人才、教育、培训、交流、外派、劳务、人员等

步骤一：识别年报和社会责任报的陈述。即阅读公司在研发当年的企业年度报告和企业社会责任报告，识别有关战略创新规划的陈述语段，并参考吴东（2011）研究归纳的编码词表，记录年报和社会责任报中创新战略规划语段有关价值创造的主要环节和支持环节因素的语句。

步骤二：计算复杂度。在完成以上对年报和社会责任报的识别后，根据所记录语段，对主要环节数量和支持环节数量相加得到最后总环节数，该计数即为认知复杂度的值，价值创造环节编码词表如表7-1所示。具体计算公式如下：

$$Nc = Np + Ns \tag{7-4}$$

计算出来的复杂度值越大，就意味企业考虑到的价值创造环节越多，其证明企业在决策过程中的认知复杂度越高。

7.3.2.5　控制变量

在研究研发强度对企业专利质量的作用关系时，不同的学者对于控制变量的选取会有所不同，但大部分的学者会围绕以下几个变量：

企业创新产出会受到企业资源等影响（王昊和王昱等，2017），因此首先选取以下变量进行了控制。

（1）企业规模（*Size*）：①公司规模的大小会影响到企业技术创新水平，且因规模大而带来的技术创新的边际效益也会更加显著；②规模大的公司在风险承担上的能力也要显著大于规模小的公司，且规模大的公司会存在一些小的子公司帮助分散一些风险；③规模大的公司所获得资源会比较多，尤其对研发有很大需求的企业来说，规模大就意味着企业会有更多的资源，也更有能力从事研发的工作和承担创新的风险。企业规模为观测年企业的总资产的对数化处理（Dess and Beard，1984）。

（2）企业年龄（*Age*）：企业年龄说明企业成立的年限（Harison and Koski，

2010），企业年龄越大，说明企业在激烈的竞争中生存的时间越久，且更有经验，经历的风风雨雨也越多，因此，年龄大的公司会想法开展创新活动，为企业的创新蓄力。

（3）公司成长性（*Growth*）：公司成长性表明了企业在一定时期内的经验状况，指标越高就说明企业的经营状况越好。公司成长性为（期末销售收入－期初销售收入）/期初销售收入×100%（Vuković et al.，2022）。

（4）资产负债率（*Lev*）：该指标能够很好地反映企业的负债情况，企业负债会影响到企业战略决策和行为。资产负债率为总资产除以总负债（安志和路瑶，2019）。

（5）破产距离（*Z-score*）：破产距离代表着企业破产风险，破产距离越大，则破产威胁就相对越小。破产距离会严重影响到企业的行为，很多企业根据破产距离的情况来适时地调整企业的策略，以免造成不可挽回的地步。本章采用 Z 指数测量破产距离（Lang and Stulz，1994；Crossan and Apaydin，2010），Z 指数＝1.2×营运资金/总资产＋1.4×留存收益/总资产＋3.3×息税前收益/总资产＋0.6×股权市值/总负债＋1.0×销售收入/总资产（Cooper et al.，2014；Agrawal et al.，2019）。

此外，将独立董事比例（*IDSR*）、机构持股比例（*ISR*）、国有股比例（*SOSP*）、两职性（*Dual*）4 个与企业战略部署相关的变量也列为控制变量。独立董事比例通过独立董事数占董事会总人数的百分比来测量（Cooper et al.，2014）。机构投资者持股比例是指机构投资者持股数占企业总股数的百分比，国有股比例是国家持股数占企业总股数的百分比（陈力田和岑杰，2018；Cooper et al.，2014）。CEO 两职性为虚拟变量，当企业董事长兼职总经理时取值为 1；反之取值为 0（O'Brien and David，2014）。不同行业（IND）和年份对研发水平和认知能力不同，从而专利产出水平也会受到影响（陈力田和张媚媚，2021），本章将制造业赋值为 1，其他行业赋值为 0。研究变量含义代码和测量方法如表 7-2 所示。

表 7-2 子研究四的具体变量与测量方式

变量类型	变量名称	变量符号	变量计算
被解释变量	专利数量	*NOP*	1+企业当年全部专利申请数的自然对数
	专利质量	*SQT*	1+企业当年专利被引次数的自然对数
解释变量	研发强度	*RD*	研发投入总额/营业收入

变量类型	变量名称	变量符号	变量计算
调节变量	创新能力异变幅度	RDL	研发投入 GARCH 模型的学生化残差 e_{iin}（$stud$）$=\dfrac{e_{iin}}{S_i\sqrt{(1-h_{int})}}$ 的绝对值中的最大值
	价值认知复杂度	Nc	$Nc=Np+Ns$（Np 为主要环节数，Nc 为支持环节数）
控制变量	企业年龄	Age	当期年份减去公司成立年份后加 1，然后取对数
	企业规模	$Size$	当期期末总资产的自然对数
	资产负债率	LEV	期末负债总额/期末资产总额
	机构投资者持股比例	$INST$	机构股股数/公司的总股数
	独立董事比例	$Indepe$	独立董事人数/董事会的总人数
	国有股比例	$SOSP$	国有股股数/总股数
	破产距离	Z_score	Z 指数 $=1.2\times X1+1.4\times X2+3.3\times X3+0.6\times X4+1.0\times X5$ 其中：X1：营运资金/总资产 X2：留存收益/总资产 X3：息税前收益/总资产 X4：股权市值/总负债 X5：销售收入/总资产 Z_score 值为破产距离，Z 值越大，破产威胁越小
	公司成长率	$Growth$	（期末销售收入-期初销售收入）/期初销售收入×100%
	年份	$Year$	生成九个年份虚拟变量
	行业	IND	虚拟变量。制造业为 1，其他行业为 0

7.3.3　模型设计

本章以 2012~2021 年同花顺人工智能概念股上市公司的数据为研究样本，以企业专利数量（NOP）和专利质量（SQT）为被解释变量，研发强度（RD）为解释变量，创新能力异变幅度（RDL）、价值认知复杂度（Nc）为调节变量，企业规模（$Size$）、企业年龄（Age）、资产负债率（Lev）、企业成长性（$Growth$）、独立董事比例（$Indepe$）、机构投资者持股比例（$INST$）、国有股比例（$SOSP$）、破产距离（$Z-score$）、行业（IND）和年份（$Year$）为控制变量，构建以下的模型：

7.3.3.1　研发强度对专利数量影响模型

$$NOP_{t+1}=\beta_0+\beta_1RD_t+\beta_2Age_t+\beta_3Size_t+\beta_4Lev_t+\beta_5Growth_t+\beta_6Indepe_t+$$
$$\beta_7SOSP_t+\beta_8Dual_t+\beta_9Z\_score_t+\beta_{10}IND_t+\beta_{11}Year_t+\varepsilon \qquad (7-5)$$

7.3.3.2 研发强度对专利质量影响模型

$$SQT_{t+1} = \beta_0 + \beta_1 RD_t + \beta_2 Age_t + \beta_3 Size_t + \beta_4 Lev_t + \beta_5 Growth_t + \beta_6 Indepe_t +$$
$$\beta_7 SOSP_t + \beta_8 Dual_t + \beta_9 Z\_score_t + \beta_{10} IND_t + \beta_{11} Year_t + \varepsilon \quad (7-6)$$

7.3.3.3 创新能力异变幅度对研发强度与专利数量影响模型

$$NOP_{t+1} = \beta_0 + \beta_1 RD_t + \beta_2 RDL_t + \beta_3 RD_t \times RDL_t + \beta_4 Age_t + \beta_5 Size_t + \beta_6 Lev_t + \beta_7 Growth_t +$$
$$\beta_8 Indepe_t + \beta_9 SOSP_t + \beta_{10} Dual_t + \beta_{11} Z\_score_t + \beta_{12} IND_t + \beta_{13} Year_t + \varepsilon \quad (7-7)$$

7.3.3.4 创新能力异变幅度对研发强度与专利质量影响模型

$$SQT_{t+1} = \beta_0 + \beta_1 RD_t + \beta_2 RDL_t + \beta_3 RD_t \times RDL_t + \beta_4 Age_t + \beta_5 Size_t + \beta_6 Lev_t \beta_7 Growth_t +$$
$$\beta_8 Indepe_t + \beta_9 SOSP_t + \beta_{10} Dual_t + \beta_{11} Z\_score_t + \beta_{12} IND_t + \beta_{13} Year_t + \varepsilon \quad (7-8)$$

7.3.3.5 创新能力异变幅度与价值认知复杂度交互对研发强度与专利数量影响模型

$$NOP_{t+1} = \beta_0 + \beta_1 RD_t + \beta_2 RDL_t + \beta_3 RD_t \times RDL_t + \beta_4 Nc_t + \beta_5 RD_t \times Nc_t + \beta_6 RDL_t \times Nc_t +$$
$$\beta_7 RD_t \times RDL_t \times Nc_t + \beta_8 Age_t + \beta_9 Size_t + \beta_{10} Lev_t + \beta_{11} Growth_t +$$
$$\beta_{12} Indepe_t + \beta_{13} SOSP_t + \beta_{14} Dual_t + \beta_{15} Z\_score_t + \beta_{16} IND_t + \beta_{17} Year_t + \varepsilon \quad (7-9)$$

7.3.3.6 创新能力异变幅度与价值认知复杂度交互对研发强度与专利质量影响模型

$$SQT_{t+1} = \beta_0 + \beta_1 RD_t + \beta_2 RDL_t + \beta_3 RD_t \times RDL_t + \beta_4 Nc_t + \beta_5 RD_t \times Nc_t + \beta_6 RDL_t \times Nc_t +$$
$$\beta_7 RD_t \times RDL_t \times Nc_t + \beta_8 Age_t + \beta_9 Size_t + \beta_{10} Lev_t + \beta_{11} Growth_t + \beta_{12} Indepe_t +$$
$$\beta_{13} SOSP_t + \beta_{14} Dual_t + \beta_{15} Z\_score_t + \beta_{16} IND_t + \beta_{17} Year_t + \varepsilon \quad (7-10)$$

其中，β_0 表示回归方程的截距，即常数项，$\beta_1 \sim \beta_{17}$ 为相应的回归数，t 表示年度，ε 表示随机误差项。

7.4　实证研究结果

7.4.1　描述性分析

首先对数据进行正态性检验，将研发强度数据和企业规模、企业年龄等做了取对数处理，使数据能够大致符合正态分布。同时对各个连续变量进行了2%水平的缩尾处理。在此基础上，对样本数据进行描述性统计，如表7-3所示。

表 7-3　子研究四的描述性统计

变量	样本数	最小值	最大值	均值	标准差
专利数量	756	0	7.716	3.315	1.861
专利质量	756	0	6.917	2.565	1.857
研发强度	756	0.0836	3.826	2.148	0.794
创新能力异变幅度	756	-1.915	12.01	2.069	3.115
价值认知复杂度	756	2	10	4.820	1.782
企业规模	756	20.07	25.39	22.23	1.205
企业年龄	756	2.197	3.401	2.891	0.285
独立董事比例	756	0.333	0.571	0.383	0.0619
机构持股比例	756	0	24.41	1.970	5.292
国有股比例	756	0	0.288	0.0130	0.0499
企业成长性	756	-0.379	1.076	0.172	0.287
资产负债率	756	0.0465	0.743	0.342	0.176
CEO 两职性	756	0	1	0.360	0.480
破产距离	756	1.132	52.83	9.562	10.56

　　企业专利数量的平均值是 3.315，其中最小值为 0，最大值为 7.716，则说明不同人工智能企业专利产出的结果差距较大。企业专利质量的平均值是 2.565，其中最小值为 0，最大值为 6.917。这说明人工智能企业间专利影响力和水平存在较大的差距。与专利数量相比，专利质量的平均值较小，这也说明对于大多数的企业而言可能较多地注重专利数量的增长。企业研发强度的平均值是 2.148，其中最小值为 0.0836，最大值为 3.826，这说明人工智能企业间的研发强度存在一定的差距。企业创新能力异变幅度均值是 2.069，最小值是-1.915，最大值是 12.01，这说明人工智能企业间创新能力异变幅度的差距极大。价值认知复杂度的均值为 4.820，最小值是 2，最大值是 10，人工智能企业间价值认知复杂度存在较大的差距。除此以外，在机构投资者持股比例、企业成长性、破产距离方面存在较大差异；但在企业规模、企业年龄、独立董事比例、资产负债率、两职性上，不同人工智能企业的差距较小。

7.4.2　相关性分析

　　对各个变量进行 Pearson 相关性分析，如表 7-4 所示。其中大部分变量之间的相关性系数均不超过 0.5，除了专利数量和专利质量的相关系数超过 0.7，直观上并不存在多重共线性。为了进一步检验各个变量之间是否存在多重共线性，接着对各个变量采用了方差膨胀因子（VIF）来检验变量间的多重共线性，结果如表 7-5 所示，各变量的 VIF 值均小于 3，这说明本章的各变量并不存在多重共线性，可以进行下一步的多元回归分析检验假设。

表 7-4 子研究四的 Pearson 相关性分析

变量	NOP	SQT	RD	RDL	Nc	Size	Age	Indepe	INST	SOSP	Growth	Lev	Dual	Z_score
NOP	1													
SQT	0.786***	1												
RD	-0.012	-0.01	1											
RDL	0.145***	0.124***	0.044	1										
Nc	0.180***	0.187***	-0.148***	-0.066*	1									
Size	0.610***	0.567***	-0.268***	0.145***	0.252***	1								
Age	0.106***	0.157***	-0.188***	0.075**	0.049	0.252***	1							
Indepe	-0.112***	-0.153***	-0.015	-0.046	0.037	-0.077*	0.256***	1						
INST	-0.096***	-0.185***	0.004	-0.116***	-0.041	-0.147***	-0.275***	-0.042	1					
SOSP	0.037	-0.019	-0.092**	-0.038	0.053	0.130***	0.049	0.114***	0.152***	1				
Growth	-0.074**	-0.088**	-0.033	-0.024	-0.039	-0.05	-0.172***	-0.044	0.122***	0.070*	1			
Lev	0.296***	0.305***	-0.427***	0.220***	0.321***	0.492***	0.123***	-0.032	-0.086**	0.000	-0.067*	1		
Dual	-0.143***	-0.172***	0.090**	-0.159***	-0.081**	-0.277***	-0.058	0.207***	-0.049	-0.114***	0.029	-0.177***	1	
Z_score	-0.279***	-0.311***	0.359***	-0.205***	-0.139***	-0.444***	-0.118***	0.031	0.107***	-0.029	0.116***	-0.633***	0.199***	1

表 7-5 子研究四的多重共线性分析

变量	NOP	SQT	RD	RDL	Nc	Size	Age	Indepe	INST	SOSP	Growth	Lev	Dual	Z_score
VIF	2.15	2.24	1.59	1.19	1.24	1.83	1.64	1.17	2.01	1.15	1.14	2.38	1.21	2.11

7.4.3　假设检验

因本章采用的是面板数据，可能存在异方差、序列相关和横截面相关问题，为避免这些问题，本章利用 Stata16.0 使用 Driscoll-Kraay（以下简称 D-K）标准误差进行估计，使得结果具有无偏性、一致性和有效性。同时，Hausman 检验结果拒绝原假设，故采用固定效应模型。此外，对模型中交互项变量均进行了中心化处理，避免多重共线性。本章实证检验具体思路如下：首先，检验企业人工智能研发强度与专利数量和质量之间的关系，分别为表 7-6 和表 7-7 中的模型（2）和模型（2）；其次，检验创新能力异变幅度对企业 AI 研发强度与专利数量和质量之间的调节作用，分别为表 7-6 和表 7-7 中的模型（3）和模型（3）；再次，检验创新能力异变幅度、价值认知复杂度联合交互对企业 AI 研发强度与专利数量和质量之间的调节作用，分别为表 7-6 和表 7-7 中的模型（4）和模型（4）；最后，进行稳健性检验。

表 7-6　分层回归分析结果（人工智能企业专利数量）

变量	NOP			
	模型（1）	模型（2）	模型（3）	模型（4）
Age	0.091	0.142	0.218	0.167
	(0.40)	(0.64)	(0.98)	(0.72)
Size	0.564***	0.559***	0.538***	0.550***
	(6.12)	(5.61)	(4.87)	(4.82)
LEV	−0.759***	−0.376*	−0.323	−0.387*
	(−3.83)	(−2.12)	(−1.76)	(−2.08)
Growth	−0.382***	−0.295***	−0.313***	−0.351***
	(−4.19)	(−3.77)	(−4.03)	(−4.74)
INST	0.005**	0.004**	0.004**	0.006***
	(2.84)	(2.44)	(2.53)	(4.50)
Indepe	−1.160	−0.912	−1.148	−1.248
	(−1.70)	(−1.34)	(−1.84)	(−1.77)
SOSP	1.105*	1.093	1.026	0.974
	(2.18)	(1.80)	(1.71)	(1.71)
Dual	0.083	0.042	0.031	0.064
	(0.92)	(0.47)	(0.36)	(0.75)

续表

变量	NOP			
	模型（1）	模型（2）	模型（3）	模型（4）
Z_score	−0.011	−0.009	−0.009	−0.009
	（−1.44）	（−1.22）	（−1.25）	（−1.24）
RD		0.322***	0.257**	0.201*
		（4.21）	（2.33）	（2.15）
RDL			0.026	0.035
			（1.27）	（1.57）
RD_RDL			−0.036**	−0.044**
			（−2.47）	（−3.31）
Nc				−0.031
				（−1.36）
RD_Nc				0.023
				（1.21）
RDL_Nc				0.022***
				（4.62）
RD_RDL_Nc				0.024*
				（2.11）
Year	Controlled	Controlled	Controlled	Controlled
IND	Controlled	Controlled	Controlled	Controlled
R^2	0.4088	0.4159	0.4181	0.4276
ΔR^2	—	0.0071	0.0022	0.0095
F	265.0***	101.4***	405.1***	48.62***

注：N=756，* 表示 p<0.1，** 表示 p<0.05，*** 表示 p<0.01，括号内为 D-K 标准差。

表7-7　分层回归分析结果（人工智能企业专利质量）

变量	SQT			
	模型（1）	模型（2）	模型（3）	模型（4）
Age	0.786	0.739	0.677	0.685
	（1.50）	（1.51）	（1.35）	（1.40）
Size	0.172***	0.177***	0.177***	0.198***
	（4.61）	（6.21）	（6.45）	（6.88）

续表

变量	SQT			
	模型（1）	模型（2）	模型（3）	模型（4）
LEV	0.349	−0.008	−0.051	−0.053
	(0.77)	(−0.03)	(−0.16)	(−0.18)
Growth	−0.128	−0.209**	−0.203*	−0.202*
	(−1.45)	(−2.32)	(−2.24)	(−2.28)
INST	0.001	0.001	0.001	0.001
	(0.23)	(0.30)	(0.26)	(0.30)
Indepe	−0.259	−0.491	−0.349	−0.451
	(−0.39)	(−0.72)	(−0.59)	(−0.79)
SOSP	−1.257**	−1.247*	−1.238*	−1.325**
	(−2.44)	(−2.10)	(−2.17)	(−2.38)
Dual	0.153**	0.191**	0.196**	0.184**
	(3.32)	(3.03)	(3.19)	(3.22)
Z_score	−0.007**	−0.009***	−0.009***	−0.009***
	(−3.21)	(−3.57)	(−3.85)	(−3.85)
RD		−0.301***	−0.278***	−0.261***
		(−4.72)	(−5.41)	(−4.68)
RDL			−0.003	−0.005
			(−0.27)	(−0.37)
RD×RDL			0.027	0.025
			(1.82)	(1.31)
Nc				−0.001
				(−0.10)
RD×Nc				0.041
				(1.43)
RDL×Nc				−0.003
				(−0.52)
RD×RDL×Nc				−0.008*
				(−2.04)
Year	Controlled	Controlled	Controlled	Controlled
IND	Controlled	Controlled	Controlled	Controlled

续表

变量	SQT			
	模型（1）	模型（2）	模型（3）	模型（4）
R^2	0.6882	0.6952	0.6962	0.6992
ΔR^2	—	0.0070	0.0010	0.0030
F	523.3***	70.08***	77.33***	68.88***

注：$N=756$，*表示$p<0.1$，**表示$p<0.05$，***表示$p<0.01$，括号内为 D-K 标准差。

7.4.3.1 研发强度与人工智能企业专利产出关系检验

表7-6列出了研发强度与人工智能企业专利数量关系的回归结果。由模型（2）可知，研发强度与因变量专利数量的回归系数为0.322，$p<0.01$。H7-1得到支持，即研发强度显著正向影响人工智能企业专利数量，说明研发投入强度越高，人工智能企业专利数量增长所需的资源基础越强，越有利于专利数量的增加。

表7-7列出了研发强度与人工智能企业专利质量关系的回归结果。由模型（2）可知，研发强度与因变量专利质量的回归系数为-0.301，$p<0.01$。H7-2得到支持，即研发强度负向影响人工智能企业专利质量，研发投入强度的增强，并没有带来专利质量的显著提升。

7.4.3.2 创新能力异变幅度对研发强度和人工智能企业专利产出关系的调节检验

为检验创新能力异变的调节作用，本章将创新能力异变幅度与相应的乘积项放入模型，从表7-6中的模型（3）可以看出，研发投入强度与创新能力异变幅度乘积项（$RD \times RDL$）的回归系数为-0.036，$p<0.05$，H7-3得到支持。这说明创新能力异变幅度对研发投入强度与人工智能企业专利数量之间起负向调节作用，即创新能力异变幅度比较低的情况下，企业不断增强其研发投入强度越有利于专利数量的增长。

从表7-7中的模型（3）可以看出，研发强度与创新能力异变幅度乘积项（$RD \times RDL$）的回归系数为0.027，显著性没有通过，H7-4没有得到支持。这可能是因为，创新能力异变是存在风险的，如果企业没有发现有价值的竞争优势新形势的话，就会放弃以研发为基础的探索式创新形式转而去从事更有商业价值的利用式创新所带来的商业利益（Swift et al.，2011），以免竞争对手更快地抓住新的创新形式。

7.4.3.3 创新能力异变幅度与价值认知复杂度联合交互对研发强度和人工智能企业专利产出关系的调节效应检验

为进一步检验创新能力异变幅度和价值认知复杂度的三项交互作用，本书将研发强度、创新能力异变幅度、价值认知复杂度、相关二次乘积项以及三次乘积项放入模型，从表7-6中的模型（4）可以看出，企业人工智能研发强度、创新能力异变幅度、价值认知复杂度三次乘积项（$RD \times RDL \times Nc$）的回归系数为0.024，$p<0.1$，表示创新能力异变幅度与价值认知复杂度交互正向影响研发投入强度与人工智能企业专利数量的关系。同时，由图7-2和表7-8可以看出，在创新能力异变幅度较小、价值认知复杂度较低的情况下，研发投入强度越强，越能促进人工智能企业专利数量的增长。即在低创新能力异变幅度、低价值认知复杂度的情况下，研发强度与企业专利数量的正向关系较显著。H7-5得到支持。

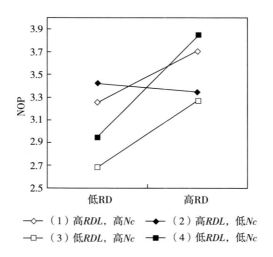

图7-2 研发强度、创新能力异变幅度和价值认知复杂度的三项交互作用图

（人工智能企业专利数量）

表7-8 斜率差异检验（人工智能企业专利数量）

斜率对比组	斜率差异 t 值	斜率差异 p 值
（1）和（2）	2.664	0.008
（1）和（3）	−0.631	0.528

斜率对比组	斜率差异 t 值	斜率差异 p 值
（1）和（4）	−2.326	0.020
（2）和（3）	−4.512	0.000
（2）和（4）	−3.593	0.000
（3）和（4）	−1.222	0.222

为进一步检验创新能力异变幅度和价值认知复杂度的三项交互作用，本章将研发强度、创新能力异变幅度、价值认知复杂度、相关二次乘积项以及三次乘积项放入模型，从表 7-7 中的模型（4）可以看出，研发强度、创新能力异变幅度、价值认知复杂度三次乘积项（RD×RDL×Nc）的回归系数为−0.008，p<0.1，表示创新能力异变幅度与价值认知复杂度交互负向影响研发投入强度与人工智能企业专利质量的关系。同时，由图 7-3 和表 7-9 可以看出，在创新能力异变幅度较小、价值认知复杂度较高的情况下，研发投入强度越强，越能促进人工智能企业专利质量的提升。即在低创新能力异变幅度、高价值认知复杂度的情况下，投入强度与企业专利质量的正向关系较显著。H6 得到支持。

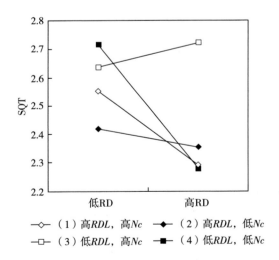

图 7-3　研发强度、创新能力异变幅度和价值认知复杂度的三项交互作用图（人工智能企业专利质量）

表 7-9　斜率差异检验（人工智能企业专利质量）

斜率对比组	斜率差异 t 值	斜率差异 p 值
（1）和（2）	-0.957	0.339
（1）和（3）	-2.196	0.028
（1）和（4）	2.896	0.004
（2）和（3）	-0.436	0.663
（2）和（4）	1.545	0.123
（3）和（4）	3.538	0.000

依据上述数据分析结果，总结假设检验如表 7-10 所示。

表 7-10　子研究四的假设检验结果汇总

假设	支持与否
H7-1：研发强度正向影响人工智能企业专利数量	支持
H7-2：研发强度负向影响人工智能企业专利质量	支持
H7-3：创新能力异变幅度负向调节研发强度与人工智能企业专利数量之间的关系	支持
H7-4：创新能力异变幅度负向调节研发强度与人工智能企业专利质量之间的关系	不支持
H7-5：创新能力异变幅度和价值认知联合交互正向研发强度与人工智能企业专利数量之间的关系	支持
H7-6：创新能力异变幅度和价值认知联合交互负向研发强度与人工智能企业专利质量之间的关系	支持

7.4.4　稳健性检验

为验证上述研究结果的可靠性，借鉴杨青和周绍妮（2019）的方式，用年度全部专利申请数（发明专利+实用新型专利+外观专利）的当期与下一期取平均的方式作为滞后一期的全部专利申请数的代替变量。企业年度专利被引次数当期与下一期取平均的方式作为企业滞后一期的企业年度专利被引次数的代替变量。在对模型进行了回归分析后，得出表 7-11 和表 7-12。

由表 7-11 可以得出，研发强度与人工智能企业专利数量的回归结果为 0.360，p<0.01，回归效应显著；在此基础上加入创新能力异变幅度变量后，在研发强度与专利数量的回归结果上，创新能力异变幅度×研发强度（*RD×RDL*）的回归系数为

-0.026，p<0.05，回归效应显著；又在此基础上分别加入价值认知复杂度这个变量，在研发强度与专利数量的回归结果上，研发强度×创新能力异变幅度×价值认知复杂度（$RD×RDL×Nc$）的回归系数为 0.018，p<0.1，回归效应显著。

由表 7-12 可以得出，在研发强度与人工智能企业专利质量的回归结果上，研发强度与人工智能企业专利质量的回归结果为-0.272，p<0.01，回归效应显著；创新能力异变幅度×研发强度（$RD×RDL$）的回归系数为 0.019，回归效应不显著。加入价值认知复杂度后，研发强度×创新能力异变幅度×价值认知复杂度（$RD×RDL×Nc$）的回归系数为-0.008，p<0.05，回归效应显著；替换被解释变量的回归结果未发生本质变化，因此，本章具有很强的稳健性。

表 7-11 稳健性检验分析结果（人工智能企业专利数量）

变量	NOP			
	模型（1）	模型（2）	模型（3）	模型（4）
Age	-0.207	-0.150	-0.101	-0.141
	(-1.03)	(-0.86)	(-0.57)	(-0.83)
Size	0.636***	0.630***	0.597***	0.618***
	(8.12)	(7.12)	(5.69)	(5.58)
LEV	-0.755***	-0.327*	-0.295	-0.355*
	(-5.19)	(-1.87)	(-1.66)	(-1.90)
Growth	-0.129**	-0.031	-0.053	-0.088*
	(-2.66)	(-0.59)	(-1.10)	(-1.93)
INST	-0.002	-0.002	-0.002	-0.001
	(-0.85)	(-0.95)	(-1.11)	(-0.60)
Indepe	-0.797	-0.519	-0.731	-0.877
	(-1.22)	(-0.71)	(-1.09)	(-1.19)
SOSP	1.517***	1.504**	1.403**	1.305**
	(3.85)	(3.06)	(2.69)	(2.53)
Dual	0.060	0.015	0.004	0.027
	(0.92)	(0.26)	(0.07)	(0.45)
Z_score	-0.004	-0.002	-0.002	-0.002
	(-0.75)	(-0.36)	(-0.38)	(-0.40)
RD		0.360***	0.281**	0.236*
		(4.06)	(2.68)	(2.20)

续表

变量	NOP			
	模型（1）	模型（2）	模型（3）	模型（4）
RDL			0.038	0.046
			(1.39)	(1.43)
RD×RDL			−0.026**	−0.034***
			(−3.06)	(−4.37)
Nc				−0.024
				(−1.27)
RD×Nc				0.044***
				(4.14)
RDL×Nc				0.017***
				(3.99)
RD×RDL×Nc				0.018*
				(2.13)
Year	Controlled	Controlled	Controlled	Controlled
IND	Controlled	Controlled	Controlled	Controlled
R^2	0.4355	0.4482	0.4515	0.4626
ΔR^2	—	0.0127	0.0033	0.0111
F	918.9***	435.1***	14.08***	1051***

注：N=756，＊表示 p<0.1，＊＊表示 p<0.05，＊＊＊表示 p<0.01，括号内为 DK 标准误。

表7-12　稳健性检验分析结果（人工智能企业专利质量）

变量	SQT			
	模型（1）	模型（2）	模型（3）	模型（4）
Age	0.995**	0.952***	0.908**	0.908**
	(3.15)	(3.37)	(3.02)	(3.19)
Size	0.209***	0.213***	0.209***	0.236***
	(9.25)	(11.53)	(10.49)	(12.13)
LEV	−0.042	−0.366	−0.397	−0.395
	(−0.08)	(−1.00)	(−1.05)	(−1.09)
Growth	−0.116*	−0.190**	−0.188**	−0.189***
	(−1.86)	(−3.30)	(−3.33)	(−3.82)

企业人工智能技术创新与社会责任

变量	SQT			
	模型（1）	模型（2）	模型（3）	模型（4）
INST	-0.005	-0.005	-0.005	-0.005
	(-1.12)	(-1.16)	(-1.19)	(-1.02)
Indepe	-0.740	-0.950*	-0.863*	-0.982*
	(-1.49)	(-1.88)	(-2.08)	(-2.24)
SOSP	-0.823**	-0.813*	-0.821*	-0.909**
	(-2.65)	(-2.09)	(-2.19)	(-2.46)
Dual	0.125***	0.159***	0.162***	0.155***
	(4.09)	(3.59)	(3.57)	(3.41)
Z_score	-0.008*	-0.010**	-0.009**	-0.009**
	(-2.19)	(-2.57)	(-2.67)	(-2.55)
RD		-0.272***	-0.265***	-0.248***
		(-4.22)	(-4.58)	(-3.94)
RDL			0.003	0.002
			(0.29)	(0.15)
RD×RDL			0.019	0.016
			(1.20)	(0.96)
Nc				-0.004
				(-0.45)
RD×Nc				0.049**
				(2.70)
RDL×Nc				0.003
				(1.19)
RD×RDL×Nc				-0.008**
				(-2.47)
Year	Controlled	Controlled	Controlled	Controlled
IND	Controlled	Controlled	Controlled	Controlled
R^2	0.6826	0.6905	0.6912	0.6973
ΔR^2	—	0.0079	0.0007	0.0061
F	3368***	252.4***	1948***	740.9***

注：N=756，* 表示 p<0.1，** 表示 p<0.05，*** 表示 p<0.01，括号内为 DK 标准误。

7.5　讨论与结论

7.5.1　研究结论

研究结论与讨论

本章从资源基础观、过程观和间断均衡理论以及价值认知视角分析并检验了研发强度对人工智能企业专利数量、专利质量的影响，并分析了在创新能力异变幅度对研发强度与人工智能企业专利数量和专利质量间关系的调节，以及创新能力异变幅度与价值认知复杂度联合交互作用对研发强度与专利数量、专利质量间关系的调节，本章得到三点结论。

（1）研发强度与人工智能企业专利产出关系的讨论。企业专利数量的增长和专利质量的提升有着本质的区别。企业专利数量的增长更多地依靠对现有技术的重组和加工以及管理资源的投入，而专利质量的提升需要企业注入更多的新知识。尤其对人工智能而言，其作为计算机进步前沿领域的新兴技术，与同领域其他技术相比，具有强大的自主性、学习性、决策能力以及与之伴随的复杂性和不确定性（Rotolo et al.，2015；Akoka and Comyn-Wattiau，2017；梅亮和臧树伟等，2021），基于人工智能的独特性特征给企业所带来的机遇以及可能出现的挑战，企业在对人工智能技术进行研发创新时需要投入更多的精力和成本，同时企业要想利用人工智能助力其实现新颖且具备创新性的产品和服务就必须合理配置其研发资源于不同的技术路径轨迹，以实现数量与质量并重。

企业研发投入的增强是为了解决问题或产生新的知识，但其强度的增强关键在于如何分配和使用才能更好地影响企业创新态势和创新能力。随着研发强度的增强，企业倾向于将资源配置于能够在短期带来利润的，如在专利数量方面，专利数量增长所需的资源基础建立在对现有知识和技术的重新架构，因而能够节约搜索和学习的成本（Sydow et al.，2009），尤其是当企业面临较大的盈利压力时（Gentry and Shen，2013），企业会更愿意将加大的研发投入用于短期的投资回报。因而研发强度与专利数量间关系是正相关的。但由于人工智能的复杂性和不确定性，企业需要对其投入充足的研发资源，但其投入与产出回报难以匹配，企业很难单纯依靠该技术实现商业价值，因而在研发强度增强的时候，专利数量的增长和专利质量提升在稀缺资源上会发生竞争（Aboody and Lev，2000），而管理者出于惯性、规避风险以及为了减少不必要的机会成本和沉没成本等原因（Kelly and Amburgey，1991；Criscuolo et al.，2017），会将资源配置于专利数量上，这种不合理的分配会导致专利质量的下降，因而研发强度与专利质量间关系是负相关的。这种消极的观点与 Lee 等（2014）的逻辑类似但也有不同，Lee 等（2014）研究发现研发强度与企业专利质量间的负向联系，但未提出其过程机理，而本章依赖资源基础观和技术创新过程观、从"研发—产出"矛盾视角出发，基于人工智能企业样本，进一步得出研发强度对人工智能企业专利质量的消极影响，为 Lee 等（2014）未完成的过程机理提供了新的分析视角。

（2）创新能力异变幅度对研发强度和人工智能企业专利产出关系的讨论。人工智能的独特性特征使其技术在结构和功能上都具备深度融合的潜力，其强大的自主性和学习性能够为企业在涉及人工智能社会转型发展时期提供动力，但因其技术的复杂性以及创新过程的不确定性，企业难以确定其最终的产出质量，因而企业需要合理把握其创新发展态势。当企业创新能力异变幅度较高的时候，企业所需的资源集中度和企业的协调能力、管理能力等需相应增加，因而会消耗大量的组织资源（Criscuolo et al.，2017），进行大幅度的创新能力异变可能会使得企业丧失原本既得的利益，进而不利于研发资源投入有效管理和合理配置，会使企业缺失专利数量增长所需的资源基础。该发现与大多数认为低创新能力异变幅度是创新的有利条件逻辑类似（Mudambi and Swift，2014；陈力田和张媚媚，2021），但也存在差异，创新能力异变幅度调节研发强度与专利质量间的关系被拒绝，这可能是因为，专利质量的提升在很大程度上是需要企业在探索式上获得一些成果的，创新能力异变幅度是存在风险的，新时代的人工智能研发创新要求很高，大多数的企业深耕于人工智能领域，在相对稳定的时期从长期的利用式转向短期的探索式，这种剧烈的短期变化是很深刻的，需要企业在人工智能领域价值链的每个环节都做好准备。对人工智能领域的研发探索更是存在很大的风险，因为探索式需要企业具备很强的灵活性，必须能够适应新的创新形式，但探索式创新是一个随机过程，这一过程的性质会加大预测何时会发现有价值的新创新形成的难度。因此对企业来说会产生很大的影响，一些企业在对专利质量的提升上相对比较慎重，但因为专利数量的提升没有专利质量提升的要求高，所以在创新能力异变幅度比较低的时候，企业只要基于不断增加的研发投入来整合和加工现有知识等就能有助于企业专利数量的增长。

（3）创新能力异变幅度与价值认知复杂度联合交互对研发强度和人工智能企业专利产出关系的讨论。人工智能的快速应用和发展不仅改变了企业价值创造效率，也变革了企业运营逻辑，更是对管理者的认知水平提出了更高的要求（Yoo et al.，2010；李巧华等，2023）。因此，人工智能企业创新产出的质量要求会更高。对于专利数量的增长而言，企业会更愿意花费较低的成本以获取更大的利润，即在创新能力异变幅度较低的时候，企业无须担心利用式创新和探索式创新转换下的高成本，只需配置较低的价值认知复杂度就能获得专利数量增长所需的资源基础。前文提到，创新能力异变幅度未能调节人工智能企业研发强度与专利质量间的关系，但加入了价值认知复杂度后，激活了创新能力异变幅度在组织中的效用。专利质量的提升是一个复杂的多环节价值创造过程，人工智能是计算机进步的前沿领域，企业若想实现对前沿领域技术的突破性发展，就需要识别人工智能技术质量提升所需的创新价值链环节。这种技术的发展可能是一组技术领域的联合突破创新，也可能是一种技术领域的巨大突破，因而需要企业关注较多的价值创造环节，从而能够识别人工智能技术的专有位置。更高的价值认知复杂度会使得企业更具探索能力和机会（Weick，1995），从而激活低创新能力异变幅度下高研发强度的创新路径。该发现不同于以往单一技术（Lee et al.，2014）或专利组合因素的研究（Sorenson et al.，2006），识别了有助于研发投入增强下企业修正原有低价值认知复杂度的低创新能力异变能力发展路径，从而比竞争对手获得更大的优势。

7.5.2 理论贡献

7.5.2.1 缓和了"数量—质量"替代争论，深化资源基础观的研究

针对"研发强度与专利产出间关系存在争论"这一研究缺口，深化并丰富了资源基础观和技术创新过程观的研究。以往对于企业研发强度对专利产出间关系的研究多数只是基于资源基础观，而本章认为对资源实行有效的配置和管理同样重要，因此在资源基础观的基础上同时还结合了技术创新过程观。以往对于创新产出的研究，多是从整体的视角出发，比如创新绩效、创新质量等，而本章针对专利数量和专利质量两个方面研究人工智能企业研发强度与两者之间的关系。绝大多数研究得出的结论是企业研发强度对专利数量和质量均显著正向（Hall et al.，2005；Czarnitzki et al.，2007），而在研发强度对专利质量的负向关系研

究较为稀少。因此，本章以人工智能企业技术为例，开拓了新兴技术企业研发强度与专利产出间关系的研究，在一定程度上，调和了研发强度决策有效性的争端，进一步拓展了价值创造链条上的"研发—产出"矛盾的相关研究（钟俊红，2023）。

7.5.2.2 深化了间断均衡情境理论，拓展了"研发—产出"新视角研究

针对"缺乏将创新能力异变幅度作为情境变量研究其对选择均衡研发强度与人工智能企业专利产出间的配置方式"这一研究缺口，深化了间断均衡情境理论研究。以往研究表明，在高创新能力异变幅度下，企业需协调和配置相应的资源，造成的浪费较大，基于间断平衡理论，探索式和利用式在时间上交替以达到平衡。拓展了间断均衡的应用场景，同时也有利于更好地掌握三者间的运行机理，为进一步研究研发强度与专利质量间关系拓展新的视角。

7.5.2.3 深化了对研发投入决策有效性的多重机制认识

针对"尚无将创新能力异变幅度和价值认知复杂度匹配起来研究其研发强度对人工智能企业专利产出水平的提升作用"这一研究缺口，从价值认知视角出发，发现研发强度决策有效性下专利产出水平提升的配置方式。以往研发强度研究大多基于单个调节机制，而本章基于多个情境因素的联合交互来探讨研发强度决策作用的激励，通过价值认知视角与间断均衡理论的共同作用，找到了更为合适的组织决策机制。

7.5.3 实际贡献

7.5.3.1 企业需辩证地看待研发强度不断增强的情境

人工智能企业不能单纯乐观地认为配置在研发上的强度越大，企业产出的质量就越会提升。只有准确把握两者之间的作用机制，才能使企业研发强度决策更有针对性。即企业需要慎重考虑企业研发资源的有效管理和合理配置，以免达不到理想实现的状态。人工智能并不是一种产品，而是一套技术或一种能力，其能否转化为商业价值，还需要把它和企业的核心应用场景结合。因而新时代的人工智能企业中的研发与产出的矛盾是确实存在的，人工智能技术非常复杂，且存在很大的不确定性和难以预测性，因此管理人工智能就显得越发重要，企业团队要选择均衡人工智能的研发强度与专利产出，即"研发—产出"的配置方式。因此，建议企业应该对研发资源进行更加有效的管理和配置，且应该思考如何实现增强研发投入决策有效性下的专利质量的提升，而不能只专注于增加企业的专利

数量。

7.5.3.2 企业应该正确认识到"创新能力异变幅度"在提升专利质量决策有效性中的作用

本章研究发现，创新能力异变幅度越低，企业资源消耗越少，因而其能够将足够的资源分配于实际需要的地方，因此，对于人工智能企业而言，在技术研发创新过程中需要考虑到该技术和该领域下的机遇与挑战，正确认知研发强度如何促进"数量"和"质量"双增长的情境。不论是为了通过增加专利数量来获取短期的商业利益，还是要通过提升企业的专利质量水平来达到企业创新的目的，企业都应该正确积极地看待"创新能力异变幅度"的情境，应该认识到正确把握和谨慎考虑创新能力异变行为的幅度和时机，对企业来说，也许是实现其情境大扭转的机会，例如，选择较低的创新能力异变幅度有助于企业减少资源的浪费，进而有效管理，达到增强研发投入决策有效性的目的。

7.5.3.3 企业应该考虑增强研发投入决策有效性下创新资源管理者的价值链认知水平

基于研究分析，创新能力异变幅度和价值认知复杂度交互在人工智能企业增强研发投入决策有效性下起着至关重要的作用，人工智能研发创新涉及价值链创造的每一个环节，企业可以通过减少价值认知复杂度的方式来配置低创新能力异变幅度，促进高研发强度下专利数量的增长。结合人工智能这项前沿技术的独特性，实现人工智能专利质量的突破需要不同价值链环节间的交互，强化人工智能技术研发资源对接效率，是企业能够实现不同价值链环节的价值共创，以实现最终专利高质量的产出。因而，企业需要通过增加价值认知复杂度的方式来激活低创新能力异变幅度情境，以此促进高研发强度决策有效性下专利质量的提升。

7.6 不足与未来展望

本章旨在研究研发强度与人工智能企业专利数量和专利质量间的关系，以及创新能力异变幅度与价值认知复杂度的联合交互作用对企业配置研发强度与专利数量和质量间关系的影响。但研究尚存在一些不足之处，今后可针对存在的不足进一步地做出更深层次的研究，具体如下：

第一，样本数据方面，本章以 2011～2021 年同花顺人工智能概念股的上市公司为研究样本，在对样本进行相应剔除处理后，只剩下 84 家上市公司和 756 份具体观测值，其实证数据量偏小。基于人工智能产业的飞速发展，人工智能技术的应用场景悉数增加，未来可以对更多样本的人工智能上市公司进行研究，以增加研究的普适性以及模型的有效性。

第二，对于价值认知复杂度的测量方面是通过对上市公司年报、社会责任报告手工编码而来的。一方面，社会责任报告并不是每家上市公司每年都会披露，会存在一定的缺失，对数据的结果存在一定的偏差。另一方面，编码都是一个人独立完成的，其存在一定的主观性，缺乏十足的客观性，因此未来可增加几位编码人员，各自独立完成对年报和社会责任报的编码后，再将其进行对比，以此增加编码所得数据的可信度和有效性。

第8章 子研究五：人工智能企业双元创新与运营效率的关系研究

——价值认知复杂度和成本粘性的调节效应[①]

8.1 问题的提出

在高强度的行业竞争压力下，人工智能企业需通过创新塑造核心竞争力，维持竞争优势。企业创新可分为突破式创新和渐进式创新，通过突破式创新，企业可以转向新的技术轨迹，获得相对竞争优势，但所需时间较长且风险较大，通过渐进式创新企业可巩固新的或已有的技术能力以形成竞争壁垒，但其创新成果容易被模仿。并且企业在战略层面应对环境变化做出的研发决策，往往与效率导向的运营绩效相冲突。因此本章研究的第一个问题是双元创新对运营效率有何影响。

突破式创新与渐进式创新是两种不同性质的创新，对企业内部的能力结构和资源配置的要求也不同（March，1991），企业的创新决策受管理者认知的影响。同时企业的日常运营活动与管理者的认知程度密不可分，价值认知复杂度作为管理者的一种认知知识结构，影响企业的创新决策。因此，本章研究的第二个问题是管理者的认知复杂度对双元创新与运营效率关系有何影响。成本粘性反映了企

① 本章内容来源于：王宇峰．人工智能企业双元创新与运营效率的关系研究——基于价值认知复杂度和成本粘性的调节效应［D］．浙江工商大学，2022.

业运营状态及资源利用情况。企业的创新活动不仅受管理者认知水平的影响，同样受制于企业资源。当企业存在成本粘性时，管理者应关注多少价值创造环节，如何有效配置资源，确保创新活动达到预期，提升企业运营效率。因此本章研究的第三个问题是价值认知复杂度与成本粘性的相互配置，会对双元创新与运营效率的关系造成何种影响。

综上所述，面向人工智能企业技术创新过程中价值链长度带来的运营效率低下和成本粘性阻碍创新变革的难题，针对"调节价值认知复杂度与成本粘性内部情境匹配，以克服人工智能企业双元创新过程中运营效率低下"的研究问题，本章基于双元创新理论、价值链理论和价值认知视角，选择人工智能概念股上市企业样本，分析并验证了价值认知复杂度及其和成本粘性的联合交互对人工智能企业双元创新与运营效率间关系的调节效应。

8.2　研究假设

8.2.1　双元创新对企业运营效率的影响

8.2.1.1　突破式创新对企业运营效率的影响

企业要提升运营效率不能仅仅依靠组织变革、商业模式的迭代，还要考虑企业创新策略对运营效率的影响。根据双元创新理论，突破式创新是对新技术、新知识、新技巧等的探索和开拓，是对企业已有技术和产品的颠覆式变革。突破式创新固有的突破性特征会促使企业努力打破现有技术轨道的局限，企业会追寻新技术、新知识以谋求未来的核心竞争力；同时企业会谋求更有效率的生产方式和运营模式，以此塑造自身独特的核心竞争力，获得持续的竞争优势。人工智能行业技术更新快，研发投入金额高（史会斌和杨东，2019），相较于传统行业更热衷于进行突破式创新或渐进式创新活动以获得竞争优势和巨额收益。进行突破式创新的企业具有主动性和探索性特质（Song，2009；Gassmann，2012），更敢于打破常规模式进行高风险的创新活动。企业的突破式创新能力会打破企业固有的技术惯例（Guo，2016），当企业技术背景和状态发生改变时，企业自身也要做出重大变革，最大限度迎合技术的需要（Teece，2010），使之与新技能、新知识相匹配。这意味着进行突破式创新，企业需要改变原有的商业模式以适应技术升级、产品更新迭代（Zott，2008），企业的选择性更强。企业的突破性能力越强意味着与之相匹配的商业模式种类越多，提升企业运营效率的可能性就越大。因此，在突破式创新导向下，企业改变原有组织形态，形成新的行为模式和规范以适应新技术和新产品的发展需要，对效率型商业模式创新有推进作用（马蓝，2019），进而提升企业运营效率。

H8-1：突破式创新正向影响企业运营效率。

8.2.1.2 渐进式创新对企业运营效率的影响

根据双元创新理论可以将创新分为突破式创新与渐进式创新。相较于突破式创新，渐进式创新是程度较小、规模较小的创新模式，其特点是风险小且成本较低。渐进式创新是组织对现有产品、服务、技术平台和组织结构的概念、过程、程序进行小幅度的细微的改进与提升（Bouncken，2018），它是建立在已有知识基础之上对现有产品、技术平台和组织结构进行改进的一种创新（Subramaniam and Youndt，2005）。具有渐进式创新能力的企业一般拥有稳定的创新团队和人员构成，对市场业务、发展模式以及市场边界都有清晰的定位，变化幅度小，力求在稳定当前商业模式的基础上提升企业运营效率。一方面，企业在进行渐进式创新过程中可以利用已有的企业知识，改善企业技术，提升企业的技术效率（李玉花和简泽，2021）；渐进式创新能够辅助企业充分挖掘现有资源的潜力，扩大规模、提高效率（Atuahene-Gima，2005）。同时进行渐进式创新，说明企业对现有知识、技能有较强的开发能力，能够更加适应市场的发展。另一方面，渐进式创新会促进企业内部形成惯例，在产生重复性的行为模式和规范共识之后，稳步提升企业运营效率（党兴华和孙永磊，2013）；同时，企业进行渐进式创新可以使内部组织结构和人员结构相对稳定，业务模式和业务边界都较为清晰，在维持现有商业模式的基础上，提升企业运营效率（Eisenhardt and Martin，2000）。

H8-2：渐进式创新正向影响企业运营效率。

8.2.2 价值认知复杂度对双元创新和企业运营效率间关系的调节作用

8.2.2.1 价值认知复杂度在突破式创新对运营效率影响中的调节效应

企业创新受到企业决策者认知水平的影响，管理者在很大程度上决定了企业有限资源的配置模式和企业的战略导向。管理者认知是指企业高管在进行战略决策时运用的一组知识结构，而这组知识结构会被高管过往积累的经验以及对于特定事物的自我理解而影响，同时在企业长期的运营管理中慢慢形成（Walsh，1995；Narayanan et al.，2011）。其中价值认知复杂度是指管理者在创新决策过程中考虑到的价值创造环节的个数。根据价值链理论，创新过程涵盖研发、生产、营销、运营等各价值创造环节，企业需要均衡价值链条中各环节的"柔性—效率"矛盾（陈力田，2021）。突破式创新是突破现有的知识体系，开辟新的市场和技术领域，颠覆以往技术范式而进行的创造活动（曹兴和宋长江，2017），并且突破式创新在带给企业高收益的同时也会给企业带来巨大风险，这就需要管理者综合全面地考量整个创新活动以及各个创新环节对企业的影响。企业进行突破式创新时，价值认知复杂度高意味着管理者关注过多的价值环节（苏敬勤和单国栋 2016），加大研发投入的意愿增强，突破式创新不仅可以获得足够的资源支撑，而且管理者关注的价值环节过多，需要谨慎配置内部资源（Cho and Hambrick，2006），为企业在创新过程中应对环境变化提供必要的物质条件，有助于企业抵御突破式创新带来的高风险。而企业决策者价值认知复杂度低意味着管理者关注的价值创造环节数量少，加大研发投入的意愿不强，一方面，突破式创新活动难以获得足够的资源展开；另一方面，企业难以抵御突破式创新的高风险，不利于企业运营效率的提升。

H8-3：价值认知复杂度正向调节突破式创新和运营效率之间的关系，即当价值认知复杂度更高的时候，更易加强突破式创新与运营效率之间的正向关系。

8.2.2.2 价值认知复杂度在渐进式创新对运营效率影响中的调节效应

价值认知复杂度是指管理者知识结构中所涵盖的知识的广度（Walsh，1995；Nadkarni，2008），结合价值创造视角，即管理者关注价值链上环节的数量（尚航标，2014）。价值认知复杂度高意味着管理层认知到的核心概念较为多样（Stabell，1978）。相对于突破式创新，渐进式创新主要是对企业已有的知识和技术进行改进，所需资源相对较少且风险较低。当企业进行渐进式创新时，价值认知复杂度高代表企业管理者关注的价值创造环节多，加大研发投入的可能性就越大，这时企业进行渐进式创新需要将资源重新配置于多个价值环节，导致资源分配过于分散，不利于企业资源集中，同时企业进行渐进式创新无须过多的资源支撑，企业资源利用率低，容易造成沉没成本，导致资源浪费，反而降低了企业运营效率。相反，管理者价值认知复杂度低，所关注的价值创造环节数量少，意味着企业可以将资源集中在数量相对较少的价值创造环节开展创新活动，集中应对渐进式创新带来的风险，确保创新活动进行，提升企业运营效率。

H8-4：价值认知复杂度负向调节渐进式创新和运营效率之间的关系，即当价值认知复杂度更高的时候，更易加强渐进式创新与运营效率之间的正向关系。

8.2.3　价值认知复杂度和成本粘性联合交互的调节效应

8.2.3.1　价值认知复杂度和成本粘性联合交互在突破式创新对运营效率影响中的调节效应

企业创新活动不仅受到决策者认知水平的影响，而且受到成本粘性的影响。自 Anderson（2003）等提出成本粘性的概念后，我国学者孙铮、刘浩（2004）也证实了成本粘性是指企业创新投入与业务量变化之间的不严格匹配关系（胡华夏和洪荭，2017），即企业创新投入与业务量呈非线性关系。进行突破式创新意味着企业通过探索新技术、惯例、流程和产品的能力来创造价值（Lin and Mcdonough，2014），在突破式创新导向下，企业在打破惯例开拓新领域的同时要承担高风险，需要大量的资源作为支撑。而成本粘性的存在意味着企业拥有应对环境变化和风险的资源缓冲物（韩岚岚，2018），企业处于较为稳定的状态。突破式创新周期长，且结果难以预知，需要足够的资源支撑创新过程。成本粘性为企业管理者提供了从容配置资源的条件，同时认知复杂度高意味着管理者更加全面考虑资源的有效配置，有利于企业开展高风险创新活动。因此，在高认知复杂度和高成本粘性的情况下，企业决策者考虑创新环节更加全面，企业存在冗余资源，处于稳定状态，能够为企业带来长期调整成本的降低和企业效率的提升（Anderson and Lanen，2007）。反之，管理者价值认知复杂度高，成本粘性程度低，意味着企业存在的冗余资源少，管理者需要将有限的资源配置在更多的价值创造环节，配置资源条件有限，增加了突破式创新的高风险，难以保障企业在开展突破式创新活动过程中提升运营效率。

H8-5：成本粘性和认知复杂度联合交互正向调节突破式创新与运营效率的关系。

8.2.3.2　价值认知复杂度和成本粘性联合交互在渐进式创新对运营效率影响中的调节效应

在高成本粘性和高价值认知复杂度的情况下，二者对突破式创新与运营效率的关系是积极的。价值认知复杂度和成本粘性联合交互在渐进式创新对运营效率影响中的调节效应渐进式创新同样受到价值认知复杂度和成本粘性的影响。在渐进式创新政策导向下，企业通过强化已有的技术、市场的能力来创造价值，注重提升企业效率，承担风险小，所需成本低。然而成本粘性大意味着企业对现有资源利用不充分，低流动性冗余资源过多（叶陈毅和管晓，2020）。企业投入成本没有及时转化为创新成果，难以使得投入产出达到最大化。同时企业决策者价值认知复杂度高需要重新将资源配置到更多的价值创造环节中，不利于企业资源集中。因此，在高价值认知复杂度和高成本粘性的情况下，企业难以有效集中资源进行渐进式创新，同时加大了企业的经营和决策风险（谢获宝和惠丽丽，2016），不利于企业运营效率的提升。当企业成本粘性低时，意味着企业对现有资源利用率高且处于稳定状态，为渐进式创新的开展提供了必要条件。同时，价值认知复杂度低意味着此时管理者关注的价值创造环节较少，可以集中有效利用资源开展渐进式创新，因此，在低成本粘性和低价值认知复杂度的情况下，有利于企业开展渐进式创新活动提升运营效率。

H8-6：成本粘性和价值认知复杂度联合交互负向调节渐进式创新与运营效率的关系。即在高成本粘性和高价值认知复杂度的情况下，二者对渐进式创新与运营效率的关系是消极的。

综上所述，本章基于前人研究，结合双元创新理论和价值链理论，研究双元创新对企业运营效率的影响，管理者认知会对企业内部和外部环境做出相应反应，引入价值认知复杂度，探究其对双元创新与运营效率关系的调节作用。同时，成本粘性普遍存在企业内部，引入成本粘性，探究其与价值认知复杂度的交互作用对于双元创新与运营效率的调节效应。基于此，本章研究模型如图8-1所示。

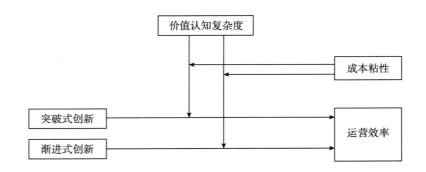

图8-1 子研究五的研究模型

8.3 实证研究设计

8.3.1 样本选取与数据来源

本章选取 2011~2020 年同花顺人工智能概念股的上市公司为研究对象。鉴于学术界在 2010 年就开始有学者研究人工智能对企业管理的影响（Min，2010），故选取 2011 年作为研究起始时间，截止时间选择为 2020 年。同时考虑到企业创新对运营效率的影响存在滞后效应，所以以 2 年作为滞后期，即自变量、调节变量、控制变量的使用数据为 2011~2018 年，因变量使用数据为 2013~2020 年。同时，为保证数据的准确性和有效性，剔除了 ST 及 *ST 类的公司，从而保证财务类数据的可信度。资料来源：上市公司年报和社会责任报均来自巨潮资讯网，并通过企业官网进行补充；双元创新、运营效率、成本粘性及控制变量数据均来自国泰安。其中认知复杂度数据通过企业年报和社会责任报手工收集。

8.3.2 研究变量设计

8.3.2.1 被解释变量：运营效率

企业运营效率是企业生存和发展的关键，以效率为目标导向，在投入产出过程中提高时间效率和成本效率，从而获得动态竞争优势。企业运营效率在一定程度上也可以表现为企业在一定时间内达成企业目标的能力，即企业在生存发展过程中，应对内外环境变化及时调整，同时满足市场需求以获得最大利润。本书参考前人对运营效率常用的测量方式（Tang and Liou，2010；何姗，2016；雷海民等，2016）。通过企业财务报告中营运能力数据的财务指标测量企业运营效率，选择企业资本运转速度表征运营效率，通过总资产周转率测量运营效率。

$$总资产周转率=营业收入/资产总额年平均占用额 \tag{8-1}$$

8.3.2.2 解释变量：双元创新

双元创新分为突破式创新和渐进式创新。突破式创新是指企业不拘泥于原有技术，探索新技术，具有高风险、投资回报期限长、失败率高的特点，是一种高不确定性的全新的创新行为；而渐进式创新则是利用企业已有的技术，具有低风险、投资回报期限短特点（Benner and Tushman，2003）。参考前人研究，通过专利申请数来表征渐进式创新和突破式创新（Chemmanur et al.，2014；成力为和邹双，2019），即用发明专利申请数加 1 的自然对数测度突破式创新 LnIPA，用实用新型专利和外观设计专利申请数之和加 1 的自然对数衡量渐进式创新 LnUD-PA。

8.3.2.3 调节变量：价值认知复杂度

参考 Nadkarni 和 Narayanan（2008）、吴东（2011），测量价值认知复杂度。

步骤一：识别语句阶段。阅读人工智能企业年报和社会责任报，根据吴东（2011）研究总结的编码词表（见表 8-1）科学地识别并记录每份年报或社会责任报中展现企业在创新规划过程中考虑价值创造环节因素的语句。

表 8-1 价值创造环节编码词

价值创造环节	关键词
研发	研究、研发、科研、研制、开发、引进、获取、技术合作、升级、改造等
生产	加工、代工、冶炼、粗炼、精炼、组装、装配、合成、制造、生产、制作、制版、研制、出版、印刷、复制、建造、建设、施工等
市场	宣传、开拓、拓展、推广、市场、营销、广告、品牌、口碑、形象、承销、发行、渠道、经营、批售、批发、零售、分销、销售、买卖、交易、市场、谈判、进口、出口、贸易等
人力	募集、招聘、人才、教育、培训、交流、外派、劳务、人员等
运营管理	监管、监理、控制、财务、运营、项目管理等
设计	设计、规划等
供应	勘探、开采、采选、采伐、采购、采办、购买、运输、物流、货运、配送、存储、储存、冷藏、贮藏、仓库等
信息管理	信息收集、搜集、调研、考察、了解、机会、风险、分析、反馈、汇报、报告、掌握、人文、社会、文化、法律、政治、经济、政府、机构等
关系管理	联系、沟通、协调、关系、协调、组织、沟通、合作、联盟等
服务	维护、维修、修理、安装、调试、租赁、出租、代表、代理服务、技术服务、技术支持、技术输出、技术咨询、转让、许可、顾问、售后服务等

步骤二：计算复杂度（NC）。本章通过完整度指标测量认知复杂度。在步骤一记录的语句中，计算企业管理者在价值创造过程中的总环节（如研发、市场、生产、人力、运营管理等）的数量，计和为认知复杂度。复杂度越大，意味着企

业决策者在进行创新规划过程中考虑的价值创造环节越多。

8.3.2.4　调节变量：成本粘性

成本粘性主要表现为成本与业务量之间的不对称性，尤其资源冗余和资源错配的高成本粘性会严重影响资源配置效率（谢获宝和惠丽丽，2016），降低企业运营效率。关于成本粘性的测量，Anderson 等（2003）在研究成本粘性时，为验证其存在性和测度水平，首次构建了成本粘性和业务量之间变动关系的对数函数，该模型便是 ABJ 模型。但是，ABJ 模型具有局限性，只能检测宏观层面如国家或行业层面的整体成本粘性水平，不能具体观测微观层面某个企业或某个时间段的成本粘性水平。

Weiss（2010）通过深入研究企业成本性态和分析师盈余预测方法，通过企业季度数据精确计算单个企业成本粘性水平，这个模型被称为 Weiss 模型，也是本章采取的计算方法。在 Weiss 模型中，如果计算结果为负，说明企业存在成本粘性，且负值越大企业成本粘性程度越大。Weiss 模型可以精确计算企业某一年的成本粘性水平，弥补了 ABJ 模型的不足。因此，参考前人研究，使用 WEISS 模型计算企业成本粘性，公式如下：

$$Sticky_{i,t} = \log(\Delta Cost_{i,t1}/\Delta Sale_{i,t1}) - \log(\Delta Cost_{i,t2}/\Delta Sale_{i,t2}),\ t_1,\ t_2 \in (t,\ t-3)$$

$$(8-2)$$

其中，i 表示公司代码，t_1 和 t_2 表示样本公司四个季度中接近期末营业总收入下降的季度和营业总收入上升的季度；$\Delta Cost$ 表示该季度营业收入总成本的变化量，其中营业总成本包括财务报表中营业成本和期间费用；$\Delta Sale$ 表示该季度营业总收入的变化量。

8.3.2.5　控制变量

基于前人研究（Chen et al.，2018；沈洪涛和苏亮德，2012）选取相关控制变量。战略决策是影响企业创新的重要因素，同时企业创新受高层管理者影响。选取第一大股东持股比例（Firsthold）、独立董事比例（Indepe）、董事长与总经理两职合一性（CEO）。第一大股东持股比例指第一大股东持股总数在企业总股数中的占比。独立董事比例指企业独立董事人数在董事会人数中的占比。董事长与总经理两职合一性指企业中总经理和董事长是否为同一个人。其余参照前人研究，选取企业绩效（ROE）、行业（IND）、年份（Year）作为控制变量。

综上所述，所有变量整理结果如表 8-2 所示。

表 8-2　子研究五的主要变量测量

变量类别	变量名称	变量代码	变量测量
被解释变量	运营效率	OE	总资产周转率=营业收入/资产总额
			年平均占用额
解释变量	突破式创新	LnIPA	发明专利申请数加 1 取自然对数
	渐进式创新	LnUDPA	实用新型专利和外观设计专利申请
			数之和加 1 的自然对数
调节变量	价值认知复杂度	Nc	价值创造链条中的总环节（如研发、生产、市场等）的数量
	成本粘性	Sticky	WEISS 模型
控制变量	第一大股东持股比例	Firsthold	第一大股东持股总数/总股数
	独立董事比例	Indepe	独立董事人数/董事会人数
	两职合一性	CEO	若是一个人赋值为 1；否则为 0
	企业绩效	ROE	净利润/股东权益平均余额
	行业	IND	制造业赋值为 1，其余为 0
	年份	Year	虚拟变量，事件发生年份

8.3.3　模型设计

由于企业创新对运营效率的影响有滞后效应，本章将被解释变量运营效率做滞后两期处理，即当自变量、调节变量和控制变量用 t 年数据时，因变量使用 $t+2$ 年的数据。为检验双元创新对企业运营效率的影响，建立了式（8-3）和式（8-4）；为检验认知复杂度和成本粘性对上述关系的调节作用，建立了式（8-5）和式（8-6）。

$$OE_{t+2}=\beta_0+\beta_1\ln IPA+\beta_2 Nc+\beta_3\ln IPA\times Nc+\sum\beta_i ConV_{i,t}+\xi_{i,t} \tag{8-3}$$

$$OE_{t+2}=\beta_0+\beta_1\ln UDPA+\beta_2 Nc+\beta_3\ln UDPA\times Nc+\sum\beta_i ConV_{i,t}+\xi_{i,t} \tag{8-4}$$

$$OE_{t+2}=\beta_0+\beta_1\ln IPA+\beta_2 Nc+\beta_3 Sticky+\beta_3\ln IPA\times Nc+$$
$$\beta_5\ln IPA\times Nc\times Sticky+\sum\beta_i ConV_{i,t}+\xi_{i,t} \tag{8-5}$$

$$OE_{t+2}=\beta_0+\beta_1\ln UDPA+\beta_2 NC+\beta_3 Sticky+\beta_3\ln UDPA\times Nc+$$
$$\beta_5\ln UDPA\times NC\times Sticky+\sum\beta_i ConV_{i,t}+\xi_{i,t} \tag{8-6}$$

8.4　实证研究结果

8.4.1　描述性统计

各变量描述性统计如表8-3所示，企业运营效率最小值为0.0546，最大值为2.882，均值为0.572，说明样本企业运营效率差异较大，但普遍运营效率较高。渐进式创新最小值为0，最大值为6.438，均值为1.298；突破式创新最小值为0，最大值为8.034，均值为1.241，样本企业较注重研发创新。

表8-3　子研究五的各变量描述性统计

变量	（1）平均值	（2）标准差	（3）最小值	（4）最大值
OE	0.572	0.371	0.0546	2.882
LnIPA	1.241	1.559	0	8.034
LnUDPA	1.298	1.693	0	6.438
Nc	4.359	1.582	0	9
Sticky	−0.160	1.027	−6.286	4.601
Firsthold	0.281	0.143	0.03	0.818
Indepe	0.554	0.601	0.25	3.367
CEO	0.393	0.489	0	1
IND	0.547	0.498	0	1
ROE	0.0629	0.14	−1.69	0.516
Year	2016	2.874	2011	2020

通过收集整理企业年报和社会责任报得到认知复杂度，最小值为0，最大值为9，均值为4.359，说明我国人工智能企业管理者在创新决策过程中所考虑价值创造环节较多。成本粘性最小值为−6.286，最大值为4.601，均值−0.160，说明我国人工智能企业普遍存在成本粘性问题，并且因为各自投入金额不同，差异较大。

第一大股东控股比例均值为 0.281，说明所选样本企业股权集中度较适中。独立董事比例均值为 0.554，说明所选企业独立董事数较多。两职合一性均值为 0.393，说明大多数企业中董事长和总经理不是同一个人。

8.4.2 相关性分析

表 8-4 为各变量 Pearson 相关性分析结果。相关系数均小于 0.5，方差膨胀因子 VIF 都小于 5，说明并不存在多重共线性问题。突破式创新与运营效率相关系数为 0.162，说明两者为正相关关系，与 H8-1 方向一致。渐进式创新与运营效率相关系数 0.195，说明两者为正相关关系，与 H8-2 方向一致。同时第一大股东持股比例、企业绩效、CEO 两职合一性和企业行业属性等控制变量与运营效率相关性很高，因此有必要将这些变量控制起来研究。

8.4.3 多元回归结果分析

为了检验前文提出的假设，采用 Stata16.0 进行数据分析。本章使用的数据为非平衡面板数据，为避免组间异方差、组内自相关和截面相关的问题，采用广义最小二乘法（FGLS）进行统计分析。并且在做调节效应分析时，对解释变量、调节变量做了中心化处理，以解决变量之间的多重共线性问题。

8.4.3.1 双元创新与企业运营效率之间的关系检验

表 8-6 为渐进式创新和突破式创新对企业运营效率影响的回归结果。其中，模型（1）在检验两种创新方式对企业运营效率的影响时，仅包含控制变量的回归模型；模型（2）加入了自变量突破式创新和渐进式创新。

从模型（2）中可以看出，突破式创新与企业运营效率的回归系数为 0.0155，p 值小于 0.05，说明突破式创新与企业运营效率存在正相关关系，H8-1 得到支持，即当企业进行突破式创新时可以提高运营效率；另外，渐进式创新与企业运营效率的回归系数为 0.01313，$p<0.05$，说明两者存在显著的正相关关系，H8-2 得到支持，即当企业进行渐进式创新时可以提高其运营效率。

8.4.3.2 价值认知复杂度的调节效应检验

为检验价值认知复杂度的调节作用，首先将价值认知复杂度和渐进式创新与突破式创新进行中心化处理，其次将中心化后的价值认知复杂度与双元创新的乘积项放入模型中进行回归，从表 8-6 中模型（3）可以看出，突破式创新与价值认知复杂度的乘积项系数为 0.00566，$p<0.05$，调节效应正向显著，说明价值认

表 8-4　子研究五的各变量相关性分析

变量名称	1	2	3	4	5	6	7	8	9	10	11
OE	1										
LnIPA	0.162***	1									
LnUDPA	0.195***	0.448***	1								
Nc	0.068**	0.147***	0.119***	1							
Sticky	0.0350	-0.00200	0.00400	0.00300	1						
Firsthold	0.104***	-0.070**	0.199***	-0.071**	-0.0280	1					
Indepe	-0.0150	-0.0200	-0.096***	0.0260	0.107***	-0.0280	1				
ROE	0.251***	0.0130	0.064*	-0.058*	0.269***	0.159***	0.0440	1			
CEO	-0.190***	-0.158***	-0.00900	0.0310	0.0540	0.00800	0.122***	-0.083**	1		
IND	0.061*	0.220***	0.474***	0.055*	-0.069*	0.341***	-0.0450	-0.0430	0.015	1	
Year	-0.181***	0.194***	0.071***	0.087*	0.0350	-0.138***	0.00600	-0.193***	0.034	-0.023	1

表 8-5　子研究五的多重共线性分析

变量	LnIPA	LnUDPA	Nc	Sticky	Firsthold	Indepe	ROE	CEO	IND	Year
VIF	1.84	2.24	1.04	1.11	1.28	1.05	1.21	1.09	1.54	1.09

知复杂度正向调节突破式创新与运营效率之间的关系，即相比于低认知复杂度，在价值认知复杂度高的情况下，企业进行突破式创新更有利于提升企业运营效率，H8-3得到支持。同理，从模型（3）可以看出，渐进式创新与认知复杂度的乘积项系数为-0.00406，p<0.05，调节效应负向显著，说明价值认知复杂度负向调节渐进式创新与运营效率之间的关系，即相比于高价值认知复杂度，在价值认知复杂度低的情况下，企业进行渐进式创新更有利于提升企业运营效率，H8-4得到支持。

8.4.3.3 价值认知复杂度与成本粘性的调节效应检验

为检验认知复杂度与成本粘性的联合交互作用的调节效应，本章首先将成本粘性、认知复杂度和渐进式创新与突破式创新进行中心化处理，其次将中心化后的成本粘性、双元创新和认知复杂度的乘积项放入模型中进行回归，从表8-6中的模型（4）中可以看出，突破式创新、认知复杂度和成本粘性的乘积项系数为-0.002，p>0.1，H8-5不支持。同理，从模型（4）中可以看出，渐进式创新、认知复杂度和成本粘性的乘积项系数为-0.004，p<0.1，调节效应负向显著，说明认知复杂度与成本粘性负向调节间进行创新与企业运营效率之间的关系，即在认知复杂度和成本粘性高的情况下，企业进行渐进式创新不利于提高企业运营效率，H8-6得到支持。

表8-6 子研究五的多元回归分析结果

变量	OE			
	模型（1）	模型（2）	模型（3）	模型（4）
Firsthold	0.151**	0.0985	0.0957	0.129*
	(0.064)	(0.065)	(0.065)	(2.230)
Indepe	0.0245	0.0343	0.0362	0.0216
	(0.024)	(0.023)	(0.024)	(0.680)
CEO	-0.0418***	-0.0497***	-0.0498***	-0.046***
	(0.012)	(0.011)	(0.012)	(-4.020)
IND	-0.0206	-0.000588	-0.0043	-0.00854
	(0.016)	(0.019)	(0.019)	(-0.540)
ROE	0.0862**	0.0996***	0.103***	0.175***
	(0.039)	(0.038)	(0.038)	(4.280)

续表

变量	OE			
	模型（1）	模型（2）	模型（3）	模型（4）
Year	−0.0188***	−0.0214***	−0.0210***	−0.019***
	（0.003）	（0.003）	（0.003）	（−7.560）
Constant	38.42***	43.57***	42.79***	39.690***
	（5.111）	（5.617）	（5.491）	（7.650）
Ln*IPA*		0.0155**	0.0137**	0.018***
		（0.004）	（0.004）	（3.780）
Ln*UDPA*		0.0113**	0.0127**	0.014***
		（0.004）	（0.004）	（3.550）
Ln*IPA*×*Nc*			0.00566**	0.006**
			（0.002）	（2.990）
Ln*UDPA*×*Nc*			−0.00406**	−0.005***
			（0.002）	（−3.310）
Nc			−0.00317	−0.002
			（0.003）	（−0.840）
Ln*IPA*×*Nc*×*Sticky*				0.002
				（−1.120）
Ln*UDPA*×*Nc*×*Sticky*				−0.004*
				（−2.550）
Sticky				−0.003
				（−0.840）
Df	6	8	11	14
Wald Chi^2	103.86***	160.26***	178.44***	247.66***
Number of Group	109	109	109	109

注：＊＊＊表示 $p<0.01$，＊＊表示 $p<0.05$，＊表示 $p<0.1$。括号内为标准差。

依据上述数据分析结果，总结假设检验如表 8-7 所示。

表 8-7　子研究五的假设检验结果

假设	结果
H8-1：突破式创新正向影响运营效率	成立

假设	结果
H8-2：渐进式创新正向影响运营效率	成立
H8-3：价值认知复杂度正向调节突破式创新与运营效率之间的正向关系	成立
H8-4：价值认知复杂度负向调节渐进式创新与运营效率之间的正向关系	成立
H8-5：成本粘性和价值认知复杂度联合交互正向调节突破式创新与运营效率的关系	不成立
H8-6：成本粘性和价值认知复杂度联合交互负向调节渐进式创新与运营效率的关系	成立

8.4.4　稳健性检验

首先，采用改变原模型中的调节变量——成本粘性的测量方式对结果进行验证。成本粘性可以通过企业冗余资源来测量，计算方式为流动资产/流动比率。由表 8-8 可知，模型（4）中突破式创新×认知复杂度×成本粘性的交互项回归系数为 0.00036，$p > 0.1$，H8-5 不支持。渐进式创新×认知复杂度×成本粘性的交互项回归系数为 0.00405，$p < 0.1$，即认知复杂度和成本粘性联合交互负向调节渐进式创新与运营效率之间的关系，H8-6 得到支持。

表 8-8　稳健性检验（替换成本粘性测量方式）

变量	模型（4）
Firsthold	0.289 *** (2.73)
Indepe	0.0509 * (1.89)
CEO	−0.128 *** (−4.43)
IND	−0.0231 (−0.70)
ROE	−0.0104 (−1.42)
Year	−0.0319 *** (−5.05)
Constant	64.80 *** (5.08)

变量	模型（4）
Ln*IPA*	0.00022 * （1.94）
Ln*UDPA*	0.0198 ** （1.69）
Ln*IPA*×*Nc*	0.00452 ** （2.87）
Ln*UDPA*×*Nc*	−0.00340 ** （−2.98）
Nc	−0.0217 ** （2.38）
Ln*IPA*×*Nc*×*Sticky*	0.00036 （−0.29）
Ln*UDPA*×*Nc*×*Sticky*	−0.00405 * （−2.47）
Sticky	−0.00693 *** （−4.21）
Df	14
Wald Chi^2	109.25 ***
Number of Group	109

注：＊＊＊表示 $p<0.01$，＊＊表示 $p<0.05$，＊表示 $p<0.1$。括号内为标准差。

其次，采用改变企业绩效的测量方式来对结果进一步进行验证。企业绩效不仅可以用净资产收益率来表示，还可以通过托宾 Q 值测量。

由表 8-9 可知，模型（2）中突破式创新的回归系数 0.0158，$p<0.01$，即突破式创新正向调节运营效率，H8-1 得到支持。同理，渐进式创新的回归系数 0.00841，$p<0.1$，H8-2 得到支持。模型（3）中突破式创新和价值认知复杂度交互项回归系数为 0.00514，$p<0.05$，即价值认知复杂度正向调节突破式创新和运营效率的关系，H8-3 得到支持。同样在模型（3）中渐进式创新和价值认知复杂度交互项回归系数为 −0.00366，$p<0.1$，即价值认知复杂度负向调节渐进式创新和运营效率之间的关系，H8-4 得到支持。由模型（4）可知，突破式创新×价值认知复杂度×成本粘性的交互项回归系数为 0.00189，$p>0.1$，H8-5 不支持。渐进式创新×价值认知复杂度×成本粘性的交互项回归系数为 −0.00373，$p<0.1$，

即价值认知复杂度和成本粘性联合交互负向调节渐进式创新与运营效率的关系，H8-6 得到支持。综上，研究结果稳健性检验成立。

表 8-9　稳健性检验（替换企业绩效测量方式）

变量	OE			
	模型（1）	模型（2）	模型（3）	模型（4）
Firsthold	0.11	0.0909	0.0978	0.143*
	(1.57)	(1.32)	(1.46)	(2.17)
Indepe	0.0188	0.0337	0.0358	0.0248
	(0.67)	(1.27)	(1.39)	(0.65)
CEO	−0.0399***	−0.0434***	−0.0450***	−0.0382**
	(−3.48)	(−3.71)	(−3.81)	(−3.14)
IND	−0.0214	−0.00613	−0.00877	−0.00732
	(−1.14)	(−0.29)	(−0.44)	(−0.38)
ROE	−0.00278	−0.00501*	−0.00415	−0.00341
	(−1.20)	(−1.93)	(−1.57)	(−1.35)
Year	−0.0196***	−0.0230***	−0.0224***	−0.0224***
	(−7.35)	(−8.20)	(−8.19)	(−8.43)
Constant	40.15***	46.91***	45.62***	45.71***
	(7.45)	(8.28)	(8.28)	(8.51)
LnIPA			0.0144**	0.0179***
			(3.20)	(3.82)
LnUDPA			0.0107**	0.0111**
			(2.78)	(2.86)
LnIPA×Nc			0.00514**	0.00597**
			(2.96)	(3.25)
LnUDPA×Nc			−0.00366*	−0.00537***
			(−2.46)	(−3.62)
Nc			−0.00289	−0.0016
			(−1.04)	(−0.59)
LnIPA×Nc×Sticky				0.00189
				(1.14)

续表

变量	OE			
	模型（1）	模型（2）	模型（3）	模型（4）
Ln*UDPA*×*Nc*×*Sticky*				−0.00373*
				（−2.47）
Sticky				0.00222
				（0.67）
Df	6	8	11	14
Wald Chi^2	86.59***	127.59***	149.23***	173.42***
Number of Group	109	109	109	109

注： ＊＊＊表示 p<0.01，＊＊表示 p<0.05，＊表示 p<0.1。括号内为标准差。

8.5   讨 论 与 结 论

8.5.1   研究结论

本章结合双元创新理论和价值链理论验证了双元创新与运营效率之间的关系，价值认知复杂度对双元创新和运营效率间的调节效应，以及价值认知复杂度和成本粘性联合交互对双元创新和运营效率间关系的调节效应。研究结论如下。

（1）双元创新和运营效率呈正相关关系，即进行突破式创新，企业改变原有的组织形态以适应新技术新产品带来的变化，形成新的行为模式，进而提升运营效率；进行渐进式创新，企业可以在已有技术和产品的基础上进行改进，形成固定的行为模型和规范，提升运营效率。

（2）价值认知复杂度正向调节了突破式创新和运营效率之间的关系。当价值认知复杂度高的时候，企业决策者关注到更多创新过程中的价值创造环节，进行突破式创新意味着企业进行彻底的革命性的变革，需要决策者综合考量，因此在进行突破式创新时，管理者的认知复杂度越高，越有利于企业开展创新活动提升运营效率。价值认知复杂度负向调节渐进式创新和运营效率之间的关系。渐进式创新是建立在已有的技术基础上，而当价值认知复杂度高时，企业决策者关注

· 171 ·

的价值创造环节多，不利于企业资源集中进行创新活动，并且会造成沉没成本，因此企业进行渐进式创新时，高价值认知复杂度不利于在创新中提高运营效率。

（3）价值认知复杂度和成本粘性在突破式创新与运营效率之间不存在联合交互的调节效应。这可能是因为：当企业开展突破式创新时，价值认知复杂度高意味着考虑到了更多价值创造环节，已经为突破式创新提供了足够的资源支撑，这时成本粘性高可能只代表企业处于一种稳定状态，没有为企业通过突破式创新提高运营效率提供更多更有效的物质条件，价值认知复杂度和成本粘性联合交互作用负向调节渐进式创新和运营效率之间的关系。在认知复杂度高的情况下，企业进行渐进式创新无法集中资源，同时成本粘性高意味着企业对现有资源利用不充分，无法将成本投入及时转化为创新成果，不利于企业运营效率的提升。

8.5.2　理论贡献

（1）本章基于双元创新理论揭示了双元创新对运营效率的影响。以人工智能企业作为研究样本对双元创新与运营效率间关系进行研究，发现两种创新方式有助于提升企业运营效率，拓展了双元创新理论在高新技术企业领域的应用。

（2）揭示了管理者价值认知复杂度在双元创新与运营效率之间关系发挥的调节作用。本章通过价值链视角引入认知复杂度要素，研究结果发现价值认知复杂度调节了双元创新与运营效率之间的关系。在高价值认知复杂度的情况下，有利于开展突破式创新提升运营效率。而同样在高价值认知复杂度的情况下，企业进行渐进式创新不会提升运营效率。这意味着在不同创新情境下，决策者关注的价值创造环节数量的多少会影响企业创新活动的展开，进而影响运营效率。因此研究深化了价值认知和价值链理论的应用。

（3）揭示了价值认知复杂度与成本粘性对双元创新与运营效率的影响。本章将价值认知复杂度与成本粘性要素相结合，发现二者在突破式创新与运营效率之间不存在联合交互调节效应，而在高价值认知复杂度和高成本粘性情况下，两者负向调节渐进式创新和运营效率之间的关系，明确了认知复杂度和成本粘性对企业不同创新方式的影响。

8.5.3　现实贡献

（1）对企业提升运营效率的战略决策提供了一定的指导意义。企业可以通过突破式创新和渐进式创新提升运营效率，并且二者有所区别，基于两种创新方式的特点，企业应根据情景选择创新方式，鉴于人工智能行业竞争激烈，渐进式创新容易被模仿，难以塑造企业核心竞争力，因此建议人工智能企业更应该通过彻底的革命性的突破式创新获得不可复制的竞争优势，提升运营效率。

（2）在不同创新情境下，本章研究为企业决策者应关注的价值创造环节数量提供了一定的指导。企业通过突破式创新提升运营效率时，决策者应尽可能多地关注不同的价值创造环节以促进突破式创新的有效展开，从而提升运营效率；企业通过渐进式创新提升运营效率时，决策者应集中少数价值创造环节，否则会造成资源冗余，不利于企业效率的提升。

（3）企业在创新决策过程中应考虑到成本粘性发挥的作用，企业创新需要一定的资源支撑，投入成本与业务量及创新成果不一定呈线性关系，因此，人工智能企业在进行渐进式创新时，管理者要减少注意力的分散，减少成本投入以避免企业成本粘性进一步提高，从而提升运营效率，保证企业的长期竞争优势。而在进行突破式创新时，管理者价值认知程度和企业成本粘性的存在不一定同时发挥调节效应，这时管理者应根据企业情况，合理分配资源，保障创新活动有序开展，进而提升运营效率。

8.6　不足与未来展望

本章的不足和未来展望主要有以下几个方面：

在样本数据方面，选择了同花顺人工智能概念股 2011 ~ 2020 年的时间作为研究样本，出于样本可靠性和完整性的考虑，剔除 ST 或 *ST 的企业，最终得到的样本只有 109 家企业，样本数量较少，因此在之后的研究中，可以扩大样本或选择其他行业，提高双元创新与运营效率模型的准确性和有效性。

在变量方面。对于认知复杂度的测量，是通过对巨潮资讯网公布的企业年报和社会责任报手工编码得来，其中部分企业社会责任报缺失，可能导致部分数据不完整。此外，手工编码的过程由个人完成，具有较强的主观性，存在一定偏差，导致所得数据准确度受到一定影响。因此今后研究中应该增加编码人员，各自编码之后进行对比检验，提高数据获得客观性。研究模型选取变量大多是企业内部因素，缺乏如市场竞争、行业压力、制度压力等外部因素对双元创新与运营效率关系影响的思考，因此在今后的研究中可以在模型中加入企业外部因素，探究其对企业创新的影响。

在内生性方面。企业创新与运营效率之间不是简单的单向作用关系，而是复杂的相互作用关系，即运营效率也会影响企业创新活动的展开。为简化模型，本章只探讨了企业双元创新对运营效率的单方面影响，强调企业创新的主导地位，但企业运营效率高也会有利于企业创新活动有序进行。因此，今后的研究可以通过 GMM 等方法探究企业双元创新与运营效率之间的交互作用，并进行深入讨论。

第9章 子研究六：企业社会责任效果的影响因素研究

——高管团队断裂带及其激活情境的作用[①]

9.1 问题的提出

随着中国经济的显著增长，中国经济发展方式正在逐步从粗放型向精细型转变。到2030年实现碳达峰，到2060年实现碳中和，已成为中国重要的环境战略目标。这重要的国家发展目标将环境保护的责任置于每个企业（Nguyen et al.，2021）。在企业实践中，由于其战略重要性，环境责任已经成为大型企业关注的焦点，并取得显著进展。然而，对企业来说，对环境行动和绩效的关注仍然有限。

企业为中国经济社会发展做出了重大贡献；然而，它们也是造成环境污染的一个重要因素。根据国家统计局和国家环保总局的数据，中国50%~60%的环境污染和废物排放来自企业。近年来，大量企业在环境检查和治理活动中因不良环境行为受到警告或处罚。因此，识别企业环境责任的绩效难点，提出有针对性的发展对策，不仅对企业的稳定发展、地方经济的绿色增长具有重要意义，而且对

① 本章内容来源于：Chen L.，Zhou Y.，Luo X.，Chen S.，Cao Y. Activating the different sides of top management team faultlines in enterprise sustainable development：Is environmental responsibility a burden or boost to small and medium‐sized enterprises in China？[J]. Business Strategy and the Environment，2023，32（6）：3053‐3072.

全球环境质量的整体进步也具有重要价值。

然而，关于社会责任与企业绩效之间的关系，其相关研究缺乏一致性，这使得企业在是否参与环境责任方面陷入困境。一方面，参与环境责任可以增加清洁技术的更新和应用（Porter and Linde，1995），加强资源的有效利用，应对重要的制度压力（Ntim and Soobaroyen，2013），从而提高企业竞争力。另一方面，与环境有关的知识和资源的缺乏，以及环境责任投资成本高、回报周期长的特点，总是阻碍企业履行环境责任的决心（Ambec et al.，2013；Arouri et al.，2012；Kabir and Thai，2017）。在这种情况下，旨在回答以下两个研究问题：①中国企业环境责任与企业绩效间关系是什么？②这些企业在什么条件下可以通过承担环境责任来提高绩效？

是否以及如何参与环境责任是企业内部的战略决策，而决策者的特征对决策的有效性有着重大影响。忽视高管团队（TMT）在环境责任方面做出的战略决策的有效性导致了巨大的理论差距（Aguilera et al.，2007）。因此，研究 TMT 的具体特征，可以填补已有研究在理解企业环境责任活动有效性差异方面存在的重要空白。由于少数研究已经开始关注 TMT 多样性对企业环境响应、决策和绩效的影响（Lewis et al.，2014；Glass et al.，2016；Shahab et al.，2018；Elmagrhi et al.，2019），但相关学者未能深入研究 TMT 特征；这些学者孤立地研究了 TMT 的人口统计学特征（如性别、任期、教育背景、工作经验），忽略了它们的综合影响。而团队断裂带理论认为，根据个体成员在多个人口统计学特征上的一致性，团队很可能被划分为几个同质的子群（Lau and Murnighan，1998）。从这个角度来看，TMT 在环境责任和企业绩效之间关系中的作用可以得到更全面的探讨。

本章采用了 Lau 和 Murnighan（1998）的术语"断裂带"，指的是假设的分界线，该分界线可能会根据 TMT 成员在多个人口统计属性上的一致性将其分为几个子群。根据分类—细化模型（CEM）（Van Knippenberg et al.，2004），一方面，人口断裂带被认为具有"黑暗面"，它鼓励团队内部的社会分类过程（从而导致情绪冲突、沟通不畅、协调不当、内部竞争和分化）（Jehn and Bezrukova，2010；Li and Hambrick，2005；Van Knippenberg et al.，2011）；另一方面，他们也有"光明面"，通过它带来了信息处理、任务冲突和学习（Bezrukova et al.，2009；Choi and Sy，2010；Cooper et al.，2014；Tegarden et al.，2009）。此外，基于断裂带激活概念，以及环境责任决策，TMT 断裂带的影响是积极的还是消极的取决于子群分类的显著性是否被激活（Lau and Murnighan，1998；Pearsall et al.，2008；Jehn and Bezrukova，2010；Meyer et al.，2015；Spoelma and Ellis，2017；Rupert et al.，2019）。

最新的研究表明，团队中的断裂带效应会因不同的诱发事件而产生不同影响，例如，具有威胁性的情境（Meyer et al.，2015；Spoelma and Ellis，2017），本章认为 TMT 断裂带和破产威胁共同影响了企业的环境责任与长期绩效之间的关系。破产威胁，作为破产的预测指标，是指企业濒临经营和财务困境的程度（Altman，1968；Staw et al.，1981）。破产威胁可能会激活 TMT 断裂带的负面影响，使 TMT 陷入"认知需求封闭困境"，从而迫使高管团队制定明确的方案解决困境（Kruglanski et al.，1993；Webster，1993；Webster et al.，1996）。因此，激活的 TMT 断裂带加剧了环境责任对企业长期绩效的负面影响，而休眠的 TMT 断裂带削弱了这种影响。

基于此，本章运用断裂带理论来解释中国企业环境责任对企业绩效的影响。以 2011~2020 年在创业板上市的 410 家中国公司为样本。关注这些公司的原因如下：①企业占中国企业总数的 90% 以上，对国家 GDP 的贡献率为 65%。每年有大量中国企业上市并申请破产，这为本章样本提供了保证。②近年来，中国致力于环境保护，推出了各种环境保护政策和法规。对于资金短缺、成长压力巨大的创业板上市公司来说，如何平衡环境责任和经济利益已成为最现实、最紧迫的问题之一。③由于组织结构和管理制度的不完善，环境责任对企业的影响在很大程度上取决于 TMT 的决策行为。

9.2 研究假设

9.2.1 企业社会责任与企业绩效

尽管许多研究认为，企业可以通过履行其社会责任，如环保责任来建立竞争优势，如上述讨论所示（Cheng et al.，2014；Hur et al.，2014；Shu et al.，2016），但本章认为，企业社会责任对绩效产生积极作用颇具挑战性。这些企业根据"绿色"运动、政府、监管机构或其他公司的外部刺激，反应性地参与环境项目（Azzone et al.，1997）。参与反应型环境责任的企业被描述为仅花费非自愿监管合规所需的最低努力水平（Carroll，1979；Groza et al.，2011）。虽然积极的环境责任强调与绩效相关的长期问题，并已被证明有利于企业绩效（Bansal，2005），但被动参与环境责任往往不利于发展长期绩效（Del Brío and Junquera，2003）。因此，企业不太可能从被动的企业社会责任模式中受益（Russo and Fouts，1997；Tilley，1999）。

此外，企业内部能力缺乏降低被动式环境责任的影响。一般来说，将绩效行为成功转化为环境绩效需要一些必要的组织条件，如标准化和结构良好的组织（Alberti et al.，2000）或训练有素的管理人员以及具有较强环境意识和高技能的人力资源（Del Brío and Junquera，2003）。这也许就是为什么公司在实施环境项目时通常享有更多优势的原因（Arora and Cason，1995）。然而，出于同样的原因，与大型同行相比，企业通常缺乏必要的资源来解决和实施严格的法规，更不用说采取预防措施来满足环境要求（Dean and Brown，1995）。简而言之，环境实践中的挑战和组织中资源缺乏都增加了企业负担，使它们处于不利地位。

9.2.2 TMT 断裂带和破产威胁的调节作用

相关研究已经表明环境责任活动会影响企业的长期业绩。虽然企业以环境可持续方式盈利的能力普遍具有限制（Lee and Herstatt，2015），但本章进一步认为，这些限制的影响取决于企业 TMT 是否有能力妥善处理与环境责任相关的信息处理能力。为了提高环境责任活动的有效性并降低其风险，高管团队需要了解公司的资源，并成功协调环境责任流程（Meyer et al.，2015）。因此，需要关注他们的信息处理能力。TMT 成员在收集、共享和处理相关信息，然后共同分析并将其整合到环境责任决策过程中的具体情况如何？先前的研究表明，无论工作团队或 TMT 是否参与，团队断裂带都是影响信息处理和决策的关键因素（Pelled et al.，1999；Hutzschenreuter and Horstkotte，2013）。然而，根据 CEM 理论，本章认为 TMT 断裂带的影响是多方面的。此外，TMT 断裂带对环境责任和企业长期绩效之间关系的调节作用取决于企业面临的破产威胁。

破产威胁的概念已被应用于研究极端条件下企业的决策行为（例如，濒临破产）（Chen and Miller，2007；Iyer and Miller，2008；Miller and Chen，2004）。Altman（1968）指出，破产的距离越小，公司面临的财务困境和生存压力就越大，运营效率较低，将会对组织构成威胁。根据"威胁刚性"假说（Staw et al.，

1981），组织在接近破产时会规避风险并采取保守行为。破产距离的概念提供了一个适当的研究情境；企业处于"困境"或"破产"状态。在这种情况下，TMT 的信息处理和决策行为会受到怎样的影响？

重要的是，当公司面临破产威胁时，TMT 面临着巨大的压力，预计将面临非常强烈的"认知需求封闭"。Kruglanski 和他的同事在一个小组中研究了这种"需求封闭"（定义为对明确、清晰的解决方案的渴望），当团队发现自己面临紧张的工作条件（如时间压力、组织变革和控制权缺失）时，就会发生这种情况。这些条件使得广泛的信息处理变得既费力又昂贵（Kruglanski et al.，1993；Webster，1993；Webster et al.，1996），从而在团队中灌输更强的渴望甚至压力，以达成共识和一致性（De Grada et al.，1999）。通过将权力集中在少数有影响力的团队成员手中，通常可以更快地达成一致（Kerr and Tindale，2004），具体来说，随着团队内对话和权力的不平衡逐渐显现（De Grada et al.，1999），相对集中的沟通网络开始向更具权威性的成员倾斜（Brown and Miller，2000；Pierro et al.，2003）。尽管在压力环境中，认知困境可能有助于团队获得可预测性和行动指导的机会（De Grada et al.，1999），但本章认为，这也可能使子群一致性在高管团队断裂带中变得更加重要。

9.2.3 通过破产威胁激活 TMT 断裂带的调节作用

突发事件或情况会促进断裂带的激活，并增加身份认同的显著性（Gover and Duxbury，2012；Meyer et al.，2015；Spoelma and Ellis，2017）。本章认为，破产威胁可能会成为增强断裂带的基础。正如本章在之前的讨论中所阐述的，当高层管理团队面临破产威胁时，他们会随着一种"认知需求封闭"的心态。当 TMT 存在两个不同身份的子群（根据性别和年龄划分），当它在高度需要封闭的情况下寻求共识时，往往会在哪个子群的意见占主导地位的问题上发生冲突。先前的研究认为，"需求的封闭"与对外部子群的偏见（Onraet et al.，2011；Roets and Van Hiel，2006，2011；Van Hiel et al.，2004），以及群体间冲突与竞争中的强制行为偏好（Golec，2002；Winter，2007）有关。在这种情况下，"需求封闭"可能会加剧群体之间的比较，可能会增加身份认同的显著性，从而激活子群（Turner et al.，1994）。

一旦被激活，人口断裂带可能会导致不利的情绪和认知结果，例如，对矛盾、不信任和厌恶的感知（Choi and Sy，2010；Lau and Murnighan，1998）。这些断裂带也可能促进由某一子群主导的高层管理团队结构的出现。在破产威胁情形下，少数群体成员的意见似乎有所偏离，并有可能破坏群体共识，因此经常受到压制。即使没有发起对抗，他们也可能觉得自己的意见没有得到尊重。因此，他们减少了承诺并降低了合作，因为他们没有参与决策（Polzer et al.，2006）。TMT 关于环境责任的决定，团队成员在讨论、制定和实施该决定时缺乏充分参与，这不利于环境责任的预期绩效回报。

此外，这些被激活的断裂带还有一个有趣的含义。具有高度"需求封闭"的群体往往会根据容易获得的知识和不确定的证据做出快速但低质量的决定（De Grada et al.，1999；Kerr and Tindale，2004；Kruglanski et al.，1993）。同样，如果破产威胁袭来，那么具有激活断裂带的 TMT 往往会通过使用刻板印象和不确定的证据来做出次优决策（De Grada et al.，1999），这减少了信息交流的频率（Kelly and Karau，1999；Kelly and Loving，2004），垄断了决策者的注意力，降低了汇集未被分享信息的机会从而削弱了隐含信息的作用（Bowman and Wittenbaum，2012）。鉴于 TMT 在做出环境责任决策时面临的复杂性和模糊性，这种"稀缺心态"可能是有害的（Leder et al.，2016）。

相比之下，如果公司处于一个安全的环境中，远离破产，那么 TMT 内部的断裂带可能不会被激活，这使得基于性别和年龄的 TMT 断裂带在多方面都是有益的。研究已经表明，通过混合不同性别和年龄的 TMT 成员，在环境决策、战略和管理方面具有认知多样性和信息优势（Elmagrhi et al.，2019；Post et al.，2011）。因此，本章认为，如果 TMT 中有几个休眠的子群（基于性别和年龄），那么它们很可能会带来各种各样的想法、意见、观点和决策偏好。此外，TMT 子群可能充当"支持性群体"，其中 TMT 成员的观点和想法可以得到基于身份的联盟的支持，并得到外部子群的认真考虑（Gibson and Vermeulen，2003；Rupert et al.，2019）。通过共享和整合这些不同的知识，TMT 最终可以达成共识，并产生高质量的解决方案（De Dreu et al.，2008）。总之，本章提出破产威胁作为断裂带的激活因素，可以调节 TMT 断裂带和环境责任的关系，从而加剧其对长期业绩的影响。

H9-1：破产威胁调节了 TMT 断裂带和环境责任之间的关系对企业长期绩效的影响：当破产威胁较高（破产距离较低）时，TMT 断裂带加剧环境责任对企业长期业绩的负面影响。当破产威胁较低（破产距离较高）时，TMT 断裂带削弱了环境责任对企业长期绩效的负面影响。

9.3 实证研究设计

9.3.1 样本选取与数据来源

本章选择 2011~2020 年在创业板上市的公司作为样本，原因如下：①样本可靠性高。根据监管规定，创业板上市公司必须公布符合国际标准的完整、准确的企业环境和业绩数据。②研究问题匹配性高。由于创业板上市公司面临高度不确定和复杂的外部环境，更容易受到破产威胁。此外，由于环境责任对企业长期绩效的影响存在滞后性。以 2 年为滞后长度；即因变量 2020 年数据与自变量 2018 年数据相匹配。所以自变量、调节变量、控制变量实际使用的数据为 2011~2018 年，因变量实际使用的数据为 2012~2020 年。

对原始样本进行如下筛选和调整：①剔除环境责任数据连续年份少于 5 年的样本；②删除了样本中的异常值，如负销售收入；③删除了业绩不佳的 ST、*ST和 PT 公司；④删除了变量数据缺失的样本。因此，总共删除了 311 个企业样本。最终，基于 CSMAR、Wind 和东方财富网，获得 410 家企业样本，2109 条具体观测值。

9.3.2 变量测量

9.3.2.1 企业长期绩效

借鉴 Lakonishok 等（1994）的研究，使用托宾 Q 值（TQV）来衡量企业长期绩效。它反映了公司内在运营情况与市场价值的关系，适合测量较长时期内的价值创造。TQV 是企业市场价值与企业总资本的重置成本的比值，来自国泰安数据库。本章通过平均两个相邻时期（当期和后一时期）的 TQV 来衡量企业长期绩效，因为之前的研究表明，创新支出产生效果所需的滞后时间通常为 0~18 个月（Blundell et al.，2002；Griliches et al.，1986；Mudambi and Swift，2014）。

9.3.2.2 企业环境责任

使用 Chen 等（2017）、Meng 等（2013，2015）采用的企业环境信息披露（SEID）得分来衡量企业的环境责任。SEID 分数包括十个部分如表 9-1 所示。

如果条目描述为货币和数量，则每个组件按照其披露的级别进行评分，范围在 0 到 3 之间，如果条目用货币和数量描述则为 3，如果条目描述具体则为 2，如果条目一般描述则为 1，如果没有信息则为 0。最后把每个子部分的得分进行相加，得出公司该年度的总分。

本章对量表进行探索性因子分析。结果如表 9-1 和表 9-2 所示。Cronbach's α 系数均大于 0.5，说明信度可接受（Cheng，2011；Streiner，2003）。Bartlett 球形检验卡方值达到显著性水平（p<0.001），KOM 值均大于 0.6，说明各维度的内容可以解释此变量的大部分信息。综上，本章所用数据具有较好的结构效度水平。

表 9-1　环境责任的 Cronbach's Alpha 检验结果

变量	Cronbach's Alpha=0.568			
	删除项后的标度平均值	删除项后的标度方差	修正后的项与总计相关性	删除项后的克隆巴赫 Alpha
SCID1	2.83	8.959	0.268	0.538
SCID2	2.65	9.230	0.220	0.550
SCID3	3.20	10.701	0.038	0.574
SCID4	2.53	8.059	0.344	0.513
SCID5	3.02	9.442	0.248	0.544
SCID6	2.87	8.449	0.255	0.545
SCID7	3.21	10.681	0.062	0.573
SCID8	2.75	7.405	0.457	0.469
SCID9	2.96	9.552	0.154	0.567
SCID10	2.91	8.810	0.345	0.518

表 9-2　KMO 和巴特利特检验

KMO 取样适切性量数		0.655
巴特利特球形检验	近似卡方值	2263.156
	自由度	45
	显著性	0.000

9.3.2.3 破产威胁

本章采用 Altman（1968）提出的 Z 分模型来测量企业的破产距离，而当企业破产距离越小时，则代表企业的破产威胁越大。Z 值计算如下：

$$Z = 1.2 \times X_1 + 1.4 \times X_2 + 3.3 \times X_3 + 0.6 \times X_4 + 1.0 \times X_5 \qquad (9-1)$$

其中：X_1 为营运资金/总资产（WC/TA）；X_2 为留存收益/总资产（RE/TA）；X_3 为息税前收益/总资产（EBIT/TA）；X_4 为股权市值/总负债（MVE/TL）；X_5 为销售收入/总资产（S/TA）。

当 $Z < 1.8$ 时，企业处于危险地带，极有可能陷入财务困境；当 $1.8 < Z < 2.675$ 时，企业处于"灰色区域"，财务风险较大；当 $Z > 2.675$ 时，企业处于相对安全地带，财务状况比较稳定。Z 值越低则代表企业发生破产危机的概率越高，即 Z 值越大，企业的破产威胁越小。Z 值越小，企业的破产威胁越大。

9.3.2.4 断裂带

本章通过采用平均轮廓宽度（ASW）来测量 TMT 断裂带强度（Meyer and Glenz，2013），该测量已被证明是稳健和通用的（Meyer et al.，2014）。主流断裂带研究广泛使用了这种算法（Li and Jones，2019；Mo et al.，2019）。ASW 方法包括两步聚类过程。首先，聚类分析方法确定给定团队中的一组起始子群配置。其次，该算法将具有相似团队成员的子群并为新的更大的子群，直到解决方案达到最大 ASW 值（Meyer and Glenz，2013）。ASW 反映了 TMT 被划分为同质子群的程度，使其成为量化断裂带强度的理想选择。ASW 得分范围为 $-1 \sim 1$，其中 1 表示存在多个子组，并且每个子组内的成员是完全同构的。通过 R 语言中用于断裂带计算的 asw. cluster 软件包进行计算（Meyer and Glenz，2013）。

9.3.2.5 控制变量

普遍认为，以下几个变量反映了一家公司的状态：企业规模（FS）、企业年龄（FA）、TMT 规模（TS）、企业债务（LEV）、治理结构和行业（IND），可能会影响企业的长期绩效。因此，在本章中对这些变量进行了控制。治理结构由独立董事比例（PID）、机构所有权比例（PIO）和国家所有权比例（PSO）来衡量。本章将制造业企业赋值为 1，服务业企业赋值为 0 进行控制。此外，由于收集的样本范围在 2012~2020 年，本章设置了 9 个年份虚拟变量。

9.4 实证研究结果

9.4.1 描述性统计

表 9-3 显示了本章中变量的描述性统计分析结果，在相同的变量条件下，除了规模之外，企业之间存在显著的差异。由于企业样本是从创业板上市公司中选取的，不同企业的规模相对相似。与其他变量相比，企业规模的标准差要小得多。此外，如表 9-4 所示，还对行业数据进行了描述性统计（Ji and Miao，2020；Li et al.，2020）。同时计算了变量之间的相关性，TQV（因变量）与 $SEID$ 得分（自变量）（$r=-0.110$，$p<0.01$），与 H9-1 方向相同。

9.4.2 假设检验

为检查模型中是否缺少任何相关变量，使用 Stata17.0 进行数据分析，然后通过 Hausman 检验确定采用固定效应模型。参考 Aiken 等（1991）的研究，将所有预测变量进行中心化处理，以避免多重共线性的影响。此外，数据统计中的偏差会导致企业数据中出现异常值，影响本章的实证结果；因此，本章在 1% 和 99% 分位进行缩尾处理，以避免异常值的影响。本章使用适合截面时间序列线性模型的 xtgls-Stata 模块，应用可行广义最小二乘（GLS）估计，可以在处理随机扰动项时允许更灵活的协方差结构。xtgls 命令允许面板内估计的自相关以及面板之间的横截面相关性或异方差。本章指定 xtgls 拟合模型，并且假设所选择的滞后阶数是恰当的（Lee，2003；Anderson et al.，2020）。

假设检验的结果如表 9-5 所示。首先，环境责任与企业长期绩效呈负向显著相关（模型 2：$\beta_1=-0.026$，p<0.01）。其次，模型 3 阐述了 TMT 断裂带和环境责任对长期绩效的交互作用。表 9-5 中的结果显示了 TMT 断裂带和环境责任之间的关系对长期绩效的显著作用（模型 3：$\beta_2=-0.154$，p<0.1）。最后，企业环境责任、TMT 断裂带和破产威胁的三项交互作用的结果是正向显著的（模型 4：$\beta_3=0.020$，p<0.1）。这一结果表明，破产威胁激发并调节了 TMT 断裂带对企业环境责任与长期绩效之间关系的调节作用。结果支持 H9-1，并通过斜率差异检验进一步验证，如表 9-6 所示。

表9-3　子研究六的描述性统计和相关性分析

	Mean	SD	1	2	3	4	5	6	7	8	9	10	11	12
企业长期绩效	3.365	2.137	1											
环境责任(SEID)	3.167	3.205	-0.110***	1										
破产威胁	11.930	13.700	0.223***	-0.128***	1									
TMT断裂带	0.848	0.091	0.027	-0.077***	0.149***	1								
TMT多样性	0.122	1.410	-0.031	-0.023	-0.074***	-0.323***	1							
TMT规模	16.950	3.662	-0.079***	0.117***	-0.137***	-0.049***	0.213***	1						
企业规模	21.320	0.816	-0.098***	0.226***	-0.324***	-0.369***	0.151***	0.247***	1					
企业负债	0.300	0.171	-0.129***	0.076***	-0.594***	-0.184***	0.101***	0.147***	0.450***	1				
企业年龄	14.000	5.248	0.042*	0.038**	-0.123***	-0.108***	-0.046***	0.073***	0.127***	0.154***	1			
独董比例	0.380	0.052	0.016	-0.085***	0.010	-0.103***	0.095***	-0.230***	-0.050***	0.002	-0.044**	1		
机构持股比例	0.007	0.046	0.083***	0.010	0.049***	0.035*	-0.052***	0.017	0.024	-0.001	-0.061***	0.0140	1	
国有股比例	0.013	0.065	0.075***	-0.014	0.028	0.104***	-0.111***	0.129***	-0.030	-0.027	-0.023	-0.071***	0.175***	1

注：＊表示 $p<0.10$，＊＊表示 $p<0.05$，＊＊＊表示 $p<0.01$。

表 9-4 子研究六的分行业描述性统计

变量		企业长期绩效	环境责任	破产威胁	TMT断裂带	TMT多样性	TMT规模	企业规模	企业负债	企业年龄	独董比例	机构持股比例	国有股比例
indcode 1 A农、林、牧、渔业	N	35	48	48	48	48	48	48	48	48	48	48	48
	Mean	2.440	3.479	6.867	0.850	0.18	17.94	21.480	0.373	13.980	0.375	0.003	0.028
	Sd	1.569	3.531	8.647	0.104	1.917	3.744	0.609	0.183	5.155	0.049	0.002	0.097
	Min	1.185	0	0.724	0.642	-3.582	12	20.540	0.039	3	0.333	0	0
	Max	9.195	12	40.570	1	3.005	28	22.950	0.705	23	0.500	0.007	0.469
indcode 2 B采矿业	N	32	40	40	40	40	40	40	40	40	40	40	40
	Mean	2.944	1.475	18.120	0.827	0.124	18.400	21.420	0.246	14.750	0.400	0.002	0.003
	Sd	2.320	1.536	26.830	0.092	1.487	4.150	0.538	0.147	4.797	0.0529	0.002	0.018
	Min	1.045	0	0.724	0.649	-3.378	11	20.330	0.039	6	0.333	0	0
	Max	11.29	5	83.170	1	2.646	28	22.570	0.630	25	0.500	0.006	0.114
indcode 3 C制造业	N	1487	2134	2134	2134	2134	2134	2134	2134	2134	2134	2134	2134
	Mean	3.251	3.640	11.930	0.851	0.053	16.900	21.270	0.289	13.710	0.379	0.009	0.013
	Sd	2.024	3.282	13.600	0.089	1.402	3.588	0.775	0.164	5.283	0.051	0.055	0.064
	Min	1.045	0	0.724	0.615	-3.582	11	19.740	0.039	3	0.333	0	0
	Max	12.69	13	83.170	1	3.005	28	23.640	0.746	27	0.571	0.461	0.485
indcode 4 E建筑业	N	32	41	41	41	41	41	41	41	41	41	41	41
	Mean	2.401	5.220	3.865	0.869	0.408	18.880	21.850	0.502	14.390	0.389	0.003	0.002
	Sd	1.361	3.883	3.048	0.098	1.301	4.681	0.755	0.182	7.297	0.056	0.002	0.006
	min	1.123	0	1.196	0.658	-2.79	11	20.480	0.174	3	0.333	0	0
	max	6.229	13	14.600	1	3.005	28	23.070	0.746	26	0.571	0.006	0.035

续表

行业	变量	企业长期绩效	环境责任	破产威胁	TMT断裂带	TMT多样性	TMT规模	企业规模	企业负债	企业年龄	独董比例	机构持股比例	国有股比例
indcode 5 F 批发和零售业	N	30	44	44	44	44	44	44	44	44	44	44	44
	mean	2.864	0.841	9.395	0.820	0.325	16.910	21.280	0.405	12.910	0.374	0.001	0.001
	Sd	1.848	1.346	8.588	0.116	1.241	3.026	0.835	0.238	4.690	0.047	0.001	0.007
	min	1.068	0	1.366	0.615	-2.891	12	20.010	0.041	3	0.333	0	0
	max	8.493	6	34.850	1	3.005	23	22.6	0.746	23	0.500	0.006	0.050
indcode 6 G 交通运输、仓储和邮政业	N	7	10	10	10	10	10	10	10	10	10	10	10
	mean	2.727	0.900	4.409	0.758	0.724	15.100	20.840	0.400	18.500	0.357	0.002	0
	Sd	0.835	1.287	2.299	0.083	1.048	2.558	0.7	0.163	3.028	0.040	0.001	0
	min	1.480	0	0.724	0.645	-0.684	13	19.880	0.199	14	0.333	0.001	0
	max	3.776	4	7.282	0.881	2.133	22	21.700	0.746	23	0.429	0.003	0
indcode 7 I 信息传输、软件和信息技术服务业	N	340	496	496	496	496	496	496	496	496	496	496	496
	mean	3.977	1.234	14.020	0.847	0.253	16.810	21.260	0.287	15.170	0.387	0.002	0.013
	Sd	2.516	1.748	14.680	0.092	1.414	3.912	0.818	0.175	5.123	0.056	0.002	0.061
	min	1.144	0	0.724	0.615	-3.582	11	19.740	0.039	3	0.333	0	0
	max	12.690	12	83.17	1	3.005	28	23.640	0.746	27	0.571	0.009	0.485
indcode 8 J 金融业	N	3	3	3	3	3	3	3	3	3	3	3	3
	mean	3.105	2.667	9.444	0.839	-0.035	13.330	23.320	0.542	16	0.333	0.002	0
	Sd	1.785	1.155	12.150	0.006	1.785	1.528	0.545	0.237	2.646	0	0	0
	min	1.976	2	2.152	0.834	-2.090	12	22.690	0.270	14	0.333	0.002	0
	max	5.163	4	23.470	0.846	1.116	15	23.640	0.699	19	0.333	0.003	0

变量		企业长期绩效	环境责任	破产威胁	TMT断裂带	TMT多样性	TMT规模	企业规模	企业负债	企业年龄	独董比例	机构持股比例	国有股比例
indcode 9 L租赁和商务服务业	N	20	29	29	29	29	29	29	29	29	29	29	29
	mean	3.613	3.103	8.088	0.822	1.184	16.930	21.610	0.428	13.690	0.365	0.0023	0
	Sd	1.935	3.331	7.257	0.074	0.986	4.070	1.339	0.166	4.343	0.04	0.002	0.001
	min	1.178	0	1.460	0.667	−0.618	11	19.740	0.163	6	0.333	0	0
	max	8.437	10	30.41	0.973	2.679	26	23.64	0.667	24	0.429	0.00772	0.00308
indcode 10 M科学研究和技术服务业	N	45	74	74	74	74	74	74	74	74	74	74	74
	mean	3.889	3.743	9.501	0.857	−0.027	18.140	21.390	0.344	15.410	0.377	0.003	0.026
	Sd	2.764	2.896	11.200	0.089	1.371	3.089	0.788	0.156	5.422	0.058	0.002	0.097
	min	1.138	0	0.724	0.646	−3.291	12	19.740	0.071	3	0.333	0	0
	max	12.69	13	60.120	1	2.664	26	23.200	0.746	27	0.571	0.007	0.485
indcode 11 N水利、环境和公共设施管理业	N	22	28	28	28	28	28	28	28	28	28	28	28
	mean	2.703	7.179	4.292	0.796	−0.138	17.930	22.22	0.438	13.040	0.352	0.004	0.007
	Sd	1.196	4.065	3.736	0.082	1.188	4.036	1.017	0.159	3.533	0.037	0.002	0.020
	min	1.045	1	0.724	0.638	−3.068	14	20.77	0.159	6	0.333	0	0
	max	4.863	13	12.410	0.976	2.274	28	23.64	0.666	19	0.429	0.007	0.082
indcode 12 Q卫生和社会工作	N	15	20	20	20	20	20	20	20	20	20	20	20
	mean	5.711	2.900	14.900	0.796	0.180	16.950	22.03	0.357	13.500	0.387	0.005	0.004
	Sd	2.469	2.447	9.844	0.091	1.304	2.762	1.054	0.149	3.120	0.054	0.002	0.019
	min	1.343	0	2.147	0.674	−3.452	12	20.21	0.178	8	0.333	0.001	0
	max	9.790	9	39.640	1	2.495	22	23.47	0.601	19	0.5	0.008	0.084

续表

变量		企业长期绩效	环境责任	破产威胁	TMT断裂带	TMT多样性	TMT规模	企业规模	企业负债	企业年龄	独董比例	机构持股比例	国有股比例
indcode 13 R文化、体育和娱乐业	N	41	59	59	59	59	59	59	59	59	59	59	59
	mean	3.567	1.424	10.730	0.817	0.822	15.710	21.940	0.313	12.860	0.372	0.003	0.041
	Sd	1.728	1.694	10.800	0.116	1.282	2.989	1.177	0.164	3.897	0.044	0.002	0.124
	min	1.084	0	0.724	0.618	-2.376	11	19.740	0.055	6	0.333	0	0
	max	8.938	6	41.210	1	2.692	24	23.640	0.622	24	0.5	0.007	0.485

表 9-5　子研究六的回归分析

变量	长期绩效			
	模型 1	模型 2	模型 3	模型 4
环境责任（SEID）		-0.026*** (-3.40)	-0.037*** (-4.90)	-0.027*** (-3.20)
TMT 断裂带（Fau）			1.658*** (5.61)	1.304*** (4.03)
SEID×Fau			-0.154* (-1.84)	-0.162 (-1.62)
破产威胁（Zscore）				0.024*** (6.58)
SEID×Zscore				0.003*** (3.72)
Fau×Zscore				-0.132*** (-3.96)
SEID×Fau×Zscore				0.020* (1.81)
行业性质	-0.442*** (-7.66)	-0.343*** (-4.99)	-0.263*** (-3.51)	-0.237*** (-3.06)
TMT 规模	0.001 (0.20)	0.003 (0.46)	0.001 (0.24)	-0.001 (-0.17)
企业规模	-0.605*** (-16.41)	-0.563*** (-14.15)	-0.500*** (-13.50)	-0.472*** (-12.17)
企业负债	-0.748*** (-4.74)	-0.668*** (-4.27)	-0.660*** (-4.24)	0.323* (1.67)
企业年龄	-0.012* (-1.85)	-0.013** (-1.97)	-0.015** (-2.30)	-0.014** (-2.01)
独董比例	0.641 (1.38)	0.161 (0.34)	0.524 (1.08)	0.756 (1.53)
机构持股比例	3.202*** (3.39)	3.347*** (3.68)	3.249*** (3.75)	2.433*** (2.60)
国有股比例	0.602 (1.08)	0.526 (0.95)	0.650 (1.16)	0.831 (1.46)

续表

变量	长期绩效			
	模型 1	模型 2	模型 3	模型 4
TMT 多样性	−0.044 **	−0.044 **	−0.029	−0.016
	(−2.46)	(−2.49)	(−1.60)	(−0.88)
_cons	5.833 ***	5.728 ***	2.269 ***	5.746 ***
	(66.15)	(60.78)	(23.00)	(57.56)
N	2109.000	2109.000	2109.000	2109.000
Waldχ^2	3120.57 ***	2735.90 ***	2524.64 ***	2846.03 ***

注：* 表示 $p<0.10$，** 表示 $p<0.05$，*** 表示 $p<0.01$。括号内为标准差。

表 9-6　TMT 断裂带和破产威胁的斜率差异检验

斜率对比组	斜率差异	斜率差异 t 值	斜率差异 p 值
（1）和（2）	0.161	2.986	0.003
（1）和（3）	−0.020	−0.439	0.661
（1）和（4）	0.087	2.020	0.044
（2）和（3）	−0.181	−4.395	0.000
（2）和（4）	−0.074	−2.065	0.039
（3）和（4）	0.107	2.823	0.005

　　调节效应如图 9-1 所示。当 TMT 断裂带水平高，破产距离高时（低破产威胁），企业的环境责任与长期绩效呈正相关。相比之下，当破产距离较低（破产威胁高），企业环境责任会对长期绩效产生负面影响。同时，当破产距离较低，TMT 断裂带较强时，企业环境责任与长期绩效负相关程度更高。

9.4.3　用工具变量法解决内生性问题

　　尽管研究纳入了高阶固定效应来控制不可观测的行业、年份异质性，但与 SEID 和企业绩效相关的遗漏变量导致的内生性问题可能会干扰研究结果。在研究估计中，虽然环境责任会影响企业绩效，但反过来，企业绩效也会影响环境责任。因此，这些估计可能会忽视环境责任和企业绩效之间的双向因果关系，这也可能会产生结果偏差。此外，固定效应估计的一致性需要使用与内生变量相关的

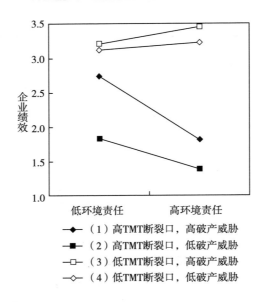

企业人工智能技术创新与社会责任

图9-1 环境责任、破产威胁、TMT断裂带对企业绩效的三项交互

变量作为工具变量来解决双向因果问题（第一个内生性问题）（Baltagi et al.，2003）。因此，研究采用了二阶段最小二乘法（2SLS）来解决这种内生性问题。

参考 Surroca 等（2010），通过将内生变量滞后一期（gap_seid）来作为工具变量。首先，通过 Durbin-Wu-Hausman 检验发现 p 值小于 0.05；因此，存在内生解释变量。因此，可使用工具变量法。此外，研究还进行了弱工具变量检验。结果发现 F 值大于 10，表明 IV 估计可以将 OLS 估计的偏差减少约 90%。因此，不存在弱工具变量的问题。其次，进行了 2SLS 估计。2SLS 估算结果如表 9-7 所示。可以看出工具变量与内生变量显著相关，SEID 与长期企业绩效呈显著负相关。因此，H9-1 再次得到验证。

表 9-7 子研究六的内生性检验

变量	（1）	（2）
	第一阶段	第二阶段
	环境责任（*SEID*）	长期绩效
TMT 规模	0.022	-0.016
	(1.576)	(-1.442)

续表

变量	（1）	（2）
	第一阶段	第二阶段
	环境责任（SEID）	长期绩效
企业规模	0.403***	-0.385***
	(5.519)	(-6.387)
企业负债	-0.464	-1.551***
	(-1.442)	(-6.010)
企业年龄	-0.013	-0.011
	(-1.116)	(-1.224)
独董比例	-1.518	-0.957
	(-1.558)	(-1.224)
机构持股比例	1.210	3.528***
	(0.996)	(3.630)
国有股比例	-1.261	1.830**
	(-1.126)	(2.040)
行业性质	0.597***	-0.371***
	(5.297)	(-3.970)
gap_SEID	0.714***	
	(43.328)	
SEID		-0.081***
		(-4.387)
Constant	-7.291***	12.712***
	(-4.506)	(9.627)
Observations	2109	2109
R^2	0.549	0.288

注：* 表示 $p<0.10$，** 表示 $p<0.05$，*** 表示 $p<0.01$。括号内为标准差。

9.4.4　稳健性检验

本章进行了额外的检验，以确保研究结果的稳健性。为了检验 TMT 断裂带对企业绩效的影响是否受多样性因素的影响，将 TMT 多样性作为控制变量进行了检验。准确地说，TMT 多样性包括年龄多样性（使用 Blau1977 年开发的 Blau

指数）和性别多样性（采用 Allison（1978）提出的标准差系数）。然后对这两个 TMT 多样性指数进行标准化和求和，以获得总体 TMT 多样性指数。同时，通过替换核心变量测量方法来进行稳健性检验。通过替换了 TMT 断裂带的测量方法，回归结果（见表9-8）与最初检验结果完全相同。具体而言，企业环境责任与长期绩效显著负相关（模型 2：$\beta_4 = -0.028$，p<0.01）。此外，企业环境责任、破产距离和 TMT 断裂带的三重交互作用项的影响正向显著（模型 4：$\beta_5 = 0.030$，p<0.05）。因此，H9-1 得到了支持。总之，如表9-8 所示的回归结果验证了研究结果具有稳健性。

表 9-8　子研究六的稳健性检验（替换测量方式）

变量	长期绩效			
	模型 1	模型 2	模型 3	模型 4
环境责任（SEID）		-0.028***	-0.027***	-0.011
		(-3.89)	(-3.41)	(-1.22)
TMT 断裂带（Fau）			0.557*	0.784**
			(1.65)	(2.17)
SEID×Fau			-0.065	0.087
			(-0.73)	(0.77)
破产威胁（Zscore）				0.033***
				(9.19)
SEID×Zscore				0.004***
				(4.04)
Fau×Zscore				-0.030
				(-0.87)
SEID×Fau×Zscore				0.030**
				(2.44)
行业性质	-0.420***	-0.290***	-0.288***	-0.291***
	(-6.98)	(-4.39)	(-3.90)	(-4.07)
TMT 规模	0.002	0.004	0.004	0.001
	(0.27)	(0.64)	(0.60)	(0.09)
企业规模	-0.613***	-0.550***	-0.558***	-0.473***
	(-16.45)	(-15.05)	(-14.10)	(-12.10)

续表

变量	长期绩效			
	模型 1	模型 2	模型 3	模型 4
企业负债	-0.733 ***	-0.772 ***	-0.685 ***	0.275
	(-4.59)	(-5.56)	(-4.41)	(1.43)
企业年龄	-0.011 *	-0.010	-0.012 *	-0.006
	(-1.68)	(-1.59)	(-1.68)	(-0.92)
独董比例	0.630	-0.175	-0.061	0.249
	(1.35)	(-0.39)	(-0.13)	(0.51)
机构持股比例	3.234 ***	3.356 ***	3.395 ***	2.616 ***
	(3.39)	(3.96)	(3.87)	(2.98)
国有股比例	0.508	0.532	0.506	0.884
	(0.91)	(0.93)	(0.90)	(1.50)
TMT 多样性	-0.029 **	-0.035 ***	-0.030 **	-0.034 **
	(-2.22)	(-2.72)	(-2.19)	(-2.52)
_cons	2.430 ***	2.325 ***	5.670 ***	2.433 ***
	(25.68)	(24.69)	(58.32)	(25.36)
N	2109.000	2109.000	2109.000	2109.000
Waldχ^2	3203.45 ***	2956.20 ***	2646.33 ***	2567.13 ***

注：* 表示 p<0.10，** 表示 p<0.05，*** 表示 p<0.01。括号内为标准差。

一般认为 GEE 分析是稳健的；也就是说，即使相关矩阵的形式被错误地指定，参数估计及其标准误差也基本相同。因此，本章改变模型的回归方法，并使用 xtgee 进行稳健性检验（Aloisio et al.，2014；Zhao and Tan，2021）。同时为了进一步检验先前结论的稳健性，改变了 TMT 断裂带和托宾 Q 值（TQV）的测量方法。在替换调节变量和结果变量后，再次进行回归。表 9-9 中的结果表明，企业环境责任仍然与长期绩效显著负相关（模型 2：β_4 = -0.036，p<0.05）。此外，企业环境责任、破产距离和 TMT 断裂带的三重交互作用项的影响正向显著（模型 4：β_5 = 0.045，p<0.01）。因此，H9-1 得到了支持。综上，表 9-9 中的回归结果也验证了研究结果的稳健性。

表 9-9　子研究六的稳健性检验（替换回归模型）

变量	长期绩效			
	模型 1	模型 2	模型 3	模型 4
环境责任（SEID）		−0.036**	−0.035**	−0.016
		（−2.19）	（−2.10）	（−0.85）
TMT 断裂带（Fau）			1.611***	1.971***
			（2.68）	（3.16）
SEID×Fau			−0.208	−0.021
			（−1.29）	（−0.12）
破产威胁（Zscore）				0.027***
				（3.63）
SEID×Zscore				0.005***
				（3.02）
Fau×Zscore				0.075
				（1.47）
SEID×Fau×Zscore				0.045***
				（3.43）
行业性质	−0.621***	−0.562***	−0.529***	−0.529***
	（−3.65）	（−3.25）	（−3.09）	（−3.15）
TMT 规模	0.003	0.005	0.004	0.002
	（0.24）	（0.36）	（0.29）	（0.18）
企业规模	−0.390***	−0.363***	−0.374***	−0.339***
	（−3.96）	（−3.77）	（−3.90）	（−3.55）
企业负债	−0.918**	−0.935**	−0.882**	−0.042
	（−2.21）	（−2.26）	（−2.15）	（−0.09）
企业年龄	−0.009	−0.010	−0.009	−0.011
	（−0.44）	（−0.50）	（−0.46）	（−0.61）
独董比例	−0.527	−0.615	−0.634	−0.583
	（−0.54）	（−0.63）	（−0.65）	（−0.60）
机构持股比例	3.902**	3.943**	3.991**	3.560**
	（2.32）	（2.37）	（2.42）	（2.34）
国有股比例	1.178	1.101	1.052	1.098
	（1.05）	（0.98）	（0.92）	（0.95）

续表

变量	长期绩效			
	模型 1	模型 2	模型 3	模型 4
TMT 多样性	0.008	0.006	0.025	0.024
	(0.31)	(0.25)	(0.97)	(0.91)
_cons	3.248***	3.189***	3.148***	3.140***
	(21.06)	(20.37)	(19.89)	(20.68)
N	2109.000	2109.000	2109.000	2109.000
Waldχ^2	940.72***	953.58***	961.12***	943.69***

注：*表示 p<0.10，**表示 p<0.05，***表示 p<0.01。括号内为标准差。

9.5　讨论与结论

9.5.1　理论贡献

本章研究了在 TMT 断裂带和破产威胁的共同调节作用下，企业环境责任与企业长期绩效之间的关系。从理论上讲，本章主要从以下四个方面做出了贡献：

首先，是否以及如何参与环境责任是企业内部的战略决策。尽管人们普遍认为"绿色"可以成为战略竞争优势的来源，但大多数环境责任研究都集中在资源比较丰富的样本上（Crossley et al.，2021）。研究结果表明，对于资源约束较强的企业（Jenkins，2004），存在不同情况。资源约束情境下企业很难将环境行为转化为环境绩效，尤其是在发展中国家，企业不仅倾向于被动地参与环境责任，而且缺乏必要的资源（结构、管理人员和人力资源），无法从环境责任承担中获得优势。本章通过关注企业来解决环境责任的"成本观"和"收益观"的争议。

其次，从 TMT 断裂带的理论角度研究了企业环境责任对企业绩效的影响。与环境管理、决策和绩效研究的重点从外部因素转向内部因素一致（Elmagrhi et al.，2019；Glass et al.，2016；Lewis et al.，2014；Shahab et al.，2018），研究工作考虑了其中一个内部因素（TMT 断裂带）。实证结果表明，环境责任转化为长期企业绩效与 TMT 构成和战略决策行为密切相关，这与 Orsato（2006）和 Aguilera 等（2007）的研究结果相呼应。因此，对环境责任与企业绩效之间的情境机制的研究得到了扩展。这一发现也推动了战略领导力研究，表明高层管理者之间的社会机制可能对环境责任战略决策、实施和绩效结果具有深远影响。与以往强调 TMT 认知和信息过程的研究不同，本章表明，TMT 环境责任战略决策的有效性取决于由断裂带形成的社会背景。

再次，对断裂带理论做出了贡献。研究发现，破产威胁可以激活 TMT 断裂带。这一发现与 Meyer 等（2015）一致，但与 Spoelma 和 Ellis（2017）相反。造成这种情况的主要原因可能与研究样本的差异有关。Meyer 等（2015）从一家德国大型金融咨询公司的 325 个团队中选择了 3263 名财务顾问，这是一个实际的工作场所。Spoelma 和 Ellis（2017）的研究基于一所大型公立大学的 736 名本科生组成团队的实验室环境。相应地，Meyer 等（2015）以及 Spoelma 和 Ellis（2017）使用了不同的研究方法——前者使用了实地研究，而后者使用了两个实验室实验。相比之下，本章选择了在中国创业板上市的企业作为样本，更接近 Meyer 等（2015）的研究背景，因此更符合 Meyer 等的结论。

最后，创新性地引入了破产威胁，解释了 TMT 断裂带、环境责任和企业绩效之间的关系。总体而言，研究支持战略决策过程中的"威胁刚性"理论；也就是说，当破产威胁很大时，高层管理者面临的压力很大，他们采取更保守的战略行为来避免企业破产（Staw et al.，1981）。研究证明，由于破产威胁，战略决策变得保守，TMT 内部发生了子群分裂，导致战略决策团队意见趋同。这与企业现实情况一致，当公司应对破产威胁时，TMT 断裂带被激活，导致 TMT 群体压力和认知障碍。TMT 断裂带和破产威胁共同作用，调节企业环境责任与企业绩效间关系，影响 TMT 断裂带在战略环境责任决策中的有效性。

9.5.2 实际意义

本章对企业提出两条实践建议。首先，发现环境责任参与会抑制企业长期业绩。企业参与环境责任仅满足国家法规要求的最低标准。从短期来看，有助于企业减少政府和法规的制裁和处罚。然而，由于企业缺乏长期的环境战略和必要的组织资源，它们参与环境责任不会给它们带来长期的绩效增长。面对"绿色"运动、政府、监管机构或其他公司提出的环境要求，企业一方面应利用 TMT 的信息资源，从长远角度充分发挥环境责任的战略决策作用。另一方面，应注意对现有资源的组合（资源拼凑），以解决企业的资源限制问题。因此，这些企业应根据自身公司的情况，建立与企业发展和环境责任相一致的可持续发展框架。

其次，考察了 TMT 断裂带在不同威胁水平下企业环境责任与企业长期绩效之间关系中的作用。研究结果表明，当破产威胁较高时，距离破产的距离越近，外部压力越大。因此，TMT 成员倾向于根据以往的经验尽快做出决定，或者在达成共识方面陷入争吵局面，这不可避免地降低了团队决策的质量。然而，当破产威胁较低时，TMT 会全面有效地收集和处理所有子群成员之间的相关信息。因此，TMT 产生了不同观点的有效冲突，以达成有利于企业履行环境责任的决策。根据上述结果，企业应尝试通过各种措施协调 TMT 成员之间的关系，尤其是当它们面临一些威胁（如破产威胁）时。例如，当一家公司接近破产，存在财务风险时，TMT 应该意识到并正视 TMT 潜在的认知障碍，充分吸收不同的观点，以抑制团队的两极分化和相应的干扰效应。

9.6　不足与未来展望

本章存在局限性。一方面，未来研究可从更广泛的研究角度出发，通过收集发达和发展中国家大量数据进行跨国和跨文化分析。另一方面，TMT 断裂带测量主要基于性别和年龄等客观人口特征。它不关注其他特征（如个性和价值观）的影响。未来，可以探索不同类型 TMT 断裂带在组织决策中的作用机制。

第10章 子研究七：企业人工智能技术责任提升策略研究

——创新能力和制度理论的整合[①]

10.1 问题的提出

通过对企业研发强度、企业社会责任和制度压力的相关文献进行梳理，为本章将企业社会责任嵌入人工智能领域的研究主题提供文献支撑。在对企业社会责任的相关文献进行梳理后，根据企业社会责任的定义引申出企业人工智能责任的定义，根据企业社会责任现有的测量方法选取内容分析法作为企业人工智能责任的测量方法。

此外，鉴于人工智能企业要想利用人工智能技术来实现价值增值，其必然对人工智能技术投入大量的研发资源，高研发强度成为人工智能企业一个显著的特征。同时，结合企业研发强度与企业社会责任的相关研究，企业研发强度与企业社会责任都对企业的产品与工艺创新具有促进作用，而对企业社会责任方向的研发投入不仅可以吸引消费者的注意力，而且可以使企业形成差异化优势，以此来获取竞争优势（Padgett and Alan，2010）。所以，本章认为从资源基础观的理论视角切入企业研发强度对企业人工智能责任的研究具有重要理论和实际意义。

---

① 本章内容来源于：薛赛戈. 研发强度对企业人工智能责任的影响研究 ——制度压力的调节作用 [D]. 浙江工商大学，2022.

同时，新制度理论为本章从企业外部研究企业研发强度与企业人工智能责任之间的关系提供了新的理论视角，在梳理了制度压力的相关研究后，掌握了制度压力的作用机制并发现在制度压力与企业社会责任的相关研究中，大多数研究都将制度压力作为自变量来研究制度压力对企业社会责任的影响，缺乏将制度压力作为调节变量的研究，故本章选取作为企业外部因素的制度压力做调节变量来研究企业研发强度与企业人工智能责任之间的关系。

综上所述，面向人工智能技术创新过程中技术研发和社会责任之间的矛盾难题，针对"企业如何通过研发策略和制度压力的整合提升人工智能技术责任"的研究问题，本章基于制度理论、能力理论和利益相关者理论，选择人工智能概念股上市企业样本，将人工智能技术责任分类人工智能技术优势和责任伦理，将制度压力分为规制压力、认知压力和规范压力，分别研究不同种类制度压力对研发强度调控策略和人工智能技术责任间关系的调节作用。

10.2　研究假设

10.2.1　企业研发强度对企业人工智能责任的影响

本章基于资源基础观的理论框架来研究企业研发强度对企业人工智能责任的影响，因为该理论明确强调诸如专有技术、企业文化和声誉等无形资源的重要性（Russo and Fouts，1997），这将对本章分析研发强度与企业人工智能责任之间的关系有所帮助。此外，Brammer 和 Pavelin（2006）也指出由于无形资源很难被模仿和替代，所以可用资源基础观的理论对企业社会责任进行相关研究。

资源基础观由企业的产业组织观发展而来，产业组织观认为企业的成功完全取决于外部因素（Russo and Fouts，1997）。然而有些学者认为这种观点存在不合理的局限性，于是他们构建了资源基础理论，指出企业的成功不完全是由外部因素决定的，其内部特征也有很大的决定作用（Dierickx and Cool，1989；Prahalad and Hamel，1990；Wernerfelt，1984）。资源基础观认为，拥有宝贵和稀缺资源的公司具有竞争优势，而且有望获得更高的收益，此外那些连资源也难以复制的公司可能会取得持续优异的财务绩效（Barney，1991；Grant，1991；Roberts and

Dowling，2002）。Grant（1991）将企业内部的资源分为有形资源、无形资源和人力资源，有形资源包括企业基础设施、设备、原材料和财政储备等实物资源；无形资源包括企业声誉和技术；人事资源包括文化、培训、承诺、忠诚和知识等。

根据前文，本章将企业人工智能责任划分为企业人工智能责任伦理和企业人工智能技术优势两个维度，其中企业人工智能责任伦理是指企业在应用人工智能技术的过程中预防和解决因人工智能技术产生的伦理问题；而企业人工智能技术优势是指企业在战略上把人工智能技术上升到解决社会问题的伦理层面。接下来分别对研发强度与企业人工智能责任伦理之间的关系、研发强度与企业人工智能技术优势之间的关系进行研究，并提出研究假设。

10.2.1.1 企业研发强度对企业人工智能责任伦理的影响

研发投入对于希望开发新知识、提高发明能力和开展技术创新活动的企业来说非常重要（Alexy et al.，2013）。企业要想利用人工智能技术实现其商业价值，就需要对人工智能技术投入大量有形或无形的资源进行研发创新，以确保企业在人工智能领域可以获得持续的竞争优势。

根据资源基础观的观点，企业投入大量宝贵和稀有的资源有利于提高工艺效率和引进新产品，这将有助于企业建立持续的竞争优势，进而保持优异的业绩（Hitt et al.，1996）。人工智能企业一个重要的特征就是比较高研发投入，而研发投入密集型行业通常存在一层"进入壁垒"，可以使企业实现规模经济和产品差异化等效果（Porter，1979），从而使企业获得相对于其他企业的竞争优势。

企业对人工智能伦理问题的关注属于企业社会责任的范畴，由于企业履行企业社会责任是非必须且需要付出额外成本的，所以拥有良好业绩的企业将有更富裕的资源并更愿意关注企业人工智能责任伦理问题（Yu et al.，2020）。而业绩较差的企业则会更多地考虑将有限的资源投入到具有直接经济效益的人工智能项目中。此外，企业对人工智能责任伦理的研发投入不仅有助于企业改进产品和服务的开发过程，已有研究指出新改进的工艺和产品的引进与研发强度呈正相关（Hitt et al.，1996）；而且企业生产出具有社会责任属性的产品或服务对消费者来说也会有很大的吸引力，例如，有的消费者希望他们购买的人工智能产品不会泄露他们的隐私信息，而有的消费者希望知道他们购买的人工智能商品是在遵循确保人类利益的算法原则下生产的。企业积极履行人工智能伦理责任有助于建立良好的声誉和形象，而良好的声誉和形象可视为宝贵资源，为其创造竞争优势。研发投入与企业社会责任都被证实可被企业当作获得一定竞争优势而采用的一种差异化战略（Padgett and Galan，2010），通过使用企业社会责任资源获得竞争优势，采用的差异化战略也可能包括对研发的投资（McWilliams and Siegel，2001）。同时，McWilliams 和 Siegel（2000）指出企业研发投入和企业社会责任皆与产品和工艺创新相关，并且研发与企业社会责任呈正相关。

然而，人工智能技术创新改变人类生活方方面面的同时，往往也会引发道德伦理和社会民生等负面问题，所以人工智能技术创新结果面向未来具有不确定性（梅亮等，2018）。盲目发展的人工智能技术研发会引起利益相关者的担忧，削弱企业竞争优势，从而导致企业丧失履行企业人工智能伦理责任的资源基础。但考虑到人工智能技术在未来具有巨大的应用前景，本章认为这些人工智能企业不会因研发人工智能技术的负面效应而减少对人工智能技术的研发投入，反而会基于责任式创新的发展理念，在研发人工智能技术时积极主动地使其研发过程与产品具备企业人工智能伦理责任的属性，以此来削减利益相关者的担忧，并获得他们的信任与青睐，从而获得更大的竞争优势。责任式创新作为对人工智能技术研发的责任嵌入，意味着企业在研发人工智能技术时会考虑人工智能技术研发的伦理规范、价值回报和发展意义，以引导人工智能技术为未来的社会挑战提供解决方案，进而实现社会期望满足和公共价值创造（梅亮等，2018）。基于以上分析，本章认为研发强度与人工智能责任伦理间呈正相关关系，并提出以下假设：

H10-1：企业研发投入强度正向影响企业人工智能责任伦理。

10.2.1.2　企业研发投入强度对企业人工智能技术优势的影响

企业人工智能技术优势是指企业在战略上把人工智能技术上升到解决社会问题的伦理层面，需要企业不仅在最基层研发人工智能产品的生产层面考虑到人工智能技术创新带来的伦理问题，同时加大对自己的社会责任要求，使其研发的人工智能产品更多地具有解决社会问题的公益属性，例如，利用人工智能技术服务残障人士、保护方言、助力精准扶贫等。虽然企业对企业人工智能技术优势的资源投入更能引起利益相关者的青睐，吸引更多的消费者和投资者的注意，但企业的研发创新活动从本质上来说是一种实验活动，这是一个不断发展的过程，涉及反复试验，并且具有很高的相关业务风险（Loek，2002）。

对人工智能技术研发投入越多的企业伴随的风险也会越大，为了降低风险，企业可能会降低对自己的社会责任要求，减少或中止成本高昂且非必需的企业人工智能技术优势项目，在满足基本的人工智能道德伦理要求下转而更多地关注能够产生直接经济效益的人工智能项目。另外，从短期来看，投入大量资源用于人工智能技术创新并不会为企业带来收益，此时高研发强度对企业来说反而是一种损失，那么对人工智能技术研发投入较高的企业则会更倾向于遵循以市场为导向的决策框架，减少对风险较高且投资回报期较长的企业人工智能技术优势的关注。基于此，本章认为企业研发强度与企业人工智能技术优势之间呈负相关关系，并提出以下假设：

H10-2：企业研发投入强度负向影响企业人工智能技术优势。

10.2.2 制度压力对企业研发强度与企业人工智能责任之间关系的影响

新制度理论认为，企业生存在制度环境之中，其行为必然会受到制度环境的塑造和影响（Kostova and Zaheer，1999）。企业在生产经营中不得不遵守制度环境中各种普遍认可的制度与规则，使自身的行为符合制度环境的要求，从而在互动群体中获得合法性，否则就会受到歧视与惩罚。满足制度合法性的企业则可以获得特权和收益，比如响应国家政策、积极履行社会责任的企业不仅更容易获得政府的资金补助和政策优惠，同时也可以在行业协会中取得优秀的社会绩效考评成绩，从而提高企业声誉。

随着人工智能技术的发展及在实地场景中的应用，数据泄露、算法歧视等一系列安全问题和伦理问题也随之凸显，国内外的政府、科学家及学者纷纷提出要对人工智能的发展施加规范伦理要求，以确保人工智能始终朝着造福人类的方向发展。因此企业履行人工智能责任成为社会各界的一致期望和要求，企业在研发人工智能技术时已经开始面临需要承担企业人工智能责任的制度环境。积极承担企业人工智能责任的企业才能获得社会的赞许和认可，否则将会受到抨击和抵抗，所以出于获得制度合法性的认可，企业一定会承担企业人工智能责任。

Rao（1994）、Oliver（1997）等提出可以将资源基础观与新制度理论相结合研究企业行为的观点，他们认为企业的异质性是制度合法性压力与企业经济理性的优化资源利用所共同塑造的。根据资源基础观，企业的资源都是稀缺且珍贵的（Wernerfelt，1984），企业基于利润最大化的行动原则会优先把有限的研发资源投入到以经济利益为导向的技术研发当中，但外部制度压力会驱使企业投入更专注于社会利好型等社会福利导向的研发创新，以履行企业人工智能责任。所以如果没有外界的制度压力，企业不仅不会对预防与解决企业人工智能责任伦理问题投入过多的资源，反而会将更多的资源投入到具有直接经济效益的人工智能项目中，而当企业感受到制度环境施加的压力时，才会将有限的资源适当地投入到对企业人工智能责任的关注中。如果把企业履行人工智能责任看作一种社会绩效，那么制度压力则影响着企业资源转化为经济绩效与社会绩效的比例，此时制度压力在企业研发强度与企业人工智能责任之间起着调节作用。本章参考 Meyer 和 Scott（1983），将制度压力划分为规制压力、规范压力和认知压力来分别研究制度压力在企业研发强度与企业人工智能责任伦理和企业人工智能技术优势之间的调节作用。

10.2.2.1　制度压力对企业研发强度与企业人工智能责任伦理之间关系的影响

（1）规制压力。企业感受到的规制压力主要源于政府的行政指令、约束要求或者法律法规等（郝云宏等，2012）。近年来，国家和地方政府有关人工智能伦理的法律法规相继出台，要求企业负责任地发展人工智能技术（张成岗，2019）。然而，目前政府对人工智能伦理问题的研究更多地停留在政策研究阶段上，且颁布的大多数政策指向性和强度不够明确，造成现有政策具有很大的不确定性（宋伟和夏辉，2019）。由于政策惩罚性规制的强制性和奖励性规制的不稳定性，在这种情况下，从趋利动因出发，企业往往会将感知到的规制压力解释为实现商业价值的威胁（陈力田等，2018）。为了规避威胁，已投入大量资金用于人工智能技术研发的企业将更加侧重于由市场因素决定的能够产生直接经济效益的人工智能项目中投入资源（饶品贵等，2017），而规避或减少对政策所涉及的要求关注企业人工智能责任伦理问题的人工智能项目投入。也就是说，在政府的规制压力下，企业可能会更加关注具有直接经济效益的人工智能项目，而减少在研发人工智能技术时对企业人工智能伦理责任的履行。基于上述分析，本章提出以下假设：

H10-3：规制压力负向调节企业研发强度与企业人工智能责任伦理之间的关系。

（2）规范压力。企业感受到的规范压力主要来源于职业化网络、学术机构、行业协会等确定的与社会合法性相关的价值与标准，并与满足社会伦理标准高度相关（Zhang et al.，2015）。其中非政府组织对人工智能的健康可持续发展发挥着关键作用，非政府组织不仅有助于制定人工智能伦理标准，推动企业超越最低道德要求，还可以调动相关资源，行使其发言权，引导和协调活动团体和社会倡议（Reid and Toffel，2009）。非政府组织对研发强度高的企业会特别"感兴趣"，其在企业周围的存在和活动会增加企业遵守人工智能伦理规范与标准的压力。在高规范压力的作用下，研发强度越高的企业越会提升企业研发人工智能技术时对企业人工智能伦理责任的履行程度，以赢得非政府组织的合法性认可。基于此，本章提出以下假设：

H10-4：规范压力正向调节企业研发强度与企业人工智能责任伦理之间的关系。

（3）认知压力。企业在面临人工智能技术带来的新环境时，为了应对市场竞争、降低决策不确定性或减少决策失误往往会模仿行业内成功或领导型企业的行为（Bansal and Roth，2000）。积极履行企业人工智能伦理责任的企业会向其他企业提供一种积极的"示范效应"，当越来越多的企业开始履行企业人工智能伦理责任，会使不同企业产生共享的价值观，以及相似的结构和行为，使得企业开始感知到认知压力（郝云宏等，2012）。此时对人工智能技术研发投入越多的企业越可能会根据他们所感知到的认知压力的影响和行为结果，有意识、选择性地仿照同行中标杆企业的行为，对企业人工智能责任伦理投入更多的资源。尤其是当企业感知到认知压力越大，已对人工智能技术研发投入大量资源的企业越会使自己的行为符合行业内普遍接受的合情合理的做法，积极履行企业人工智能伦理责任，从而避免因丧失合法性而遭到损失。基于此，本章提出以下假设：

H10-5：认知压力正向调节企业研发强度与企业人工智能责任伦理之间的关系。

10.2.2.2　制度压力对企业研发强度与企业人工智能技术优势之间关系的影响

（1）规制压力。人工智能对促进人类社会进步发挥着越来越重要的作用，然而作为高新科技产物的人工智能也需要不断地研究与尝试才能真正地应用到智能制造过程当中（王玲，2021）。我国中央及各地政府在意识到这一点后，相继出台了各种激励性政策以鼓励当地企业加大对人工智能技术的研发与应用，使人工智能能够最大限度地造福人民生活。在政府鼓励企业发展人工智能技术造福社会的政策激励下，已投入大量资源用于人工智能技术研发的企业会更倾向于遵从政策的要求加大对企业人工智能技术优势项目的投入，以此来与政府保持良好的关系。

已有研究证明取得政府好感可以帮助企业获得重要的资源，如银行贷款、更低的税率及知识产权保护等（Bendell and Kearins，2005）。因此，在政府的规制压力下，企业研发强度越高越愿意履行技术优势较高的研发项目。基于此，本章提出以下假设：

H10-6：规制压力负向调节企业研发强度与企业人工智能技术优势之间的关系。

（2）规范压力。根据 Aguilera 等（2007），促进企业履行企业人工智能优势责任的法律法规可以通过形成影响行业规则、风俗习惯、价值认知等规范压力来推动企业履行企业人工智能优势责任，因为这些规范压力可以在企业外部塑造一个推动企业履行企业人工智能优势责任的实际氛围。这种实际氛围一旦形成，社会公众、非营利组织等利益相关者对于企业承担企业人工智能优势责任的期待也会建立并增强，因此企业承担更多企业人工智能优势责任的规范压力也会更大（郝云宏等，2012）。当企业对人工智能技术的研发投入越多，越会引起非营利组织的注意，这些企业感受到的规范压力也就越大。于是这些企业不得不履行更多的企业人工智能优势责任来回应这些非营利组织的监督与期许，否则就会丧失制度合法性并遭到歧视与惩罚。基于此，本章提出以下假设：

H10-7：规范压力负向调节企业研发强度与企业人工智能技术优势之间的关系。

（3）认知压力。前文提到企业的模仿行为被认为是企业在不确定的环境中，模仿成功的或者具有类似特征的其他组织的行为。在认知压力的作用下，企业对企业人工智能技术优势的认知程度会发生变化，从而产生相应的理性动机和行动（李虹和张希源，2016）。当竞争者为了降低研发风险而减少对企业人工智能技术优势项目的关注时，研发强度高的企业会更愿意模仿竞争者的行为，也减少对企业人工智能技术优势项目的关注。值得一提的是，认知压力不一定有助于提高企业的经济绩效，但有利于企业获得合法性认可和声誉（沈洪涛和苏亮德，2012）。这种认知压力会促使企业在加大对人工智能技术的研发时更多考虑竞争对手的影响，并通过降低对企业人工智能技术优势项目的关注来获得同行业中其他企业的合法性认可，从而避免遭到歧视。基于此，本章提出以下假设：

H10-8：认知压力正向调节企业研发强度与企业人工智能技术优势之间的关系。

10.2.3　概念模型

本章主要研究企业研发强度、企业人工智能责任、制度压力之间的关系。将企业人工智能责任划分为企业人工智能责任伦理与企业人工智能技术优势两个维度，分别研究企业研发强度对企业人工智能责任伦理、企业研发强度对企业人工智能技术优势的影响。将制度压力划分为规制压力、规范压力、认知压力，分别研究三种制度压力在企业研发强度与企业人工智能责任伦理之间、企业研发强度与企业人工智能技术优势之间的调节作用。概念模型如图 10-1 所示。

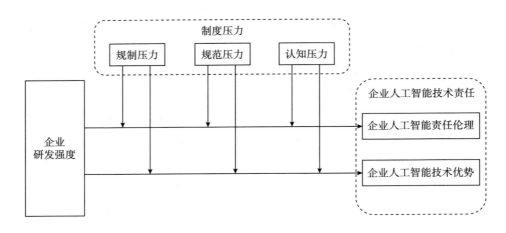

图 10-1 子研究七的概念模型

10.3 实证研究设计

10.3.1 数据来源与样本选取

本章选取 2011~2017 年同花顺人工智能概念股的上市公司为研究对象。鉴于学术界在 2010 年就开始有学者研究人工智能对企业管理的影响（Min，2010），故选择 2011 年为研究样本的起始时间；截止时间选择为 2017 年。同时，考虑到企业研发强度对企业人工智能责任的影响存在滞后效应，以 1 年作为滞后期，自变量、调节变量、控制变量使用数据为 2011~2017 年，因变量使用数据为 2012~2018 年。为了保证数据的准确性和有效性，按照如下规则对数据进行了筛选及调整：①剔除 ST 及 *ST 类的公司，以保证财务数据的稳定性；②由于公司上市当年会对公司的财务数据产生很大的影响，剔除公司该年的财务数据；③为了消除极端值对研究结果的影响，对所有连续变量按照前后尾 1%进行了 Winsorize 处理。最终得到 101 家上市公司样本、563 份具体观测值。数据来源：上市公司年报和社会责任报告均来源于巨潮资讯网，并结合企业网站对其进行了补充和验证；研发强度、行业集中度及控制变量指标来自国泰安数据库；地方法律法规数量由中国法律之星网站手工收集（宋伟和夏辉，2019）；地方非营利组织数量自《中国民政统计年鉴 2011—2017》手工收集。

10.3.2　研究变量

本章的被解释变量为企业人工智能责任（以下简称企业 AI 责任），包含两个维度分别为企业人工智能责任伦理（以下简称企业 AI 责任伦理）与企业人工智能技术优势（以下简称企业 AI 技术优势）；解释变量为企业研发强度；调节变量为制度压力，包括规制压力、规范压力和认知压力三个层次。

10.3.2.1　被解释变量

李正和向锐（2007）在概括国内外学者测量企业社会责任的方法时指出，内容分析法是指对企业公之于众的文件或者报告进行分析，然后根据这些文件或者报告所披露的包含社会责任信息的字数、句子数或者页数来衡量企业的社会责任行为，若企业披露的包含企业社会责任信息的字数、句子数或者页数越多，则企业履行社会责任的状况就越好。本章根据内容分析法的基本原理与主题，尝试使用最近国内外学者经常使用的测量企业高管团队注意力的自动文本分析法来测量企业人工智能责任，以使企业人工智能责任的测量更加准确，并使企业社会责任的测量方法有所创新。自动文本分析法是测量企业注意力的重要方法，通过测量高管口头或书面文本间接测量企业注意力配置（Engelen et al.，2016；吴建祖和肖书锋，2016）。自动文本分析法基于萨巫尔·沃尔夫假设（Whorf-Sapir Hypothesis），即个人关注世界的认知范畴嵌入到他们使用的词语中（Miller and Carroll，1957；Sapir，1944），在整个社会科学中被广泛用于测量认知。该假设指出经常使用的词语是认知的中心，反映了使用者的想法；很少使用或根本不使用的词汇处于认知边缘，甚至可能代表不舒服或陌生的概念（Huff，1992）。

本章的被解释变量为企业人工智能技术责任（AIR），包括企业人工智能责任伦理（AIRE）和企业人工智能技术优势（AIRS）两个维度。国外学者主要采取年报中"致股东的信"来测量企业注意力配置（Cho and Hambrick，2006；Engelen et al., 2016），但在中国上市公司的信息披露中，采用"致股东的信"这种方式并不常见，国内研究一般通过年报中的"董事会报告"或"经营情况讨论与分析"来代替（任宏达和王琨，2018；吴建祖和龚敏，2018）。本章参考国内学者研究企业社会责任的资料选取（张兆国等，2013），将企业人工智能技术责任的测量资料选择为年报中"董事会报告"或"董事会工作报告"章节（2015年及以后选择"公司业务概要"与"经营情况讨论与分析"章节）和"社会责任情况"章节，以及这些公司单独发表的社会责任报告来测量企业人工智能技术责任。

具体的操作步骤是，先建立一系列分别代表企业人工智能责任伦理和企业人工智能技术优势的关键词表，然后使用质性分析软件 NVivo11.0 对测量资料进行文本分析，在剔除包含关键词的歧义语句后，计算剩余包含关键词的语句占某公司某年总文本总句子数的百分比（Levy，2005），进而测得企业人工智能技术责任。需要注意的是，关键词表选取是用自动文本分析法测量企业人工智能技术责任极为重要的一个环节，关键词表选取得合适与否将直接关系到企业人工智能技术责任测量的有效性和准确性。本章参考国内学者吴建祖和关斌（2015），按以下步骤来选取关键词：

（1）合并所有文本，采用 Python "结巴" 中文分词模块对全文本进行自动分词和词频统计（曾庆生等，2018），并剔除词频过低的词语（词频低于 10 的词语），因为词频过低的词语所代表的内容表明是个别特殊行业的公司才注意到的或处于决策团队认知的外围地带，不适合做关键词（Bettman and Weitz，1983）。

（2）与多位企业人工智能责任研究领域的师生展开讨论，对步骤 1 的分词结果进行词意分析，挑选出与人工智能责任伦理和人工智能技术优势含义相近的词语。

（3）使用质性分析软件 NVivo11.0 对挑选出的关键词在原文本中位置和出处进行编码，剔除总体语境匹配程度差的关键词，将剩下的关键词设定为初步关键词。

（4）对确定的初步关键词制作关键词评分表（李克特 5 分量表，1 代表完全不符合，5 代表完全符合），评分表中需列出每个关键词在原文中的典型匹配语境，即在原始文本中包含关键词的具有典型代表性的语句，然后将评分表交予专家组进行评分。

（5）进一步剔除得分低于平均分的关键词后，将剩下的关键词确定为用于文本分析的关键词表。进一步分类整理得到关键词所构成的两个维度：

一类是由"安全""隐私""数据""攻击""风险""保密"这些关键词所构成的"企业人工智能责任伦理"维度，且在原始分析文本中与这些关键词所对应，如"信息安全""用户隐私""信息安全风险"等。

另一类则是由"智慧""智能""公益""便捷""扶贫""美好""生态""服务"这些关键词所构成的"企业人工智能技术优势"维度。同样地，这些关键词都能与原始分析文本的典型语境匹配，像"智慧教育""AI 教育公益""物流生态服务"等语境。

10.3.2.2　解释变量

研发强度（RD）是指企业将有限的资源投资于研发的力度大小。企业的研发投入资源既包括研发资金投入，如研发费用等；也包括技术人力资本投入，如研发人员等。而由于研发人员个体层面的综合素质难以量化，故大多数研究以研发费用支出来衡量研发强度。本章参考国内外学者的研究（Fu et al.，2020；安志和路瑶，2019），用研发投入总额占营业收入比例来衡量企业研发强度。

10.3.2.3　调节变量

（1）规制压力（RP）。企业面临的规制压力主要来自政府，具体包括地方政府颁布的有关企业人工智能技术责任问题的法律法规，如鼓励企业利用人工智能技术造福社会的法律法规，以及要求加强人工智能伦理道德研究以确保人工智能企业健康发展的法律法规等。当一个地区颁布的相关法律法规越多，企业所感知到的规制压力就会越大。本章参考宋伟和夏辉（2019），通过企业所在地颁布的有关企业人工智能责任伦理及企业人工智能技术优势的法律法规数量来测量规制压力。

（2）规范压力（NP）。企业感受到的规范压力主要来源于社区、行业协会、公众、投资者、顾客等（Berrone et al.，2013），其中非营利组织（NGO）扮演着一个很重要的角色。一般来说，一个企业面临的规范压力会随着企业所在地的非营利组织数量增加而增加。本章参考（肖华等，2016），使用《中国统计年鉴》每年公布非营利组织数量（除以1000）来测量规范压力。

（3）认知压力（MP）。当企业面临的环境具有不确定性时，常常会模仿行业龙头企业的做法，其所处的行业越集中，企业感知到的认知压力就会越大（常依，2019）。本章参考李虹和张希源（2016），采用企业所处行业的赫芬达尔—

赫希曼指数（*HHI*）来衡量企业的认知压力。*HHI* 指数是测量行业集中度的综合指数，该指数越小，表明该行业市场集中度越低，竞争越激烈，认知压力越大。其计算公式如下：

$$HHI = \sum_{i=1}^{n} \left(\frac{x_i}{x} \right)^2 \tag{10-1}$$

式中，x_i 表示第 i 个企业的主营业务收入，x 表示该行业内所有企业的主营业务收入的总和，x_i/x 表示 i 企业的市场占有率，n 表示该行业内的企业总数。

10.3.2.4 控制变量

参考以往的研究（沈洪涛和苏亮德，2012；Chen et al.，2018），本章选取企业上市年龄（*Age*）、企业规模（*Size*）、资产负债率（*LEV*）、机构持股比例（*ISR*）、国有持股比例（*SOSP*）、第一大股东持股比例（*Firsthold*）、独立董事比例（*Indepe*）、董事长与总经理兼任情况（*CEO*）、年份（*Year*）和行业（*IND*）作为控制变量。所有变量及具体定义见表 10-1。

表 10-1 子研究七的变量定义

变量类型	变量名称	变量符号	变量定义
被解释变量	企业人工智能责任伦理	*AIRE*	包含代表人工智能责任伦理关键词的句子数占文本总句子数的百分比
	企业人工智能技术优势	*AIRS*	包含代表企业人工智能技术优势关键词的句子数占文本总句子数的百分比
解释变量	企业研发强度	*RD*	研发投入总额/营业收入
调节变量	规制压力	*RP*	企业所在地法律法规的数量
	规范压力	*NP*	企业所在地 NGO 数量（除以 1000）
	认知压力	*MP*	企业所处行业的 *HHI* 指数
控制变量	企业上市年龄	*Age*	当期年份减去公司上市年份后加 1，然后取对数
	企业规模	*Size*	当期期末总资产的自然对数
	机构持股比例	*ISR*	机构持股占上市公司总股份数量
	国有持股比例	*SOSP*	国有持股占上市公司总股份数量
	资产负债率	*LEV*	期末负债总额/期末资产总额
	第一大股东持股比例	*Firsthold*	第一大股东持股总数/公司的总股数
	独立董事比例	*Indepe*	独立董事人数/董事会的总人数

变量类型	变量名称	变量符号	变量定义
控制变量	董事长与总经理兼任情况	*CEO*	若是同一人，赋值为 1；否则为 0
	年份	*Year*	共 9 个行业，设置 8 个哑变量
	行业	*IND*	共 7 年，设置 6 个哑变量

10.3.3　模型设计

由于企业研发强度对企业人工智能技术责任的影响具有滞后效应，本章借鉴 Mudambi 和 Swift（2014），被解释变量企业人工智能技术责任的数据取滞后一年与当年的平均值。即当自变量、调节变量、控制变量用 t 年的数据时，因变量用 t 年与 $t+1$ 年的数据相加后取平均值的数据。

为了检验企业研发强度对企业人工智能技术责任的影响，建立了如下模型：

$$AJSF_{t+1} = \beta_0 + \beta_1 SE_t + \sum \beta_i DpoV_{i,\,t} + \varepsilon_{i,\,t} \tag{10-2}$$

$$AJST_{t+1} = \beta_0 + \beta_1 SE_t + \sum \beta_i DpoV_{i,\,t} + \varepsilon_{i,\,t} \tag{10-3}$$

其中，$AJSF_{t+1}$ 表示企业人工智能责任伦理在 $t+1$ 年与 t 年的数据相加后取平均，$AJST_{t+1}$ 表示企业人工智能技术优势在 $t+1$ 年与 t 年的数据相加后取平均，$DpoV_{i,t}$ 表示控制变量，ε_t 表示误差项。为了检验制度压力在企业研发强度对企业人工智能技术责任影响中的调节作用，建立了如下模型：

$$AJSF_{t+1} = \beta_0 + \beta_1 SE_t + \beta_2 SP_t + \beta_3 OP_t + \beta_4 NP_t + \beta_5 SE_t \times SP_t + \beta_6 SE_t \times OP_t + \beta_7 SE_t \times NP_t + \sum \beta_i DpoV_{i,\,t} + \varepsilon_{i,\,t} \tag{10-4}$$

$$AJST_{t+1} = \beta_0 + \beta_1 SE_t + \beta_2 SP_t + \beta_3 OP_t + \beta_4 NP_t + \beta_5 SE_t \times SP_t + \beta_6 SE_t \times OP_t + \beta_7 SE_t \times NP_t + \sum \beta_i DpoV_{i,\,t} + \varepsilon_{i,\,t} \tag{10-5}$$

其中，SP_t、OP_t、NP_t 分别代表企业在 t 年时的规制压力、规范压力及认知压力。

10.4　实证研究结果

10.4.1　描述性统计

各变量的描述性统计如表 10-2 所示，企业人工智能责任伦理的最小值为 0，最大值为 1.427，均值为 0.0595；企业人工智能技术优势的最小值为 0，最大值为 8.939，均值为 0.833，再结合两者的 SD 值，可以看出人工智能企业整体更关注人工智能可以更好地造福社会，但不同企业之间的差异较大；而普遍对人工智能伦理方面关注较少。研发强度均值为 9.746，表明人工智能企业十分注重研发投入，国际上一般认为研发费用占营业收入 5% 的企业就具有了竞争力（朱冬林，2001）。

表 10-2　子研究七的描述性统计

变量	N	Mean	SD	Min	Max
AIRE	563	0.060	0.241	0	1.427
AIRS	563	0.833	1.646	0	8.939
RD	563	9.639	10.390	0.001	51.130
RP	563	0.098	0.331	0	2
NP	563	33.05	20.590	5.048	87.020
MP	563	0.079	0.103	0.029	0.774
Age	563	1.982	0.742	0.693	3.178
Size	563	21.950	1.298	18.480	25.520
ISR	563	36.950	23.290	0.754	86.080
SOSP	563	2.510	9.542	0	62.490
LEV	563	0.342	0.199	0.0242	0.854
Firsthold	563	0.301	0.137	0.068	0.646
Indepe	563	0.375	0.052	0.333	0.571
CEO	563	0.321	0.467	0	1
IND	563	2.728	2.124	1	9
Year	563	2014	1986	2011	2017

通过收集整理企业所在地颁布的有关企业人工智能技术责任问题的法律法规数量后，发现各个企业所在地在各个年份颁布的有关企业人工智能责任伦理与企业人工智能技术优势的法律法规数量上基本相同，故用规制压力（RP）来同时表示企业感受到的企业人工智能责任伦理与企业人工智能技术优势两个维度的压力。规制压力的最大值为 2，最小值为 0，说明地方政府有关企业人工智能责任的法律法规数量较少，对人工智能技术的关注相对较少。规范压力的最大值为 87.02，最小值为 5.048，说明由于经济发展等因素的影响，不同地区的非营利组织的数量相差较大，从而导致不同地区的企业感知到的规范压力存在明显的差异。认知压力的最大值为 0.774，最小值为 0.0288，说明不同行业之间的市场竞争程度差异较大，企业感知到的认知压力也有明显的不同。

企业上市年龄的平均值为 1.982，说明大多数人工智能企业上市时间不长，也再次证明了人工智能是一个新兴的行业。机构持股比例的均值为 36.95%，大于国有持股比例的均值 2.51%，说明大多数企业的决策并没有受到政府的直接干涉。第一大股东持股比例的均值为 30.1%，说明所选企业股权集中度适中。独立董事比例的均值为 37.5%，说明所选企业中独立董事数量较少。董事长与总经理兼任情况的平均值为 0.321，说明大多数企业董事长与总经理不是同一个人。

10.4.2　相关性分析

表 10-3 为本章的各变量 Pearson 相关性分析结果。表 10-4 对各变量之间是否存在多重共线性进行检验，从结果中可以看出所有变量的方差膨胀因子均小于 5，变量之间不存在多重共线性，可做进一步的回归分析。

10.4.3　多元回归结果与分析

为了检验前文提出的假设，本章使用 Stata16.0 进行数据分析。本章使用的数据为非平衡面板数据，为了避免组间异方差、组内自相关和截面相关的问题，并经 Hausman 检验选择固定效应模型。在做调节效应分析时，对解释变量、调节变量还做了中心化处理。

表 10—3 子研究七的 Pearson 相关性分析

变量	1	2	3	4	5	6	7	8	9	10	11	12	13	14	15	16
AIRS	1															
AIRE	0.271***	1														
RD	0.151***	0.064	1													
RP	0.02	0.240***	0.049	1												
NP	-0.107**	0.101**	-0.096**	-0.128***	1											
MP	-0.102**	-0.108**	-0.225***	0.046	-0.02	1										
Age	-0.008	0.003	-0.303***	0.025	0.221***	0.119***	1									
Size	0.062	0.106**	-0.162***	0.117***	0.094**	0.144***	0.407***	1								
LEV	-0.054	-0.034	-0.404***	-0.058	0.151***	0.014	0.520***	0.382***	1							
ISR	-0.026	-0.072*	-0.195***	-0.037	-0.005	0.196***	0.212***	0.337***	0.209***	1						
SOSP	0.007	-0.028	-0.035	0.027	-0.085**	0.197***	0.024	0.143***	-0.023	0.321***	1					
Firsthold	-0.138***	-0.107**	-0.226***	-0.051	0.170***	0.222***	-0.051	0.117***	0.152***	0.448***	0.280***	1				
Indepe	0.002	0.039	-0.044	0.039	-0.041	-0.025	-0.045	-0.042	0.014	0.031	0.155***	0.175***	1			
CEO	0.05	-0.039	0.084**	0.05	0.012	-0.032	-0.296***	-0.201***	-0.212***	-0.251***	-0.098**	0.094**	0.075*	1		
Year	0.069	0.420***	0.071*	0.402***	0.294***	0.017	0.159***	0.263***	0.016	-0.062	-0.113***	-0.078*	0.053	0.068	1	
IND	0.176***	0.044	0.198***	0.063	-0.105**	0.092**	0.125***	0.105**	-0.061	-0.031	0.054	-0.237***	-0.003	-0.125***	0.025	1

注: N=563, *表示 p<0.1, **表示 p<0.05, ***表示 p<0.01。

表 10—4 子研究七的多重共线性分析

变量	AIS	RD	RP	NP	MP	Age	Size	IND	LEV	ISR	SOSP	Firsthold	Indepe	CEO
VIF	1.14	1.27	1.13	1.21	1.18	1.67	1.43	1.22	1.18	1.65	1.23	1.75	1.1	1.23

10.4.3.1 企业研发强度对企业人工智能技术责任的影响

表 10-5 为企业研发强度对企业人工智能技术责任影响的回归结果。其中，模型（1）是检验企业研发强度对企业人工智能责任伦理的影响，仅包含控制变量的回归模型，模型（2）加入了自变量企业研发强度；模型（3）是检验企业研发强度对企业人工智能技术优势的影响，仅包含控制变量的回归模型，模型（4）加入了自变量企业研发强度。

从模型（2）可以看出，企业研发强度与企业人工智能责任伦理的回归系数为 0.003，$p < 0.05$，说明两者之间存在显著的正相关关系，H10-1 得到支持，即当企业研发强度越高，滞后一期的企业人工智能责任伦理也就会越高。由此可见，企业投入大量资源进行研发带来的效益与研发时基于责任式创新的发展理念，都会促使企业在研发时积极履行企业人工智能伦理责任。从模型（4）中可以看出，企业研发强度与企业人工智能技术优势的回归系数为 -0.005，$p < 0.05$，说明两者之间存在显著的负相关关系，H10-2 得到支持，即当企业研发强度越高，滞后一期的企业人工智能技术优势也就会越低。由于研发创新是一项高成本高风险且回报周期较长的活动，企业对研发投入的越多，越会倾向于选择以市场为导向的决策框架，减少对企业人工智能技术优势项目的关注。

表 10-5 研发强度对企业人工智能技术责任的影响作用

变量	AIRE	AIRE	AIRS	AIRS
	模型（1）	模型（2）	模型（3）	模型（4）
Age	0.063*	0.082**	0.674**	0.647**
	(-2.08)	(-2.72)	(-2.93)	(-2.88)
Size	0.002	0	0.173	0.175
	(-0.38)	(-0.07)	(-1.65)	(-1.66)
LEV	-0.091**	-0.086**	1.136***	1.129***
	(-2.80)	(-3.32)	(-4.53)	(-4.69)
ISR	-0.001*	-0.001	0.010**	0.010**
	(-2.00)	(-1.92)	(-3.19)	(-3.12)
SOSP	-0.001	-0.001	0.004	0.004
	(-0.89)	(-0.81)	(-0.88)	(-0.86)
Firsthold	0.077	0.074	-1.085*	-1.081*
	(-0.82)	(-0.76)	(-2.25)	(-2.25)

变量	AIRE	AIRE	AIRS	AIRS
	模型（1）	模型（2）	模型（3）	模型（4）
Indepe	-0.24	-0.253	-3.663	-3.645
	(-1.80)	(-1.90)	(-1.93)	(-1.93)
CEO	-0.016**	-0.019***	-0.426***	0.422***
	(-2.60)	(-3.84)	(-6.15)	(-5.98)
Constant	0.05	0.03	-3.250*	-3.221*
	(-0.3)	(-0.18)	(-2.00)	(-1.99)
RD		0.003**		-0.005**
		(-3.01)		(-3.29)
Year	Controlled	Controlled	Controlled	Controlled
IND	Controlled	Controlled	Controlled	Controlled
ΔR^2	0.0268	0.0346	0.4022	0.4024
F	5.695	18.58	1132	1211

注：N=563，＊表示 p<0.1，＊＊表示 p<0.05，＊＊＊表示 p<0.01。括号内为标准差。

10.4.3.2 制度压力在企业研发强度影响企业人工智能技术责任中的调节作用

本章将企业人工智能技术责任分为企业人工智能责任伦理与企业人工智能技术优势，分别研究三种制度压力在企业研发强度影响企业人工智能技术责任中的调节作用。

（1）制度压力对企业研发强度与企业人工智能责任伦理影响的调节作用。表 10-6 为制度压力作为调节作用的回归结果。其中，模型（5）至模型（7）中分别单独加入三种制度压力，而模型（8）中同时加入三种制度压力来进行研究。从结果中可以看出，在模型（5）与模型（8）中企业研发强度与规制压力的交互项均为负向显著，表明规制压力负向调节企业研发强度与企业人工智能责任伦理之间的关系，H10-3 得到了支持，即企业研发强度越高，感受到的规制压力越大，越会履行更多的企业人工智能伦理责任；在模型（7）与模型（8）中企业研发强度与认知压力的交互项均为负向显著，而前文提到企业所处行业的 HHI 指数越低，表明认知压力越大，所以认知压力正向调节企业研发强度与企业人工智能责任伦理之间的关系，H10-5 也得到了支持，即企业研发强度越高，感受到的认知压力越大，越会履行更多的企业人工智能伦理责任；在模型（6）中企业研发强度与规范性压力的交互项为负向显著，而在模型（8）中该交互项不显著，对于此情况，本章认为三种制度压力在同一个模型中的检验结果更能表明制度压力的调节作用，同时郝云宏等（2012）指出规制压力、规范压力与认知压力并不是独立发挥作用，而是协同作用。因此本章认为规范压力在企业研发强度对企业人工智能责任伦理的影响中没有调节作用，H10-4没有得到支持。

表 10-6　制度压力对研发强度与企业人工智能责任伦理关系的调节作用

变量	AIRE			
	模型（5）	模型（6）	模型（7）	模型（8）
Age	0.083 **	0.079 **	0.078 **	0.075 *
	（-2.63）	（-2.56）	（-2.58）	（-2.39）
Size	0.002	-0.002	0	-0.001
	（-0.42）	（-0.36）	（-0.02）	（-0.13）
LEV	-0.083 **	-0.076 **	-0.082 *	-0.075 **
	（-2.96）	（-2.72）	（-2.91）	（-2.57）
ISR	-0.001 *	0.001 *	-0.001	-0.001
	（-2.38）	（-1.96）	（-1.56）	（-1.88）
SOSP	-0.001	-0.001	-0.001	-0.001
	（-0.82）	（-0.88）	（-0.95）	（-1.00）
Firsthold	0.069	0.074	0.061	0.059
	（-0.7）	（-0.75）	（-0.64）	（-0.63）
Indepe	-0.282 *	-0.247	-0.247	-0.258 *
	（-2.26）	（-1.88）	（-1.80）	（-2.05）
CEO	-0.017 ***	-0.021 ***	-0.021 ***	-0.021 ***
	（-4.49）	（-4.88）	（-3.81）	（-5.49）
Constant	0.003	0.102	0.052	0.102
	（-0.01）	（-0.49）	（-0.32）	（-0.49）
RD	0.003 **	0.003 **	0.003 **	0.003 *
	（-2.77）	（-3.64）	（-2.96）	（-2.37）
RP	-0.012			-0.017
	（-1.24）			（-1.41）

变量	AIRE			
	模型（5）	模型（6）	模型（7）	模型（8）
RD×RP	-0.003***			-0.003***
	(-7.49)			(-5.10)
NP		-0.001		-0.001
		(-1.12)		(-1.04)
RD×NP		-0.000**		0
		(-2.83)		(-0.13)
MP			-0.213	-0.197
			(-1.86)	(-1.75)
RD×MP			-0.030**	-0.026*
			(-2.58)	(-2.23)
Year	Controlled	Controlled	Controlled	Controlled
IND	Controlled	Controlled	Controlled	Controlled
ΔR^2	0.0406	0.0361	0.0372	0.0439
F	10.9	10.23	20.55	22.82

注：N=563，＊表示 p<0.1，＊＊表示 p<0.05，＊＊＊表示 p<0.01。括号内为标准差。

（2）制度压力对研发强度与企业人工智能技术优势影响的调节作用。如表10-7 所示，其中，模型（9）至模型（11）中单独加入三种制度压力，模型（12）中同时加入三种制度压力。模型（9）和模型（12）中研发强度与规制压力的交互项均为负向显著，表明规制压力负向调节研发强度与企业人工智能责任伦理间的关系，H10-6 得到支持；在模型（10）和模型（12）中研发强度与规范压力的交互项均不显著，表明规范压力在研发强度对企业人工智能技术优势的影响中没有调节作用，H10-7 未得到支持；在模型（11）和模型（12）中研发强度与认知压力的交互项均为负向显著，而企业所处行业 HHI 指数越低，认知压力越大，所以认知压力正向调节研发强度与企业人工智能技术优势间关系，H10-8 得到支持。

表 10-7　制度压力对研发强度与企业人工智能技术优势关系的调节作用

变量	AIRS			
	模型（9）	模型（10）	模型（11）	模型（12）
Age	0.626**	0.650**	0.582**	0.557*
	（-2.75）	（-2.65）	（-2.52）	（-2.27）
Size	0.166	0.169	0.151	0.139
	（-1.63）	（1.48）	（-1.65）	（-1.41）
LEV	1.147***	1.174***	1.180***	1.203***
	（4.93）	（-4.9）	（-5.62）	（-5.41）
ISR	0.010**	0.010**	0.010**	0.010***
	（-3.23）	（-3.26）	（-3.6）	（4.19）
SOSP	0.003	0.003	0.003	0.003
	（-0.79）	（-0.83）	（-0.78）	（-0.71）
Firsthold	-1.161*	-1.082*	-1.156*	-1.237*
	（-2.21）	（-2.26）	（-2.08）	（-1.99）
Indepe	-3.737	-3.665	-3.471	-3.551
	（-1.90）	（-1.87）	（-1.92）	（-1.84）
CEO	-0.416***	-0.428***	-0.477***	-0.473**
	（-5.68）	（-6.25）	（-5.85）	（-5.75）
Constant	-2.951	-3.072	-2.507	-2.162
	（-1.92）	（-1.60）	（-1.87）	（-1.36）
RD	-0.005**	-0.003*	-0.008**	-0.009*
	（-3.66）	（-2.01）	（-5.87）	（-3.09）
RP	0.152**			0.173*
	-3.03			（-2.41）
RD×RP	-0.010***			-0.009**
	（-4.89）			（-2.75）
NP		-0.002		0
		（-0.65）		（-0.05）
RD×NP		0		0
		（-1.21）		（-0.08）
MP			-3.939**	-3.978**
			（-2.50）	（-2.46）

变量	AIRS			
	模型（9）	模型（10）	模型（11）	模型（12）
RD×MP			−0.300*	−0.297*
			(−2.36)	(−2.18)
Year	Controlled	Controlled	Controlled	Controlled
IND	Controlled	Controlled	Controlled	Controlled
ΔR²	0.4035	0.4027	0.4085	0.4098
F	957.6	1198	192.9	137.9

注：N=563，＊表示 p<0.1，＊＊表示 p<0.05，＊＊＊表示 p<0.01。括号内为标准差。

根据以上回归分析，表10-8 对本章提出的所有假设检验结果进行了汇总。

表10-8　子研究七的假设检验汇总

假设	检验结果
H10-1：企业研发强度正向影响企业人工智能责任伦理	支持
H10-2：企业研发强度负向影响企业人工智能技术优势	支持
H10-3：规制压力负向调节企业研发强度与企业人工智能责任伦理之间的关系	支持
H10-4：规范压力正向调节企业研发强度与企业人工智能责任伦理之间的关系	不支持
H10-5：认知压力正向调节企业研发强度与企业人工智能责任伦理之间的关系	支持
H10-6：规制压力负向调节企业研发强度与企业人工智能技术优势之间的关系	支持
H10-7：规范压力负向调节企业研发强度与企业人工智能技术优势之间的关系	不支持
H10-8：认知压力正向调节企业研发强度与企业人工智能技术优势之间的关系	支持

10.4.3.3　稳健性检验

本章通过使用不同方法测量制度压力来进行稳健性检验。参考 Chen 等（2018），使用中国分省份市场化指数来替换测量规制压力，使用媒体报道倾向性（J-F 系数）来替换测量规范压力。其中，中国分省份市场化指数来自中国分省份市场化指数报告（2018），以历年市场化指数的平均增长幅度来预测 2017 年的市场化指数。媒体报道倾向性是手工收集、整理和阅读样本上市公司关于人工智能技术责任表现的报道，采用 Janis-Fadner（J-F）系数衡量舆论报道内容的倾向性，J-F 系数的计算公式如下：

$$J\text{-}F \text{ 系数} = \begin{cases} \dfrac{(e^2 - ec)}{t^2}, & \text{if} \quad e > c \\[2ex] \dfrac{(ec - e^2)}{t^2}, & \text{if} \quad e < c \\[2ex] 0, & \text{if} \quad e = c \end{cases} \quad\quad (10\text{-}6)$$

其中，e 代表正面报道的篇数，c 代表负面报道的篇数，$t = e + c$，由此测得企业分别在企业人工智能责任伦理及企业人工智能技术优势两个维度上面临的规范压力。同时，参考常依（2019），使用企业总资产计算的 HHI 指数替换使用企业主营业务收入计算的 HHI 指数来测量认知压力。将三种替换的制度压力同时进入一个模型重新进行回归检验，其结果如表 10-9 所示。其中，模型（13）为检验制度压力在研发强度影响企业人工智能责任伦理中的调节作用，企业研发强度与规制压力的交互项为负向显著，企业研发强度与规范压力的交互项仍不显著，企业研发强度与规制压力的交互项为负向显著。模型（14）为检验制度压力在研发强度影响企业人工智能技术优势中的调节作用，研发强度与规制压力交互项为负向显著，研发强度与规范压力的交互项不显著，研发强度与规制压力的交互项为负向显著。由此可见，稳健性检验结果与前文结果一致，说明本章研究成果具有可信度。

表 10-9 替换制度压力的稳健性检验结果变量

变量	AIRE	AIRS
	模型（13）	模型（14）
Age	0.088**	0.648**
	(-2.96)	(-2.96)
Size	0.001	0.140
	(-0.32)	(-1.64)
LEV	-0.089**	1.148***
	(-2.96)	(-6.37)
ISR	-0.001	0.011**
	(-1.73)	(-3.22)
SOSP	-0.001	0.005
	(-0.93)	(-1.27)
Firsthold	0.062	-0.719
	(-0.55)	(-1.43)

续表

变量	AIRE	AIRS
	模型（13）	模型（14）
Indepe	−0.243	−3.440*
	（−1.66）	（−2.08）
CEO	−0.022**	−0.480***
	（−3.52）	（−5.04）
Constant	−0.069	−4.754*
	（−0.32）	（−2.030）
RD	0.003***	−0.006**
	（−4.24）	（−3.30）
RP	0.010	0.265*
	（−0.61）	（−2.00）
RD×RP	−0.001*	−0.004*
	（−2.17）	（−1.95）
MedE	−0.124	
	（−1.19）	
RD×MedE	0.001	
	（−0.80）	
MedS		0.413
		（−1.61）
RD MedS		−0.015
		（−1.89）
MP	−0.027	0.100
	（−0.87）	（−0.26）
RD×MP	−0.018*	−0.181*
	（−2.01）	（−1.96）
Year	Controlled	Controlled
IND	Controlled	Controlled
ΔR^2	0.0461	0.4158
F	16.25	27.29

注：N=563，*表示 p<0.1，**表示 p<0.05，***表示 p<0.01。括号内为标准差。

10.5　讨 论 与 结 论

本章基于资源基础观和新制度理论，通过文献梳理、理论分析与实证分析发现，企业研发强度对不同维度的企业人工智能责任影响不同，并且不同层次的制度压力在其中也扮演着不同的调节作用。通过对前文的研究结果进行讨论与总结，提出本章的研究贡献并指出研究中的不足之处，为后续研究提供方向。

10.5.1　研究结论

本章以我国 2011～2017 年同花顺人工智能概念股的上市公司为研究样本，实证研究了企业研发强度对企业人工智能责任的影响，并将制度压力分为三个层次——规制压力、规范压力、认知压力，分别研究不同层次制度压力在企业研发强度影响企业人工智能责任中的调节作用，得到了如下结论：

（1）企业研发强度正向影响企业人工智能责任伦理，即对人工智能技术研发投入越多的企业，越会去履行更多的企业人工智能伦理责任，使其人工智能产品的研发过程与成品承担更多的人工智能伦理责任属性。

（2）企业研发强度负向影响企业人工智能技术优势，即对人工智能技术研发投入越多的企业，越会减少对企业人工智能技术优势项目的关注。

（3）规制压力负向调节企业研发强度与企业人工智能责任伦理之间的关系，认知压力正向调节企业研发强度与企业人工智能责任伦理之间的关系，而规范压力的调节作用并不显著。即当企业研发强度越高，规制压力越小，认知压力越大，企业越会去履行更多的企业人工智能伦理责任。

（4）规制压力负向调节企业研发强度与企业人工智能技术优势之间的关系，认知压力正向调节企业研发强度与企业人工智能技术优势之间的关系，而规范压力的调节作用同样不显著。即规制压力会削弱企业研发强度与企业人工智能技术优势之间的负向影响，而认知压力会增强企业研发强度与企业人工智能技术优势之间的负向影响。

根据以上结论做进一步的讨论与总结：

企业人工智能技术创新与社会责任

（1）企业研发强度与企业人工智能责任伦理的关系讨论。当企业将稀有且宝贵的资源用于人工智能技术研发时，不仅有利于提高工艺效率和引进产品帮助企业建立持续的竞争优势，而且可以通过使用研发投入作为一种差异化战略来获得相对于其他企业的竞争优势。企业通过研发投入获得的竞争优势可以使企业获得良好的业绩，从而这些企业将有更富裕的资源来关注企业人工智能责任伦理问题。已有研究证明高水平的企业社会责任可以作为企业为了获得一定的竞争优势而可采用的一种差异化战略（Hull and Rothenberg，2008），所以企业研发投入与企业人工智能责任伦理之间存在相关性。企业对人工智能问题的研发投入，不仅有助于企业改进产品和服务的开发过程，而且产品和服务也会获得消费者的好感。

但鉴于人工智能技术的创新结果面向未来具有不确定性，不顾企业人工智能责任伦理研发人工智能技术不仅不会给企业带来竞争优势，反而会引起利益相关者的担忧，进而削弱企业的竞争优势，导致企业丧失履行企业人工智能伦理责任的资源基础。针对人工智能技术研发的负面影响，企业会基于责任式创新的发展理念，通过在研发人工智能技术时主动关注企业人工智能责任伦理问题来减少利益相关者的担忧。所以，企业研发强度会正向影响企业人工智能责任伦理，后来的实证分析也证明了两者之间的关系，即企业对人工智能技术的研发投入越多，越会选择承担更多的企业人工智能伦理责任。该发现虽然与 Padgett 和 Galan（2010）的理论观点基本相同，但本章是结合资源基础观和责任式创新的理论观点得出的结论。

（2）企业研发强度与企业人工智能技术优势的关系讨论。企业投入大量资源用于研发从本质上来说是为了获取更高额的利润，但研发创新是一个不断发展，需要反复试错，并且伴随有很高业务风险的活动，对于人工智能技术来说更是如此。

为了降低对人工智能技术进行研发投入带来的风险，企业会选择在满足基本的人工智能道德伦理要求下更多地关注能够产生直接经济效益的人工智能项目。另外，从短期来看对人工智能技术的高研发投入并不会立即为企业带来收益，所以在面对人工智能这种日新月异的高新技术时，高研发投入的企业会更倾向于遵循以市场为导向的决策框架，减少对企业人工智能技术优势项目的关注。因此企业研发强度会负向影响企业人工智能技术优势，即企业对人工智能技术的研发投入越多，越会减少对企业人工智能技术优势项目的关注。

（3）制度压力、企业研发强度与企业人工智能责任伦理的关系讨论。规制压力在企业研发强度与企业人工智能责任伦理之间的关系中起到负向调节的作用。

由于当今人工智能技术发展迅速，传统的伦理道德规范和法律法规已明显不足以应对人工智能技术应用带来的伦理问题（李娜和陈君，2020），社会各界对人工智能伦理问题研究落后于人工智能技术发展，此时国家出台的有关企业人工智能责任伦理问题的法律法规具有很大的不确定性与模糊性（宋伟和夏辉，2019）。在这种情况下，政府颁布的相关法律法规越多，高研发强度的企业越倾向于将感知到的规制压力解释为威胁，将资源更多地投入到避免涉及企业人工智能责任伦理问题的项目中，减少对企业人工智能伦理责任的履行。该发现与大多数认为规制压力会正向影响企业战略选择及行为的研究不同（Berrone et al.，2013；Chen et al.，2018；李虹和张希源，2016；谢昕琰和楼晓玲，2018），若政府出台的政策不确定较大，规制压力会起到负向效果。与代表政府力量的规制压力不同，代表市场力量的认知压力则正向调节企业研发强度与企业人工智能责任伦理之间的关系。面对人工智能快速发展带来的新环境，认知压力会促使企业在研发投入时模仿同行业中因积极履行企业人工智能责任而获得竞争优势的企业，以此来应对市场竞争的压力并获得制度合法性。然而，同样是代表市场力量的规范压力对企业研发强度与企业人工智能责任伦理之间关系的调节作用并不显著，与本书之前的假设不符。这可能是因为作为一个新兴且快速发展的行业，人工智能的伦理研究已经远远落后于其实际发展，在社会各界都无法为人工智能发展制作一套完整准确的伦理规范时，促使企业履行企业人工智能伦理责任的规范压力无法对企业行为产生影响，所以规范压力在企业研发强度与企业人工智能责任伦理之间不具有调节作用。

（4）制度压力、企业研发强度与企业人工智能技术优势的关系讨论。来自政府规制压力会削弱企业研发强度与企业人工智能技术优势之间的负向关系。在政府鼓励企业应用人工智能技术造福社会的激励性政策下，高研发强度的企业会更倾向于遵从政策的要求来博得政府的好感，以求在今后可以获得重要的资源，如银行贷款、更低的税率及知识产权保护等。反观认知压力却会促进企业研发强度与企业人工智能技术优势之间的负向关系。当人工智能行业里的龙头企业因降低研发风险而减少对企业人工智能技术优势项目的关注时，会带来不好的示范效应，从而导致其他企业在加大研发力度时也减少对企业人工智能技术优势项目的关注。同规范压力在企业研发强度与企业人工智能责任伦理之间的关系不具有调节作用一样，规范压力对企业研发强度与企业人工智能技术优势之间关系的调节作用也并不显著，同样与本章的假设不符。可能是因为在人工智能的技术产品具有潜在伦理风险的前提下，即使当初是出于造福人类社会而制造出的人工智能产品在应用过程中也会产生很大的伦理问题，如无人驾驶汽车出事故后的责任判定问题等。在这种情况下，社会中的行业协会、非营利组织等组织施加的要求企业履行人工智能优势责任的规范压力很难发挥作用。所以规范压力在企业研发强度与企业人工智能技术优势之间也不存在调节作用。

10.5.2　研究贡献

10.5.2.1　理论贡献

本章通过企业研发强度与企业人工智能责任的关系，以及制度压力在上述关系中的调节作用，丰富了企业社会责任及制度压力的相关研究。

（1）依据企业社会责任的概念构建了企业人工智能责任的定义，并参考 Wu 等（2020）将企业人工智能责任划分为企业人工智能责任伦理与企业人工智能技术优势两个维度。结合本章主题，从资源基础观及责任式创新的理论视角出发，来研究企业研发强度与企业人工智能责任两个维度之间的关系，丰富了企业社会责任的相关研究，为研究企业社会责任的动机提供了新的理论视角（王文静，2022；薛赛戈，2022；王宇峰，2023）。

（2）在理解用内容分析法测量企业社会责任的基本原理后，大胆尝试使用最近国内外学者经常使用的测量企业高管团队注意力的自动文本分析法来测量企业人工智能责任，使企业人工智能责任的测量更加准确、客观。通过对企业公开发布的年度报告、社会责任报告进行分析来测量企业人工智能责任，可靠性较强，同时也具有可复制性。所以本章为企业社会责任提供了新的测量方法，丰富了企业社会责任的测量方法选择。

（3）使用制度压力作为企业研发强度与企业人工智能责任关系之间的调节作用，并将制度压力划分为三个层次，丰富了企业研发强度与企业社会责任之间的研究。企业生存于制度环境之中，其行为必然会受到制度环境的塑造和影响，同时来自不同层次的制度压力对企业选择将资源更多地转化为经济绩效还是社会绩效也会产生不同的影响。因此，将制度压力纳入分析过程中，研究企业研发强度与制度压力的交互对企业人工智能责任的作用，不仅能进一步理解企业履行人工智能责任的情景因素，同时也拓展了新制度理论与资源基础观的应用范围。

10.5.2.2 政策意义

通过对企业研发强度、企业人工智能责任和制度压力的研究，本章分别对企业和政府两个主体提出政策建议：

（1）企业在制定企业人工智能责任战略时，需要考虑到企业的研发活动。由于企业的企业人工智能责任活动可能已经涉及流程和产品的创新，人工智能企业应专注于在研发过程中发现的机会，然后启动相关的企业人工智能责任活动。这样能够使企业更有效地管理成本，并确定是否还需要其他企业社会责任活动来满足利益相关者的期望，而利益相关者可以为企业提供竞争优势的相关活动。所以希望通过研发投资和企业社会责任来实行差异化战略的管理者在制定企业人工智能责任战略时，需要考虑企业的研发活动投入的多少。

（2）政府要加大对企业研发人工智能技术的政策性激励。本章发现，企业对于人工智能技术的研发强度越高，越会减少对企业人工智能技术优势项目的关注。其原因在于研发是一项高风险且投资回报期较长的活动，当企业投入大量资源用于人工智能技术研发时，为了降低风险，企业更倾向于将资源投入到能够产生直接经济效益的人工智能项目当中。因此，政府可以通过出台政策加大对企业研发人工智能技术的激励力度，帮助企业降低研发风险，并诱导企业加大对人工智能优势项目的投入。

（3）政府要进一步健全企业人工智能责任的法律法规。由于当前关于企业人工智能责任伦理问题的法律法规具有很大的模糊性，研究表明相关法律法规越多，企业越不会履行企业人工智能伦理责任。在这种情况下，政府应当加快人工智能伦理的政策研究，以尽快明确企业人工智能的伦理规范，从而引导企业积极地履行企业人工智能伦理责任。同时，健全的法律法规还可以通过影响行业规则、价值认知等规范压力来推动企业履行企业人工智能伦理责任，因为这些规范压力可以在企业外部营造一个推动企业履行企业人工智能伦理责任的实际氛围。政府可以进一步加大有关企业人工智能技术优势的奖励性政策，因为这些政策可以在一定程度上抵消企业因高研发投入而减少对企业人工智能技术优势项目关注的效应，以引导企业积极利用人工智能技术来造福人类社会。

（4）政府要充分发挥龙头企业的模范作用。本章在前文已证实当企业加大对人工智能技术的研发投入时，为了降低风险，可能减少对企业人工智能技术优势项目的关注，而且这种行为一旦发生在具有竞争优势的龙头企业中，那么将给人工智能行业中的其他企业带来不好的示范效应，因此政府应当加大鼓励龙头企业积极关注企业人工智能技术优势项目，以引导行业内其他企业的追随。而对于积极履行企业人工智能伦理责任的龙头企业，政府也应加大对其奖励力度，给予他们更多的政策优惠或补贴，以充分利用企业感知到的认知压力来引导其他企业对人工智能伦理责任的积极履行。

10.6　不足与未来展望

本章研究内容尚存在不足之处，今后的研究可以从以下几点进行完善：

在数据方面。以 2011~2017 年同花顺人工智能概念股的上市公司为研究样本，在剔除 ST 及 *ST 类的公司及公司上市当年的财务数据后，只剩下 101 家上市公司样本和 563 份具体观测值，实证数据偏少。鉴于人工智能产业是在最近几年才开始快速发展，人工智能行业的上市公司会随着人工智能技术的研发应用越来越多，未来可以基于更多的人工智能上市公司为样本来进行研究，以提高研究的概括性与可信度。

在变量的衡量方面。仅使用企业的财务资源来衡量企业的研发强度，但例如研发人员和技术等资源也可能会对企业社会责任活动产生影响，那么不同类型的资源对企业人工智能责任有何影响也应在未来研究中加以探讨。另外，在测量企业人工智能责任时采用的是文本分析法，该方法不免会夹杂着研究者的主观因素，未来可以附加一些适用于认知和心理研究的访谈和问卷研究来测量企业人工智能责任。此外，分别采用地方有关企业人工智能责任的法律法规的数量、非营利组织的数量和赫芬达尔—赫希曼指数来测量三个层次的制度压力，但这些指标只是从某一个层次来粗略地衡量企业所面临的制度压力。因此，未来如何以更加全面、科学、合理的方法来对上市公司的变量进行测量，可以作为今后研究改善的方向。

在内生性方面。企业研发强度与企业人工智能责任之间不是简单的单向作用关系，而是复杂的相互作用关系，即企业研发强度会影响企业人工智能责任，但企业人工智能责任也会影响企业研发强度。本章为了简化研究，只探讨了企业研发强度对企业人工智能责任的单向影响，强调企业研发强度的主导地位。但积极履行人工智能责任的企业也会赢得利益相关者的青睐与投资, 从而为企业带来更多的资源用于研发投资。因此, 今后的研究可以通过 GMM 等方法, 来对企业研发强度与企业人工智能责任之间的交互作用进行深入探讨。

第 11 章　企业人工智能技术创新和社会责任的矛盾与耦合

——研究结论与未来趋势

11.1　研究结论

11.1.1　研究主题一：人工智能技术在后发企业智能制造应用中注意力配置提升策略——兼顾知识存量和知识多元性

面向人工智能技术在后发企业智能制造过程中面临的注意力配置难题，针对"知识基础、竞争导向是否以及如何影响后发企业人工智能新兴技术注意力配置"研究问题，本章基于注意力基础观和动态能力理论，实证检验知识基础与竞争导向对后发企业人工智能技术注意力的影响，发现当后发企业同时兼顾知识存量和知识多元性时，人工智能技术注意力强度会因为吸收能力和知识异质性带来的原创能力和协同互补效应而提高，观点如下：

第一，后发企业知识存量可以促进人工智能技术注意力强度。知识存量较强的后发企业，对于技术知识的吸收能力更强，从而更易感知、接收新技术信号，提升人工智能技术注意力强度。

第二，后发企业知识多元度可以促进人工智能技术注意力强度。知识多元度较高的后发企业，知识异质性更强，进而引发需要互补性资源支持的原创能力。人工智能技术——制造过程中的新兴技术，有助于原创能力有效性提升，更易吸引知识多元性较高的后发企业制造过程中的注意力配置。

第三，后发企业知识多元度对知识存量与人工智能技术注意力强度间关系具有正向调节作用。知识存量带来的吸收能力和知识多元度带来的原创能力之间存在互补协同效应，进而弥补后发企业因竞争位势劣势带来的资源约束，提高人工智能注意力配置所需的资源效率。

第四，后发企业的低成本竞争会抑制其对人工智能新兴技术注意力强度的促进，而差异化竞争的后发企业将会对新兴技术投以更多的注意力。

11.1.2　研究主题二：专利数量和专利质量均衡导向下人工智能企业技术研发策略——调控创新能力异变幅度和价值认知复杂度

面向处于新兴技术轨迹转变期的人工智能企业"专利数量—专利质量"均衡导向下研发策略制定难题，针对"企业如何制定与创新能力异变特征和价值认知特征相匹配的研发策略"研究问题，本章基于间断均衡理论、能力理论和价值认知视角，选择创业板和人工智能概念股上市企业样本，实证研究了创新能力异变、价值认知、研发投入强度和企业专利数量和专利质量之间的关系及作用路径。观点如下：

第一，人工智能企业专利数量增长和专利质量提升的技术研发策略具有本质区别。作为新兴技术，人工智能技术与同领域其他技术相比，具有强大的自主性、学习性、决策能力以及与之伴随的复杂性和不确定性，从而导致在研发过程中稀缺资源竞争性会更强，因而传统因管理者出于惯性、规避风险及为减少不必要的机会成本和沉没成本将资源配置于专利数量上的研发费用增加策略，反而会导致专利质量的下降。企业要想利用人工智能助力其实现新颖且具备创新性的产品和服务就必须合理配置其研发资源于不同的技术路径轨迹，以实现数量与质量并重。

第二，人工智能企业需要控制基于创新能力异变幅度的新旧技术研发轨迹更替范围，以实现"专利数量—专利质量"均衡型技术研发策略。人工智能技术在结构和功能上都具备深度融合的潜力，技术创新复杂性以及产出不确定性也使企业难以确定某一具体技术领域的价值和产出质量，因此企业需要合理控制创新能力异变幅度。即便不考虑专利质量，仅关注专利数量增长，过大幅度的创新能力异变也不利于研发投入资源的有效配置，使企业缺失专利数量增长所需的资源基础。反而在创新能力异变幅度比较低的时候，企业只要在已有技术研发轨迹内不断增加研发投入来整合和加工现有知识就能促进专利数量增长。

第三，人工智能企业高价值认知复杂度和低创新能力异变幅度的组合，激活了企业研发强度与专利质量间的关系，限制了企业研发强度与专利数量间的关系。专利质量提升是一个复杂多环节价值创造过程。作为计算领域前沿技术的研发者，人工智能企业若想实现技术突破性发展，就需拓展对专利质量提升所需的价值链环节的认知。这些技术可能是一组技术领域的联合突破创新，也可能是一种技术领域的巨大突破，因而需要企业关注较多的价值创造环节，从而探索和识别人工智能技术的专有位置，以激活低创新能力异变幅度下高研发强度的专利质量提升路径。对于专利数量增长而言，企业会更愿意花费较低的成本以获取更大的利润，即在创新能力异变幅度较低的时候，企业无须担心技术研发轨迹转换下的高成本，只需配置较低的价值认知复杂度就能获得专利数量增长所需的资源基础。

11.1.3 研究主题三：人工智能企业双元创新对运营效率的关系研究——价值认知复杂度和成本粘性的联合调节

面向人工智能企业技术创新过程中价值链长度带来的运营效率低下和成本粘性阻碍创新变革的难题，针对"调节价值认知复杂度与成本粘性内部情境匹配，以克服人工智能企业双元创新过程中运营效率低下"的研究问题，本章基于双元创新理论、价值链理论和价值认知视角，选择人工智能概念股上市企业样本，分析并验证了价值认知复杂度及其与成本粘性的联合交互对人工智能企业双元创新与运营效率间关系的调节效应。观点如下：

第一，人工智能企业双元创新促进运营效率。人工智能企业进行突破式创新，企业改变原有的组织形态以适应新技术新产品带来的变化，并形成新的行为模式，进而提升运营效率；人工智能企业进行渐进式创新，企业可以在已有技术和产品的基础上进行改进，形成固定的行为模型和规范，由此提升运营效率。

第二，人工智能企业价值认知复杂度正向调节了突破式创新和运营效率间关系，负向调节了渐进式创新和运营效率间关系。当价值认知复杂度较高，人工智能企业决策者关注到更多创新过程中的价值创造环节。进行突破式创新时，人工智能企业进行彻底的革命性变革，需要决策者综合考虑各种环境因素。因此，管理者的价值认知复杂度越高，越有利于企业开展创新活动提升运营效率。进行渐进式创新时，人工智能企业的技术研发建立在已有技术基础上。当价值认知复杂度高的时候，企业决策者关注价值创造环节多，不利于企业资源集中进行渐进式创新活动，会造成沉没成本，反而不利于企业通过开展创新活动提升运营效率。

第三，人工智能企业价值认知复杂度和成本粘性的联合交互对于突破式创新与运营效率间关系的调节效应未被支持，但却负向调节渐进式创新和运营效率间关系。当企业进行突破式创新时，管理者价值认知复杂度高意味着考虑到更多价值创造环节，已为突破式创新提供了足够的资源支撑，这时成本粘性高可能只代表企业处于一种稳定状态，没有为企业通过突破式创新提高运营效率提供更多更有效的物质条件。当企业进行渐进式创新时，管理者价值认知复杂度高会导致企业难以集中资源，同时成本粘性高意味着企业对现有资源利用不充分，无法将成本投入及时转化为创新成果，不利于企业运营效率的提升。

11.1.4　研究主题四：企业人工智能技术责任提升策略研究——研发策略制定和制度压力响应的整合

面向人工智能技术创新过程中技术研发和社会责任之间的矛盾难题，针对"企业如何通过研发策略和制度压力的整合提升人工智能技术责任"的研究问题，本章基于制度理论、能力理论和利益相关者理论，选择人工智能概念股上市企业样本，将人工智能技术责任分类人工智能技术优势和责任伦理，将制度压力分为规制压力、认知压力和规范压力，分别研究不同种类制度压力对研发强度调控策略和人工智能技术责任间关系的调节作用。观点如下：

第一，研发强度会正向影响企业人工智能责任伦理，并负向影响企业人工智能技术优势。一方面，由于人工智能技术具有创新产出不确定性，单纯增加研发投入反而会引起利益相关者的担忧，削弱企业人工智能技术优势。另一方面，研发人工智能技术时企业可通过主动关注企业人工智能责任伦理问题来减少利益相关者的担忧，积累企业履行企业人工智能伦理责任的资源基础。

第二，对于研发强度与企业人工智能责任伦理间的正向关系，代表政府利益方的规制压力起削弱作用，代表竞争者利益方的认知压力起增强作用，代表行业协会等市场利益方的规范压力的调节作用并不显著。在政府方面，由于政府出台的有关人工智能责任伦理问题的法律法规尚具有不确定性与模糊性，越高研发强度的企业越倾向于将感知到的规制压力解释为威胁，将资源更多地投入到不涉及企业人工智能责任伦理问题的项目中去，减少履行人工智能伦理责任。在竞争者方面，与代表政府力量的规制压力不同，代表市场中竞争者力量的认知压力会促使企业在研发投入时模仿同行业中因积极履行企业人工智能责任伦理而获得竞争优势的企业，以此来应对市场竞争的压力并获得制度合法性。但在行业协会等市场利益相关者方面，现今社会各界尚未为人工智能技术发展制作一套完整准确的伦理规范，导致规范压力无法对企业行为产生限制。

第三，对于企业研发强度与企业人工智能技术优势间的负向关系，代表政府利益方的规制压力会起到削弱作用，代表竞争者利益方的认知压力却会起到促进作用，代表行业协会市场利益方的规范压力的调节并不显著。在政府方面，在鼓励企业应用人工智能技术造福社会的激励性政策下，高研发强度的企业会更倾向于遵从政策要求来博得资源支持，如银行贷款、更低的税率及知识产权保护等。在竞争者方面，当人工智能行业里的龙头企业因降低研发风险而减少对企业人工智能技术优势项目的关注时，带来不好的"示范效应"，从而导致其他企业在加大研发力度时也减少对企业人工智能技术优势项目的关注。但行业协会等市场利益相关者方面，由于人工智能技术产品尚存在潜在伦理风险，如无人驾驶汽车出事故后的责任判定问题等，此时行业协会、非营利组织等施加的要求企业履行人工智能优势责任的规范压力很难发挥作用。

11.2　学术创新点

11.2.1　研究主题一：人工智能技术在后发企业智能制造应用中注意力配置提升策略

11.2.1.1　探究了后发企业自身知识资源对新兴技术注意力具有何种影响

针对"已有研究多从理论角度阐述知识资源对新兴技术注意力配置的影响，相关实证研究较少"的研究缺口，本章通过证明后发现企业知识存量和知识多元度分别和协同的作用对新兴技术的注意力强度更高，弥补了已有研究不足。

11.2.1.2　探究了后发企业的竞争战略对新兴技术注意力间具有何种联系

针对"已有研究不明晰差异化战略会怎样影响企业新兴技术注意力"以及"已有研究缺乏在数字经济背景下对企业竞争战略类型进行测量创新和实证研究"的研究缺口，本章通过使用文本分析方法，定性定量相结合测量企业竞争导向，避免了单一划定企业战略类型；并通过发现后发企业低成本竞争和差异化分别会抑制和促进后发新兴技术注意力配置，弥补了已有研究不足。

11.2.2 研究主题二：专利数量和专利质量均衡导向下人工智能企业技术研发策略——创新能力异变幅度和价值认知的调节作用

11.2.2.1 从"量"和"质"的争论视角出发探讨人工智能企业如何均衡研发与产出间的关系，拓展了研发决策的研究范围

针对"已有研究忽略了研发强度和存在'量'和'质'区分的创新产出间关系"的研究缺口，通过识别研发强度决策对企业创新产出"量—质"有效性的双重结果，弥补了上述研究不足的同时，突破和拓展了现有理论界关于研发强度和企业创新产出正向关系的观点，关注其可能存在的负面效应。同时，由于人工智能领域同样存在上述研究缺口，本章通过探讨人工智能企业如何均衡研发与产出间的关系，拓展了研发决策在新兴技术创新管理领域的研究范围。

11.2.2.2 从研发资源配置的能力轨迹视角，补充了"量—质"均衡导向下人工智能企业研发强度决策有效性所需情境的研究

针对"已有对于研发强度有效性所需调节情境的研究多从政府补贴、环境规制等宏观层面和高管特征等层面深入，缺乏能力轨迹视角"的研究缺口，本章揭示实现"量—质"均衡导向下研发决策有效性更需对研发资源进行合理配置，即把握合适的创新能力异变幅度、方向和时机，从研发资源配置的能力轨迹这一更微观的视角丰富了人工智能企业研发强度决策有效性的情境研究。

11.2.2.3 从价值链认知激活角度，丰富了人工智能研发决策有效性提升的匹配性双重交互情境研究

针对"已有研究缺乏人工智能企业研发强度决策有效性所需复杂情境分析"的研究缺口，本章引入价值认知复杂度，基于价值链认知视角探究人工智能企业价值认知激活、创新能力异变幅度对研发强度、专利数量和专利质量间关系的影响，研究发现创新能力异变和价值认知复杂度的匹配特征会影响人工智能企业研发决策的有效性。这种价值认知和能力异变特征双重交互情境研究，弥补了现有研究从单因素分析研发决策有效性情境的缺陷，具有一定的创新性。

11.2.3　研究主题三：人工智能企业双元创新对运营效率的关系研究——基于价值认知复杂度和成本粘性的调节效应

11.2.3.1　通过探究人工智能企业在双元创新过程中应关注的运营环节，拓展了双元创新理论的研究范围

针对"已有关于企业双元创新影响结果的研究忽略了反映企业运营能力的相关指标"的研究缺口，本章通过对双元创新与运营效率关系的研究，探究人工智能企业双元创新中应关注的运营环节，拓展了双元创新理论的研究范围。

11.2.3.2　通过引入管理者关注的价值创造环节，识别了管理者认知在运营效率导向下人工智能企业双元创新有效性提升所需情境中的作用

针对"已有双元创新和运营效率间关系调节情境的研究多从高管教育背景或团队异质性角度出发，缺乏深层次认知视角"的研究缺口，本章引入更深层次的价值认知变量，从管理者关注价值创造环节的方式对人工智能企业双元创新有效性的调节情境进行研究。

11.2.3.3　通过分析成本粘性与价值认知复杂度联合调节作用，对人工智能企业双元创新与运营效率间关系的情境研究具一定创新性

针对"已有研究缺乏运营效率导向下人工智能企业双元创新决策有效性所需复杂情境分析"，本章将成本粘性作为调节变量引入，研究其与价值认知复杂度相结合的情况下，企业双元创新与运营效率间关系的变化。已有学者未将价值认知复杂度和成本粘性结合，本章分析了联合调节效应，具有一定的创新性。

11.2.4　研究主题四：企业人工智能技术责任提升策略研究——创新能力和制度理论的整合

11.2.4.1　将企业社会责任研究延伸到人工智能技术创新领域，并更加细分了该领域的社会责任行为

针对"现有研究缺乏人工智能技术责任维度细分"的研究缺口，本章尝试将企业社会责任嵌入人工智能领域，从而构建了企业人工智能技术责任概念，并将企业人工智能技术责任划分为伦理责任与技术优势两个维度，以此为基础更深入地探究人工智能领域研发强度与技术责任间的关系。

11.2.4.2　使用文本分析法来对企业人工智能技术进行测量

针对"企业人工智能技术责任测量方法尚缺"的研究缺口，本章结合研究

主题，使用文本分析法对企业人工智能技术责任进行测量，即通过对年报中的部分章节及社会责任报进行文本分析选出关键词表，然后使用包含关键词的语句占某公司某年总文本总句子数的百分比来衡量企业人工智能技术责任，拓展了以往研究中声誉指数法、KLD 指数法等测量企业社会责任的方法。

11.2.4.3　通过分析制度压力在研发强度与企业人工智能技术责任间关系调节作用，深化了制度压力对于人工智能企业发展的重要顺序的研究

针对"制度压力对于人工智能企业发展的重要顺序不明"的研究缺口，基于新制度理论，分析了制度压力在研发强度与人工智能技术责任之间的调节作用，进一步深化了制度环境对企业发展的重要性。

11.3　学术价值

11.3.1　研究主题一：人工智能技术在后发企业智能制造应用中注意力配置提升策略

11.3.1.1　理论价值

第一，验证了后发企业的知识基础与新兴技术注意力配置间的关系。现有文献指出了知识资源、企业行动规则会对企业注意力配置产生重要影响，但多从理论或是定性角度测度并阐述知识资源对注意力配置的作用，对其与企业新兴技术注意力的关系进行实证研究的文献较少，因此本章使用专利来衡量后发企业的知识基础，并将知识基础分为存量与结构两个方面探究其对于注意力配置的影响。研究结果表明，后发企业的知识存量对新兴技术的注意力具有重要的促进作用，知识多元度对后发企业新兴技术注意力具有正向影响，丰富了知识基础与企业新兴技术注意力关系的实证研究。

第二，验证了后发企业竞争战略与新兴技术注意力配置间的关系。已有研究认为后发企业竞争逻辑会影响企业注意力选择，但现有研究多从理论角度进行阐述，如认为企业对于"互联网+"的关注与应用即是企业差异化战略的反映，从实证角度出发验证二者之间关系的研究较少。另外，已有研究对于竞争战略的测量多使用问卷或二手数据进行。本章使用文本分析法测量并探究企业竞争导向强

度对后发企业智能制造的影响。研究结果表明，后发企业低成本竞争会抑制新兴技术注意力，从而丧失技术范式转移带来的先来者优势，而差异化竞争的后发企业因注重产品和生产方式等创新，将会对新兴技术投以更多的注意力，深化了智能制造等新兴技术注意力配置机制。

11.3.1.2 实践价值

第一，对于后发企业进行信息化、智能化转型具有启示。面对新兴技术这样技术范式转变的机会窗口，中国低成本的劳动力不再具有比较优势，与发达国家相比，我国制造业处于价值链的中低端，规模较大但缺乏自身的核心能力、创新能力，出现技术依赖等问题。但相比于先行者陷入的"路径锁定"，后发企业在进行追赶时则更可能突破体制束缚，实现"弯道超车"。在这样的背景下，企业给予智能制造领域等新兴技术注意力配置，提高对其认知水平，使企业能更快地进入智能制造领域，从而加速其组织的智能转型。

第二，对企业知识资源建设与智能制造新兴技术注意力配置具有启示作用。面对新兴技术范式变革，有的企业能识别该机会，后来者居上。本书从企业自身的技术知识资源探究其对新兴技术的注意力配置的影响，从知识的存量以及结构分析其影响。如此，企业可从自身知识资源的角度出发，通过进行技术的积累或者其他技术探索提高其组织灵活性与前瞻性，从而对技术环境以及市场的变化具有敏感性。

第三，对我国后发制造业制定竞争战略对发达国家进行追赶和超越具有启示。我国制造业在其发展历程中，多使用成本领先模式，强调低成本以实现规模经济。我国目前虽已是制造业大国，但与制造强国还有距离。此后成本模式带来的优势逐渐消失，面对此环境背景，中国后发企业可通过抓住智能制造机会窗口进行追赶和超越。成本领先战略可助企业获得竞争优势，但不可沉溺于低成本模式，企业应在此基础上提高其差异化水平，可增加其对智能制造注意力配置。人工智能新兴技术可获得企业更多的注意力资源，在智能制造过程中，创新效率会更高。

11.3.2 研究主题二：专利数量和专利质量均衡导向下人工智能企业技术研发策略——创新能力异变幅度和价值认知的调节作用

11.3.2.1 理论价值

第一，丰富了研发强度对专利数量和质量的理论内容研究。以往基于研发强度对创新绩效、专利数量或专利质量等整体性指标进行的研究发现，增加研发强度有利于专利数量增长及专利质量提升。而本章从创新过程中"数量—质量"替代争论出发，分别研究人工智能企业研发强度对专利数量和专利质量的影响。由于专利数量增长和专利质量提升所需的资源基础、技术创新路径轨迹均有所不同，其创新过程中所需耗费的时间和精力等成本也是不同的，因此本章基于资源基础观和过程视角，探讨研发强度对两种不同技术路径轨迹创新产出的影响，进一步拓宽了"研发—产出"视角的研究。

第二，揭示了研发强度对专利数量和质量影响的能力边界条件和过程机制。研究涉及探讨研发当年突破以往趋势快速变化的幅度，即创新能力异变幅度对研发强度与专利数量和专利质量关系的调节效应。已有研究从单一的创新能力异变视角研究对其创新产出的影响，而本章基于间断均衡理论，研究人工智能企业前期的研发投入基础对创新产出的影响受到创新能力异变幅度的调节，有助于技术创新达到间断均衡，实现研发资源的有效管理和配置，以产生数量和质量并重的创新产出。为研发投入决策引入新的研究视角，也拓展了间断均衡理论的应用范围，同时也有助于理解和掌握三者间的内在联系。

第三，深化了研发投入决策有效性的多因素复合激活机制。以往研究多从单个调节因素角度出发探讨研发对创新产出的影响，而本章基于复合视角，将认知模式与价值链创造环节结合，考虑创新能力异变幅度与价值认知复杂度交互作用在人工智能企业研发策略制定和实施过程中的调节机制。通过深化研究价值认知激活效应，弥补了研发决策有效性的研究缺口。

11.3.2.2　实践价值

第一，有助于人工智能企业制定专利数量增长和专利质量提升导向下研发强度决策。随着人工智能、大数据、物联网、云计算、区块链等新兴技术的快速发展和应用，在涉及人工智能的新兴技术转型中，人工智能企业可持续发展的关键是拥有获取竞争优势的能力，其中持续创新是竞争优势提升的能力之一，研发强度作为企业创新的代理变量，是企业创新关注要点。本章通过分析研发强度与人工智能企业专利数量和质量间的关系，为人工智能企业提高研发强度决策有效性提供了一定的指导。

第二，把创新能力异变情境纳入研发强度与人工智能企业专利数量和专利质量的分析框架，有利于我国人工智能企业"数量—质量"均衡导向型研发决策的有效实现。在涉及人工智能的新兴技术转型中，不仅需要增加研发投入，同时研发投入会受到企业为技术创新对研发资源进行有效管理和配置的影响。基于创新能力异变幅度的情境下，有助于企业及时调整研发策略以尽量避免过度聚焦单一技术区。研究创新能力异变情境有利于深入了解在什么样的情况下，才能增强研发强度决策的有效性，以实现创新产出"数量—质量"并重，为人工智能企业治理实践提供借鉴。

第三，将创新能力异变幅度和价值认知复杂度纳入研发强度与专利数量和质量关系的分析框架，有助于深入了解管理者不同价值认知情境在均衡研发强度与创新产出关系中的作用，为实现人工智能企业内部资源配置提供参考。人工智能企业可借鉴本研究，进一步促进企业内部资源合理配置以及管理者采取合理的价值认知复杂度，以实现企业创新资源价值的最大化，引导企业做出更加明智的研发决策和应变策略。

11.3.3　研究主题三：人工智能企业双元创新与运营效率的关系研究——价值认知复杂度和成本粘性的调节效应

11.3.3.1　理论价值

第一，拓展了双元创新理论在运营效率提升领域的应用。以人工智能企业为研究样本对双元创新与运营效率间关系进行研究，发现两种创新方式有助于企业运营效率的提升，拓展了双元创新理论在高新技术企业领域的应用。

第二，揭示了价值认知复杂度在双元创新与运营效率关系中的不同调节情境作用。本章通过价值链视角引入认知复杂度要素进行研究，研究结果发现价值认知复杂度调节了双元创新与运营效率间关系。在高价值认知复杂度的情况下，有利于人工智能企业通过开展突破式创新提升运营效率，但不利于通过渐进式创新提升运营效率。这意味着在不同创新情境下，决策者关注的价值创造环节数量的多少会影响企业创新活动的展开和运营效率的关系。

第三，揭示了价值认知复杂度与成本粘性的交互对双元创新与运营效率间关系中的不同调节情境作用。本章将价值认知复杂度与成本粘性相结合进行研究，研究结果发现价值认知复杂度和成本粘性对突破式创新与运营效率间关系不存在联合交互调节效应，但在高认知复杂度和高成本粘性情况下，两者交互会负向调节渐进式创新和运营效率间关系。明确了价值认知复杂度和成本粘性的交互对运营效率导向下双元创新有效性的不同调节情境作用。

11.3.3.2　实践价值

第一，对人工智能企业提升运营效率的研发投入强度决策提供了一定指导。企业可以通过突破式创新和渐进式创新提升运营效率，并且二者有所区别，基于两种创新方式的特点，企业应根据不同情境选择不同的创新方式，鉴于人工智能行业竞争激烈，渐进式创新容易被模仿，难以塑造企业核心竞争力，因此建议人工智能企业更应该通过彻底的革命性的突破式创新获得不可复制的竞争优势，提升运营效率。

第二，在不同创新情境下，为人工智能企业决策者应关注的价值创造环节数量提供一定指导。企业通过突破式创新提升运营效率时，决策者应尽可能多地关注不同的价值创造环节以促进突破式创新的有效展开，从而提升运营效率；企业通过渐进式创新提升运营效率时，决策者应集中少数价值创造环节，否则会造成资源冗余，不利于企业效率的提升。

第三，人工智能企业在创新决策过程中应考虑到成本粘性发挥的作用。企业创新需要一定的资源支撑，投入成本与业务量及创新成果不一定呈线性关系，因此，人工智能企业在进行渐进式创新时，管理者要减少注意力的分散，减少成本投入以避免企业成本粘性进一步提高，从而提升运营效率，保证企业的长期竞争优势。而在进行突破式创新时，管理者价值认知程度和企业成本粘性的存在不一定同时发挥调节效应，这时管理者应根据企业情况，合理分配资源，保障创新活动有序开展，进而提升运营效率。

11.3.4　研究主题四：企业人工智能技术责任提升策略研究——创新能力和制度理论的整合

11.3.4.1　理论价值

第一，依据企业社会责任的概念构建了企业人工智能技术责任的定义和维度。将企业人工智能技术责任划分为伦理责任与技术优势两个维度。结合本章主题，从资源基础观及责任式创新的理论视角出发，来分别研究研发强度与企业人工智能技术责任两个维度的关系，丰富了企业社会责任相关研究，为研究人工智能技术责任动机提供了新的理论视角。

第二，在理解用内容分析法测量企业社会责任的基本原理后，探索文本分析法使企业人工智能技术责任的测量更加准确、客观。通过对企业公开发布的年度报告、社会责任报告进行分析为人工智能技术责任提供了新的、可靠性更强也更具有可复制性的测量方法。

第三，比较三种制度压力对研发强度与企业人工智能技术责任关系间调节效应，丰富了企业研发强度与人工智能技术责任间关系的情境研究。由于企业行为受到制度环境的塑造和影响，比较研究企业研发强度与制度压力的交互对人工智能技术责任的作用，不仅能进一步理解企业履行人工智能技术责任的情境研究，也拓展了新制度理论与资源基础观的应用范围。

11.3.4.2 实践价值

第一，在制定企业人工智能技术责任战略时，需考虑企业研发投入强度控制策略。由于企业人工智能技术责任活动可能已经涉及流程和产品的创新，人工智能企业应专注于在研发过程中发现机会，然后启动相关的企业人工智能技术责任活动。这样能够使企业更有效地管理成本，并确定是否还需要其他企业社会责任活动来满足利益相关者的期望，而利益相关者可以为企业提供竞争优势的相关活动。所以希望通过研发投资和企业社会责任来实行差异化战略的管理者在制定企业人工智能技术责任战略时，需要考虑到企业研发活动投入的多少。

第二，为政府加大对企业研发人工智能技术的政策性激励提供决策支持。本章发现，企业对于人工智能技术的研发强度越高，越会减少对企业人工智能技术优势项目的关注。其原因在于研发是一项高风险且投资回报期较长的活动，当企业投入大量资源用于人工智能技术研发时，为了降低风险，企业更倾向于将资源投入到能够直接带来经济效益的人工智能项目当中。因此政府可以通过出台政策加大对企业研发人工智能技术的激励力度，帮助企业降低研发风险，并诱导企业加大对人工智能优势项目的投入。

第三，为政府进一步健全企业人工智能技术责任的法律法规提供决策支持。由于当前关于企业人工智能技术责任伦理问题的法律法规具有很大的模糊性，研究结果表明相关法律法规越多，企业越不会履行企业人工智能伦理责任。在这种情况下，政府应当加快人工智能伦理的政策研究，以尽快明确企业人工智能的伦理规范，从而引导企业积极地履行企业人工智能伦理责任。同时，健全的法律法规还可以通过影响行业规则、价值认知等规范压力来推动企业履行企业人工智能伦理责任的实际氛围。政府可以进一步加大有关企业人工智能技术优势的奖励性政策，因为这些政策可在一定程度上抵消企业因高研发投入而减少对企业人工智能技术优势项目关注的效应，以引导企业积极利用人工智能技术来造福人类社会。

第四，为政府充分发挥人工智能龙头企业的模范作用提供决策支持。本章已证实当企业加大对人工智能技术的研发投入时，为了降低风险，可能会减少对企业人工智能技术优势项目的关注，而且这种行为一旦发生在具有竞争优势的龙头企业中，那么将给人工智能行业中的其他企业带来不好的"示范效应"，因此政府应当加大鼓励龙头企业积极关注企业人工智能技术优势项目，以引导行业内其他企业的追随。而对于积极履行企业人工智能伦理责任的龙头企业，政府也应加大对其奖励力度，给予他们更多的政策优惠或补贴，以充分利用企业感知到的认知压力来引导其他企业对人工智能伦理责任的积极履行。

11.4　已有研究不足和未来研究趋势

11.4.1　已有研究不足

已有研究成果存在以下三点不足之处：第一，需要结合研究发现，进一步对企业人工智能技术创新和社会责任之间联系和矛盾进行深度分析。第二，需要基于对企业人工智能技术创新和社会责任目标冲突的深度分析，揭示人工智能技术创新能力范畴形成、演变和耦合的微观机理。第三，针对案例研究提出抽象命题的缺陷需要，进一步使用系统动力学方法，以更好地处理复杂系统中的具体"涌现"问题。即通过"技术创新—社会责任"目标冲突和耦合获得的技术创新能力演变策略随着时间推移变化的有效性如何延续？

11.4.2　未来研究趋势

沿着企业人工智能技术创新与社会责任之间"联系和矛盾→耦合机制→动态均衡策略"的主导逻辑，未来将解决的关键科学问题是：企业如何通过调节企业人工智能技术创新能力的范畴，促进"技术创新—社会责任"动态均衡导向型创新能力演变和关注度焦点移动？具体而言，将解决三个关键科学子问题和创新点：①企业人工智能技术创新与社会责任之间联系和矛盾的深度分析；②"技术创新—社会责任"动态均衡的企业技术创新能力演变和关注度焦点移动过程中隐含的耦合机制的规律性；③为促进"技术创新—社会责任"动态均衡导向型企业人工智能技术创新能力演变和关注度焦点移动有效性的跃迁，企业人工智能技术创新能力的范畴和演变路径应遵循的策略。

11.4.2.1　研究内容一：企业人工智能技术创新与社会责任间联系和矛盾的深度分析

迄今为止，还缺乏企业人工智能技术创新和社会责任之间联系和矛盾进行深度分析的研究。本章将在现有的实证研究结论的基础上，对上述研究问题进行概述。具体采用案例研究方法、结合实证研究结论举例并探索联系和矛盾的深层次原因，以提供主要的"技术创新—社会责任"均衡导向型技术创新能力范畴和演变路径模式，并结合案例分析，基于对上述目标冲突造成的可复用和需区分的人工智能技术创新能力形成过程进行理论框架构建，为后续研究奠定基石，有助于反复理论（Vacillation Theory）在企业人工智能技术创新管理和社会责任研究领域的应用和拓展。

11.4.2.2　研究内容二："技术创新—社会责任"动态均衡的企业技术创新能力演变和关注度焦点移动过程中隐含的耦合机制的规律性

针对"缺乏企业人工智能技术创新和社会责任目标冲突情境中技术创新能力范畴形成和演变微观机理的研究"的问题，本章采用混合方法，基于专利分析法、案例研究法，对企业人工智能专利分类进行分析，然后通过案例研究，探索"技术创新—社会责任"动态均衡的企业技术创新能力演变和关注度焦点移动过程中隐含的耦合机制的规律性。

基于前一个研究中对"技术创新—社会责任"均衡式发展目标造成的目标冲突，及其对企业技术创新能力演变的影响的分析，采用专利分析法分析企业人工智能专利范畴，并基于企业主营业务的核心技术选择案例样本，分析在"技术创新"和"社会责任"目标冲突下关注度焦点移动的耦合机制。有助于将能力理论和反复理论相结合，深度分析多重目标冲突下人工智能技术创新能力内部的耦合机理。

11.4.2.3　研究内容三："技术创新—社会责任"动态均衡导向型企业人工智能技术创新能力演变和关注度焦点移动有效性跃迁策略

企业人工智能技术创新能力演变过程需要均衡"技术创新—社会责任"核心矛盾。基于前面几个探索性研究和数理实证研究，应用了归纳推理和溯因推理，即"形成和评估解释性假设的推理过程"，加深了对"技术创新—社会责任"均衡导向下企业人工智能技术创新能力演变和路径的理解。针对案例研究的不足，避免将研究局限于抽象命题提出，本章进一步使用系统动力学方法，以更好地处理复杂系统中的具体"涌现"问题。如问题都与系统保持势头的能力有关，也与系统能够利用"技术创新—社会责任"目标冲突建立重要的人工智能技术创新能力来应对目标冲突挑战有关。哪一种策略产生最好结果，在短期内是有用的，但如何延长维持的时间，怎么深入理解这些促进人工智能技术创新能力时机选择和惯性破坏的措施如何随着时间的推移变化？如何确保某些结果和方法得以持续？通过"技术创新—社会责任"目标冲突和耦合获得的技术创新能力是长期的还是短期的？在针对"技术创新—社会责任"深层矛盾的耦合机制后，企业将如何部署人工智能技术创新能力培育的延续和演化？

对于技术创新导向和社会责任导向而言，由于其资源的争夺性，可基于雏菊世界模型，通过假设不同的初始条件——资源分配和环境反射率组合，运用系统动力学对人工智能技术创新能力演变系统的各维度可复用和需区分的能力进行敏感性分析。随着"技术创新—社会责任"均衡导向下企业人工智能技术创新能力演变系统日益复杂，模型应包含更多的环境类、组织条件变量以及反馈关系和时机选择、惯性破坏因素，将盖娅系统融入到"技术创新—社会责任"均衡导向型企业人工智能技术创新能力演变的大系统中。具体而言，可将"技术创新—社会责任"动态均衡导向下企业人工智能技术创新能力演变过程细分为以下四个子系统：振荡的时机选择与惯例破坏、人工智能技术创新能力、创新绩效、社会责任，并基于系统动力学研究方法中的盖娅模型进行仿真研究，识别能够促使"技术创新—社会责任"均衡导向型企业人工智能技术创新能力演变效果跃迁的策略，有助于针对能力理论和反复理论结合中策略动态跃迁的深层次研究缺口，进而得到多重目标冲突下人工智能技术创新能力跃迁动态路径和策略。

参考文献

［1］ Aboody, D. , Lev, B. Information asymmetry, R&D, and insider gains ［J］. The Journal of Finance, 2000, 55 (6): 2747-2766.

［2］ Acquaah, M. , Yasai-Ardekani, M. Does the implementation of a combination competitive strategy yield incremental performance benefits? A new perspective from a transition economy in Sub-Saharan Africa ［J］. Journal of Business Research, 2008, 61 (4): 346-354.

［3］ Adams, J. D. Fundamental stocks of knowledge and productivity growth ［J］. Journal of Political Economy, 1990, 98 (4): 673-702.

［4］ Eisenhardt, K. M. , Bourgeois III, L. J. decision making in high-velocity environments: Toward a mid range theory ［J］. Academy of Management Journal, 1988, 31 (4): 737-770.

［5］ Aguilera, R. V. , Rupp, D. E. , Williams, C. A. , et al. Putting the S back in corporate social responsibility: A multilevel theory of social change in organizations ［J］. Academy of Management Review, 2007, 32 (3): 836-863.

［6］ Akan, O. , Allen, R. S. , Helms, M. M. , et al. Critical tactics for implementing Porter's generic strategies ［J］. Journal of Business Strategy, 2006, 27 (1): 43-53.

［7］ Akoka, J. , Comyn-Wattiau, I. A method for emerging technology evaluation. Application to blockchain and Smart Data Discovery ［J］. Conceptual Modeling Perspectives, 2017: 247-258.

［8］ Alberti, M. , Caini, L. , Calabrese, A. , et al. Evaluation of the costs and benefits of an environmental management system ［J］. International Journal of Production Research, 2000, 38 (17): 4455-4466.

［9］ Allison, P. D. Measures of inequality ［J］. American Sociological Review, 1978: 865-880.

［10］ Aloisio, K. M. , Micali, N. , Swanson, S. A. , et al. Analysis of partially observed clustered data using generalized estimating equations and multiple imputation ［J］. The Stata Journal, 2014, 14 (4): 863-883.

［11］ Alonso-Borrego, C. , Forcadell, F. J. Related diversification and R&D intensity dynamics ［J］. Research Policy, 2010, 39 (4): 537-548.

［12］ Altman, E. I. Financial ratios, discriminant analysis and the prediction of corporate bankruptcy ［J］. The Journal of Finance, 1968, 23 (4): 589-609.

［13］ Aly, H. Y. , Grabowski, R. , Pasurka, C. , et al. Technical, scale, and allocative efficiencies in U. S. banking: An empirical investigation ［J］. The Review of Economics and Statistics, 1990, 72 (2): 211-218.

［14］ Ambec, S. , Cohen, M. A. , Elgie, S. , et al. The porter hypothesis at 20: Can environmental regulation enhance innovation and competitiveness? ［J］. Review of Environmental Economics and Policy, 2013, 7 (1): 2-22.

［15］ Amundsen, H. , Hermansen, E. A. T. Green transformation is a boundary object: An analysis of conceptualisation of transformation in Norwegian primary industries ［J］. Environment and Planning e Nature and Space, 2021, 4 (3): 864-885.

［16］ Anderson, M. C. , Banker, R. D. , Janakiranman, S. N. Are selling, general, and administrative cost "sticky"? ［J］. Journal of Accounting Research, 2003, 41 (1): 47-63.

［17］ Anderson, P. , Tushman, M. L. Technological discontinuities and dominant designs: A cyclical model of technological change ［J］. Administrative Science Quarterly, 1990: 604-633.

［18］ Anderson, T. , Liu, Z. , Cruz, J. , et al. Social and environmental sustainability: An empirical analysis of supply chain profitability and the recession ［J］. Operations and Supply Chain Management, 2020, 13 (2): 176-193.

［19］ Andreoni, J. , Vesterlund, L. Which is the fair sex? Gender differences in altruism ［J］. The Quarterly Journal of Economics, 2001, 116 (1): 293-312.

［20］ Arora, S. , Cason, T. N. An experiment in voluntary environmental regulation: Participation in EPA's 33/50 program [J]. Journal of Environmental Economics and Management, 1995, 28 (3): 271-286.

[21] Arouri, M. E. H., Caporale, G. M., Rault, C., et al. Environmental regulation and competitiveness: Evidence from Romania [J]. Ecological Economics, 2012, 81: 130-139.

[22] Artz, K. W., Norman, P. M., Hatfield, D. E., et al. A longitudinal study of the impact of R&D, patents, and product innovation on firm performance [J]. Journal of Product Innovation Management, 2010, 27 (5): 725-740.

[23] Atuahene - Gima, K. Resolving the capability: Rigidity paradox in new product innovation [J]. Journal of Marketing, 2005, 69 (4): 61-83.

[24] Avgerou, C. Contextual explanation: Alternative approaches and persistent challenges [J]. MIS Quarterly, 2019, 43 (3): 977-1006.

[25] Azzone, G., Bertelè, U., Noci, G. At last we are creating environmental strategies which work [J]. Long Range Planning, 1997, 30 (4): 478-571.

[26] Baird, A., Maruping, L. M. The next generation of research on IS use: A theoretical framework of delegation to and from agentic IS artifacts [J]. MIS Quarterly, 2021, 45 (1).

[27] Baltagi, B. H., Bresson, G., Pirotte, A. Fixed effects, random effects or Hausman - Taylor? ——A pretest estimator [J]. Economics Letters, 2003, 79 (3): 361-369.

[28] Banker, R. D., Byzalov, D., Chen, L. T. Employment protection legislation, adjustment costs and cross-country difference in cost behavior [J]. Journal of Accounting & Economics, 2013, 55 (1): 111-127.

[29] Banker, R. D., Mashruwala, R., Tripathy, A. Does a differentiation strategy lead to more sustainable financial performance than a cost leadership strategy? [J]. Management Decision, 2014, 52 (5): 872-896.

[30] Bansal, P. Evolving sustainably: A longitudinal study of corporate sustainable development [J]. Strategic Management Journal, 2005, 26 (3): 197-218.

[31] Bansal, P., Roth, K. Why companies go green: A model of ecological responsiveness [J]. Academy of Management Journal, 2000, 43 (4): 717-736.

[32] Barnett, M. L., Salomon, R. M. Beyond dichotomy: The curvilinear rela-

tionship between social responsibility and financial performance [J]. Strategic management journal, 2006, 27 (11): 1101-1122.

[33] Barney, J. Firm resources and sustained competitive advantage [J]. Journal of Management, 1991, 17 (1): 99-120.

[34] Belenzon, S., Hashai, N., Patacconi, A. The architecture of attention: Group structure and subsidiary autonomy [J]. Strategic Management Journal, 2019, 40 (10): 1610-1643.

[35] Benbya, H., Nan, N., Tanriverdi, H., et al. Complexity and information systems research in the emerging digital world [J]. MIS Quarterly, 2020, 44 (1): 1-17.

[36] Bendell, J., Kearins, K. The political bottom line: The emerging dimension to corporate responsibility for sustainable development [J]. Business Strategy and the Environment, 2005, 14: 372-383.

[37] Benner, M. J., Tushman, M. L. Exploitation, exploration, and process management: The productivity dilemma revisited [J]. Academy of Management Review, 2003, 28 (2): 238-256.

[38] Berente, N., Gu, B., Recker, J., et al. Managing artificial intelligence [J]. MIS Quarterly, 2021, 45 (3): 1433-1450.

[39] Berrone, P., Fosfuri, A., Gelabert, L. et al. Necessity as the mother of "green" inventions: Institutional pressures and environmental innovations [J]. Strategic Management Journal, 2013, 34 (8): 891-909.

[40] Bettman, J. R., Weitz, B. A. Attributions in the board room: Causal reasoning in corporate annual reports [J]. Administrative Science Quarterly, 1983, 28 (2): 165-183.

[41] Bezrukova, K., Jehn, K. A., Zanutto, E. L., et al. Do workgroup faultlines help or hurt? A moderated model of faultlines, team identification, and group performance [J]. Organization Science, 2009, 20 (1): 35-50.

[42] Blau, P. M. Inequality and heterogeneity: A primitive theory of social structure [M]. New York: Free Press, 1977, 307.

[43] Blind, K., Cremers, K., Mueller, E. The influence of strategic patenting on companies' patent portfolios [J]. Research Policy, 2009, 38 (2): 428-436.

［44］ Bloom, N. , Van Reenen, J. Patents, real options and firm performance ［J］. The Economic Journal, 2002, 112（478）: 97-116.

［45］ Blundell, R. , Griffith, R. , Windmeijer, F. Individual effects and dynamics in count data models ［J］. Journal of Econometrics, 2002, 108（1）: 113-131.

［46］ Bourgeois, L. J. On the measurement of organizational slack ［J］. Academy of Management Review, 1981, 6（1）: 29-39.

［47］ Bowman, J. M. , Wittenbaum, G. M. Time pressure affects process and performance in hidden-profile groups ［J］. Small Group Research, 2012, 43（3）: 295-314.

［48］ Brammer, S. J. , Pavelin, S. Corporate reputation and social performance: The importance of fit ［J］. Journal of Management Studies, 2006, 43（3）: 435-455.

［49］ Brown, T. M. , Miller, C. E. Communication networks in task-performing groups: Effects of task complexity, time pressure, and interpersonal dominance ［J］. Small Group Research, 2000, 31（2）: 131-157.

［50］ Bstieler, L. The moderating effect of environmental uncertainty on new product development and time efficiency ［J］. Journal of Product Innovation Management, 2005, 22（3）: 267-284.

［51］ Burgelman, R. A. Strategy as vector and the inertia of coevolutionary lock-in ［J］. Administrative Science Quarterly, 2002, 47（2）: 325-357.

［52］ Campbell, J. L. Why would corporations behave in socially responsible ways? An institutional theory of corporate social responsibility ［J］. Academy of Management Review, 2007, 32（3）: 946-967.

［53］ Capello, R. , Nijkamp, P. Introduction: regional growth and development theories in the twenty-first century-recent theoretical advances and future challenges ［A］//Handbook of regional growth and development theories ［M］. Edward Elgar Publishing, 2009.

［54］ Carnabuci, G. , Operti, E. Where do firms " recombinant capabilities come from? Intra-organizational networks, knowledge, and firms" ability to innovate by technological recombination ［J］. Strategic Management Journal, 2013, 34（13）:

参考文献

1591-1613.

[55] Carroll, A. B. A three-dimensional conceptual model of corporate performance [J]. Academy of Management Review, 1979, 4 (4): 497-505.

[56] Carroll, A. B. The pyramid of corporate social responsibility: Toward the moral management of organizational stakeholders [J]. Business Horizons, 1991, 34 (4): 39-48.

[57] Carson, S. J., Wu, T., Moore, W. L. Managing the trade-off between ambiguity and volatility in new product development [J]. Journal of Product Innovation Management, 2012, 29 (6): 1061-1081.

[58] Chandler, A. D., Cortada, J. W. The information age: continuities and differences. In Chandler, A. D., Cortada, J. W. (Editors), A nation transformed by information [M]. New York: Oxford University Press, 2000, 281-300.

[59] Chen, H., Zeng, S., Lin, H., et al. Munificence, dynamism, and complexity: How industry context drives corporate sustainability [J]. Business Strategy and the Environment, 2017, 26 (2): 125-141.

[60] Chen, L., Zhou, Y., Luo, X., et al. Activating the different sides of top management team faultlines in enterprise sustainable develop-ment: Is environmental responsibility a burden or boost to small and medium-sized enterprises in China? [J]. Business Strategy and the Environment, 2023, 32 (6): 3053-3072.

[61] Chen J, Zhang Z, Jia M. How CEO narcissism affects corporate social responsibility choice? [J]. Asia pacific Journal of Management, 2021, 38: 897-924.

[62] Chen, S., Bu, M., Liang, X., et al. Executive cognition and firm innovation activities: The moderating role of corporate governance [J]. Academy of Management Annual Meeting Proceedings, 2012 (1): 13203.

[63] Chen, S., Bu, M., Wu, S., et al. How does TMT attention to innovation of Chinese firms influence firm innovation activities? A study on the moderating role of corporate governance [J]. Journal of Business Research, 2015, 68 (5): 1127-1135.

[64] Chen, W. R., Miller, K. D. Situational and institutional determinants of firms' R&D search intensity [J]. Strategic Management Journal, 2007, 28 (4): 369-381.

［65］ Chen, X., Yi, N., Zhang, L., et al. Does institutional pressure foster corporate green innovation? Evidence from China's top 100 companies ［J］. Journal of Cleaner Production, 2018, 188: 304-311.

［66］ Chen, Y. S., Chang, K. C. The relationship between a firm's patent quality and its market value-the case of US pharmaceutical industry ［J］. Technological Forecasting and Social Change, 2010, 77 (1): 20-33.

［67］ Chen, Y. S., Chang, K. C. Using the entropy-based patent measure to explore the influences of related and unrelated technological diversification upon technological competences and firm performance ［J］. Scientometrics, 2012, 90 (3): 825-841.

［68］ Cheng, B., Ioannou, I., Serafeim, G. Corporate social responsibility and access to finance ［J］. Strategic Management Journal, 2014, 35 (1): 1-23.

［69］ Cheng, E. C. K. The role of self-regulated learning in enhancing learning performance ［J］. The International Journal of Research and Review, 2011, 6 (1): 1-16.

［70］ Child, J., Mansfield, R. Technology, size, and organization structure ［J］. Sociology, 1972, 6 (3): 369-393.

［71］ Cho, T. S., Hambrick, D. C. Attention as the mediator between top management team characteristics and strategic change: The case of airline deregulation ［J］. Organization Science, 2006, 17 (4): 453-469.

［72］ Choi, J. N., Sy, T. Group-level organizational citizenship behavior: Effects of demographic faultlines and conflict in small work groups ［J］. Journal of Organizational Behavior, 2010, 31 (7): 1032-1054.

［73］ Christmann, P. Effects of "best practices" of environmental management on cost advantage: The role of complementary assets ［J］. Academy of Management Journal, 2000, 43 (4): 663-680.

［74］ Chung, S., Animesh, A., Han, K., et al. Software patents and firm value: areal options perspective on the role of innovation orientation and environmental uncertainty ［J］. Information Systems Research, 2019, 30 (3): 1073-1097.

［75］ Colombelli, A., Krafft, J., Quatraro, F. High-growth firms and technological knowledge: do gazelles follow exploration or exploitation strategies ［J］. Industrial and Corporate Change, 2014, 23 (1): 261-291.

[76] Cooper, D., Patel, P. C., Thatcher, S. M. B. It depends: Environmental context and the effects of faultlines on top management team performance [J]. Organization Science, 2014, 25 (2): 633-652.

[77] Criscuolo, P., Dahlander, L., Grohsjean, T., et al. Evaluating novelty: The role of panels in the selection of R&D projects [J]. Academy of Management Journal, 2017, 60 (2): 433-460.

[78] Crossan, M. M., Apaydin, M. A multi-dimensional framework of organizational innovation: A system review of the literature [J]. Journal of Management Studies, 2010, 47 (6): 1154-1191.

[79] Crossley, R. M., Elmagrhi, M. H., Ntim, C. G. Sustainability and legitimacy theory: The case of sustainable social and environmental practices of small and medium - sized enterprises [J]. Business Strategy and the Environment, 2021, 30 (8): 3740-3762.

[80] Cyert, R. M., March, J. G. A behavioral theory of the firm [M]. Prentice Hall/pearson Education, 1963.

[81] Czarnitzki, D., Ebersberger, B., Fier, A. The relationship between R&D collaboration, subsidies and R&D performance: empirical evidence from Finland and Germany [J]. Journal of Applied Econometrics, 2007, 22 (7): 1347-1366.

[82] Dai, W., Liao, M. Entrepreneurial attention to deregulations and reinvestments by private firms: Evidence from China [J]. Aisa Pacific Journal of Management, 2019, 36 (4): 1221-1250.

[83] Weiss, D. Cost behavior and analysts' earnings forecasts [J]. Accounting Review, 2010, 85 (4): 1441-1471.

[84] Das, T. K., Teng, B. S. A resource - based theory of strategic alliances [J]. Journal of Management, 2000, 26 (1): 31-61.

[85] Davis, K. Can business afford to ignore social responsibilities? [J]. California Management Review, 1960, 2 (3): 70-76.

[86] De Dreu, C. K. W., Nijstad, B. A., Van Knippenberg, D. Motivated information processing in group judgment and decision making [J]. Personality and Social Psychology Review, 2008, 12 (1): 22-49.

[87] De Grada, E., Kruglanski, A. W., Mannetti, L., et al. Motivated cognition and group interaction: Need for closure affects the contents and processes of collective negotiations [J]. Journal of Experimental Social Psychology, 1999, 35 (4): 346–365.

[88] De Rassenfosse, G. Do firms face a trade-off between the quantity and the quality of their inventions? [J]. Research Policy, 2013, 42 (5): 1072–1079.

[89] De Villiers, C., Low, M., Samkin, G. The institutionalisation of mining company sustainability disclosures [J]. Journal of Cleaner Production, 2014, 84: 51–58.

[90] Dean, T. J., Brown, R. L. Pollution regulation as a barrier to new firm entry: Initial evidence and implications for future research [J]. Academy of Management Journal, 1995, 38 (1): 288–303.

[91] DeCarolis, D. M., Deeds, D. L. The impact of stocks and flows of organizational knowledge on firm performance: An empirical investigation of the biotechnology industry [J]. Strategic Management Journal, 1999, 20 (10): 953–968.

[92] Del Brío, J. Á., Junquera, B. A review of the literature on environmental innovation management in SMEs: implications for public policies [J]. Technovation, 2003, 23 (12): 939–948.

[93] Deng, Z., Lev, B., Narin, F. Science and technology as predictors of stock performance [J]. Financial Analysts Journal, 1999, 55 (3): 20–32.

[94] Dess, G. G., Beard, D. W. Dimensions of organizational task environments [J]. Administrative Science Quarterly, 1984: 52–73.

[95] Dierickx, I., Cool, K. Asset stock accumulation and sustainability of competitive advantage [J]. Management Science, 1989, 35 (12): 1504–1511.

[96] DiMaggio, P. J., Powell, W. W. The iron cage revisted: Institutional isomorphism and collective rationality in organizational fields [J]. American Sociological Review, 1983, 48 (2): 147–160.

[97] Dindaroğlu, B. Determinants of patent quality in US manufacturing: technological diversity, appropriability, and firm size [J]. The Journal of Technology Transfer, 2018, 43 (4): 1083–1106.

[98] Dong, J. Q., Netten, J. Information technology and external search in the

open innovation age: New findings from Germany [J]. Technological Forecasting and Social Change, 2017, 120: 223-231.

[99] Dong, Y., Wei, Z., Liu, T., et al. The impact of R&D intensity on the innovation performance of artificial intelligence enterprises-based on the moderating effect of patent portfolio [J]. Sustainability, 2020, 13 (1): 328.

[100] Duanmu, J. L., Bu, M., Pittman, R. Does market competition dampen environmental performance? Evidence from China [J]. Strategic Management Journal, 2018, 39 (11): 3006-3030.

[101] Dutt, N., Joseph, J. Regulatory uncertainty, cprpotate structure, and strategic agendas: evidence from the US renewable electricity industry [J]. Academy of Management Journal, 2019, 62 (3): 800-827.

[102] Dwivedi, P., Joshi, A., Misangyi, V. F. Gender - inclusive gatekeeping: How (mostlymale) predecessors influence the success of female CEOs [J]. Academy of Management Journal, 2018, 61 (2): 379-404.

[103] Eagly, A. H., Johannesen-Schmidt, M. C., Van Engen, M. L. Trans-formational, transactional, and laissez-faire leadership styles: a meta-analysis com-paring women and men [J]. Psychological Bulletin, 2003, 129 (4): 569.

[104] Eggers, J. P., Kaplan, S. Cognition and renewal: Comparing CEO and organizational effects on incumbent adaptation to technical change [J]. Organization Science, 2009, 20 (2): 461-477.

[105] Eggers, W. D., Schatsky, D., Viechnicki, P. AI-augmented govern-ment. Using cognitive technologies to redesign public sector work [J]. Deloitte Center for Government Insights, 2017: 1-24.

[106] Eisenhardt, K. M., Furr, N. R., Bingham, C. B. Crossroads - Micro-foundations of performance: Balancing efficiency and flexibility in dynamic environ-ments [J]. Organization Science, 2010, 21 (6): 1263-1273.

[107] Eisenhardt, K. M., Martin, J. A. Dynamic Capabilities: What are they? [J]. Strategic Management Journal, 2000, 21 (11): 1105-1121.

[108] Ellis, A. P. J., Mai, K. M., Christian, J. S. Examining the asymmetri-cal effects of goal faultlines in groups: A categorization - elaboration approach [J]. Journal of Applied Psychology, 2013, 98 (6): 948.

[109] Elmagrhi, M. H. , Ntim, C. G. , Elamer, A. A. , et al. A study of environmental policies and regulations, governance structures, and environmental performance: The role of female directors [J]. Business Strategy and the Environment, 2019, 28 (1): 206-220.

[110] Engelen, A. , Neumann, C. , Schmidt, S. Should entrepreneurially oriented firms have narcissistic CEOs? [J]. Journal of Management, 2016, 42 (3): 698-721.

[111] Ernst, H. , Fischer, M. Integrating the R&D and patent functions: Implications for new product performance [J]. Journal of Product Innovation Management, 2014, 31 (S1): 118-132.

[112] Fischer, M. , Imgrund, F. , Janiesch, C. , et al. Strategy archetypes for digital transformation: Defining meta objectives using business process management [J]. Information & Management, 2020, 57 (5): 103262.

[113] Floyd, S. W. , Lane, P. J. Strategizing throughout the organization: Managing role conflict in strategic renewal [J]. Academy of Management Review, 2000, 25 (1): 154-177.

[114] Forsman, H. Business development success in SMEs: A case study approach [J]. Journal of Small Business & Enterprise Development, 2001, 15 (3): 606-622.

[115] Frazzoli, E. , Dahleh, M. A. , Feron, E. Real-time motion planning for agile autonomous vehicles [J]. Journal of Guidance, Control, and Dynamics, 2002, 25 (1): 116-129.

[116] Friedman, T. L. The world is flat [updated and expanded]: A brief history of the twenty-first century [M]. Macmillan, 2006.

[117] Friedman, T. L. The world is flat: A brief history of the twenty-first century [M]. New York: Farrar, Straus and Giroux, 2005.

[118] Fu, L. , Boehe, D. , Orlitzky, M. Are R&D-Intensive firms also corporate social responsibility specialists? A multicountry study [J]. Research Policy, 2020, 49 (8): 104082.

[119] Gao, C. , Zuzul, T. , Jones, G. , et al. Overcoming institutional voids: A reputation-based view of long-run survival [J]. Strategic Management Journal, 2017,

38 (11): 2147-2167.

[120] Gao, G. Y. , Murray, J. Y. , Kotabe, M. , et al. "Strategy tripod" perspective on export behaviors: Evidence from domestic and foreign firms based in an emerging economy [J]. Journal of International Business Studies, 2010, 41 (6): 1090-1091.

[121] Garcia, R. , Calantone, R. , Levine, R. The role of knowledge in resource allocation to exploration versus exploitation in technologically oriented organizations [J]. Decision Sciences, 2003, 34 (2): 323-349.

[122] Garg, V. K. , Walters, B. A. , Priem, R. L. Chief executive scanning emphases, environmental dynamism, and manufacturing firm performance [J]. Strategic Management Journal, 2003, 24 (8): 725-744.

[123] Gassmann, O. , Widenmayer, B. , Zeschky, M. Implementing radical innovation in the business: the role of transition modes in large firms [J]. R&D Management, 2012, 42 (2): 120-132.

[124] Geiger, S. W. , Makri, M. Exploration and exploitation innovation processes: The role of organizational slack in R&D intensive firms [J]. Journal of High Technology Management Research, 2006, 17 (1): 97-108.

[125] Gentry, R. J. , Shen, W. The impacts of performance relative to analyst forecasts and analyst coverage on firm R&D intensity [J]. Strategic Management Journal, 2013, 34 (1): 121-130.

[126] Gerstner, W. C. , König, A. , Enders, A. , et al. CEO narcissism, audience engagement, and organizational adoption of technological discontinuities [J]. Administrative Science Quarterly, 2013, 58 (2): 257-291.

[127] Gibson, C. , Vermeulen, F. A healthy divide: Subgroups as a stimulus for team learning behavior [J]. Administrative Science Quarterly, 2003, 48 (2): 202-239.

[128] Gibson, C. B. , Birkinshaw, J. The antecedents, consequences, and mediating role of organizational ambidexterity [J]. Academy of Management Journal, 2004, 47 (2): 209-226.

[129] Glass, C. , Cook, A. , Ingersoll, A. R. Do women leaders promote sustainability? Analyzing the effect of corporate governance composition on environmental

performance [J]. Business Strategy and the Environment, 2016, 25 (7): 495-511.

[130] Glazer, R. Measuring the knower: Towards a theory of knowledge equity [J]. California Management Review, 1998, 40 (3): 175-194.

[131] Agrawal, A., Gans, J., Goldfarb, A. The economics of artificial intelligence: An agenda [M]. University of Chicago Press, 2019.

[132] Golec, A. Cognitive skills as predictor of attitudes toward political conflict: A study of Polish politicians [J]. Political Psychology, 2002, 23 (4): 731-757.

[133] Gover, L., Duxbury, L. Organizational faultlines: Social identity dynamics and organizational change [J]. Journal of Change Management, 2012, 12 (1): 53-75.

[134] Grant, R. M. Prospering in dynamically-competitive environments: Organizational capability as knowledge integration [J]. Organization Science, 1996, 7 (4): 375-387.

[135] Grant, R. M. The Resource-based theory of competitive advantage: Implications for strategy formulation [J]. California Management Review, 1991, 33 (3): 114-135.

[136] Greve, H. R. A behavioral theory of R&D expenditures and innovations: Evidence from shipbuilding [J]. Academy of Management Journal, 2003, 46 (6): 685-702.

[137] Griliches, Z. Patent statistics as economic indicators: a survey R&D and productivity: the econometric evidence [M]. University of Chicago Press, 1998: 287-343.

[138] Hall, B. H., Griliches, Z., Hausman, J. A. Patents and R&D: Is there a lag [J]. International Economic Review, 1986, 27 (2): 265-283.

[139] Groza, M. D., Pronschinske, M. R., Walker, M. Perceived organizational motives and consumer responses to proactive and reactive CSR [J]. Journal of Business Ethics, 2011, 102: 639-652.

[140] Guan, J., Liu, N. Exploitative and exploratory innovations in knowledge network and collaboration network: A patent analysis in the technological field of nano-energy [J]. Research Policy, 2016, 45 (1): 97-112.

［141］Kim, G., Huh, M. G. Exploration and organizational longevity：the moderating role of strategy and environment ［J］. Asia Pacific Journal of Management, 2015, 32（2）：389–414.

［142］Gunning, D., Stefik, M., Choi, J., et al. XAI–Explainable artificial intelligence ［J］. Science Robotics, 2019, 4（37）：eaay7120.

［143］Guo, H., Su, Z., Ahlstrom, D. Business model innovation：the effects of exploration orientation, opportunity recognition, and entrepreneurial bricolage in an emerging economy ［J］. Asia Pacific Journal of Management, 2016, 33（2）：533–549.

［144］Gupta, A. K., Smith, K. G., Shalley, C. E. The interplay between exploration and exploitation ［J］. Academy of Management Journal, 2006, 49（4）：693–706.

［145］Gupta, H., Das, S. R., Gu, Q. Connected sensor cover：Self–organization of sens or Networks for efficient query execution ［J］. IEEE/ACM Transactions on Networking, 2003, 14（1）：55–67.

［146］Hall, B. H., Jaffe, A. B., Trajtenberg, M. Market Value and Patent Citations ［J］. The Rand Journal of Economics, 2005, 36（1）：16–38.

［147］Hall, L. A., Bagchi–Sen, S. A study of R&D, innovation, and business performance in the Canadian biotechnology industry ［J］. Technovation, 2002, 22（4）：231–244.

［148］Hambrick, D. C., Mason, P. A. Upper echelons：The organization as a reflection of its top managers ［J］. Academy of Management Review, 1984, 9（2）：193–206.

［149］Prahalad, C. K., Hamel, G. The core competence of the corporation ［J］. Harvard Business Review, 1990, 68（3）：79–91.

［150］Harison, E., Koski, H. Applying open innovation in business strategies：Evidence from finnish software firms ［J］. Research Policy, 2010, 39（3）：351–359.

［151］Harrigan, K. R., Di Guardo, M. C., Marku, E. Patent value and the Tobin'sq ratio in media services ［J］. The Journal of Technology Transfer, 2018, 43（1）：1–19.

［152］Hart, S. L. A natural–resource–based view of the firm ［J］. Academy of

Management Review, 1995, 20（4）: 986-1014.

［153］Hart, S. L. , Dowell, G. Invited editorial: A natural - resource - based view of the firm: Fifteen years after ［J］. Journal of Management, 2011, 37（5）: 1464-1479.

［154］Hasan, I. , Tucci, C. L. The innovation-economic growth nexus: Global evidence ［J］. Research Policy, 2010, 39（10）: 1264-1276.

［155］Hassel, L. , Nilsson, H. , Nyquist, S. The value relevance of environmental performance ［J］. European Accounting Review, 2005, 14（1）: 41-61.

［156］Haveman, H. A. , Russo, M. V. , Meyer, A. D. Organizational environments in flux: The impact of regulatory punctuations on organizational domains, CEO succession, and performance ［J］. Organization Science, 2001, 12（3）: 253-273.

［157］He, Z. L. , Wong, P. K. Exploration vs. exploitation: An empirical test of the ambidexterity hypothesis ［J］. Organization Science, 2004, 15（4）: 481-494.

［158］Helfat, C. E. , Eisenhardt, K. M. Inter - temporal economies of scope, organizational modularity, and the dynamics of diversification ［J］. Strategic Management journal, 2004, 25（13）: 1217-1232.

［159］Henard, D. H. , Dacin, P. A. Reputation for product innovation: Its impact on consumers ［J］. Journal of Product Innovation Management, 2010, 27（3）: 321-335.

［160］Henderson, R. M. , Clark, K. B. Architectural Innovation: The reconfiguration of existing product technologies and the failure of established firms ［J］. Administrative Science Quarterly, 1990, 35（1）: 9-30.

［161］Dekker, H. C. Value chain analysis in interfirm relationships: a field study ［J］. Management Accounting Research, 2003, 14（1）: 1-23.

［162］Herold, D. M. , Jayaraman, N. , Narayanaswamy, C. R. What is the relationship between organizational slack and innovation? ［J］. Journal of Managerial Issues, 2006, 18（3）: 372-392.

［163］Hirshleifer, D. Managerial reputation and corporate investment decisions ［J］. Financial Management, 1993, 145-160.

［164］Hitt, M. A. , Hoskisson, R. E. , Johnson, R. A. , et al. The market for corporate control and firm innovation ［J］. Academy of Management Journal, 1996, 39

（5）：1084-1119.

［165］Hofer, E. , Tortato, U. , Protil, R. M. , et al. Strategic cost manage-ment in the milk value chain: a case study ［J］. Custos e Agronegocio, 2010, 6 （3）：111-132.

［166］Höflinger, P. J. , Nagel, C. , Sandner, P. Reputation for technological innovation: Does it actually cohere with innovative activity? ［J］. Journal of Innova-tion & Knowledge, 2018, 3 （1）：26-39.

［167］Honoré, F. , Munari, F. , de La Potterie, B. P. Corporate governance practices and companies' R&D intensity: Evidence from European countries ［J］. Re-search Policy, 2015, 44 （2）：533-543.

［168］Horwitz, S. K. , Horwitz, I. B. The effects of team diversity on team out-comes: A meta-analytic review of team demography ［J］. Journal of Management, 2007, 33 （6）：987-1015.

［169］Hottenrott, H. , Lopes-Bento, C. Quantity or quality? Collaboration strategies in research and development and incentives to patent ［J］. Collaboration Strat-egies in Research and Development and Incentives to Patent, 2012：12-047.

［170］Huang, W. C. , Lai, C. C. , Chen, P. H. International R&D funding and patent collateral in an R&D-based growth model ［J］. International Review of Eco-nomics & Finance, 2017, 51：545-561.

［171］Hull, C. E. , Rothenberg, S. Firm performance: The interactions of cor-porate social performance with innovation and industry differentiation ［J］. Strategic Management Journal, 2008, 29 （7）：781-789.

［172］Hur, W. M. , Kim, H. , Woo, J. How CSR leads to corporate brand eq-uity: Mediating mechanisms of corporate brand credibility and reputation ［J］. Journal of Business Ethics, 2014, 125：75-86.

［173］Hurmelinna-Laukkanen, P. , Sainio, L. M. , Jauhiainen, T. Appropri-ability regime for radical and incremental innovations ［J］. R&D Management, 2008, 38 （3）：278-289.

［174］Husted, B. W. , Allen, D. B. Strategic corporate social responsibility and value creation among large firms: Lessons from the spanish experience ［J］. Long Range Planning, 2007, 40 （6）：594-610.

[175] Husted, B. W. , Allen, D. B. Corporate social responsibility in the multinational enterprise: Strategic and institutional approaches [J]. Journal of International Business Studies, 2006, 37 (6): 838-849.

[176] Hutzschenreuter, T. , Horstkotte, J. Performance effects of top management team demographic faultlines in the process of product diversification [J]. Strategic Management Journal, 2013, 34 (6): 704-726.

[177] Iyer, D. N. , Miller, K. D. Performance feedback, slack, and the timing of acquisitions [J]. Academy of Management Journal, 2008, 51 (4): 808-822.

[178] Jaffe, A. B. Technological opportunity and spillovers of R&D: evidence from firms' patents, profits, and market value [J]. American Economic Review, 1986, 76 (5): 984-1001.

[179] Jansen, J. J. P. , Van Den Bosch, F. A. J. , Volberda, H. W. Exploratory innovation, exploitative innovation, and performance: Effects of organizational antecedents and environmental moderators [J]. Management Science, 2006, 52 (11): 1661-1674.

[180] Jehn, K. A. , Bezrukova, K. The faultline activation process and the effects of activated faultlines on coalition formation, conflict, and group outcomes [J]. Organizational Behavior and Human Decision Processes, 2010, 112 (1): 24-42.

[181] Jenkins, H. A critique of conventional CSR theory: An SME perspective [J]. Journal of general management, 2004, 29 (4): 37-57.

[182] Jenkins, H. Small business champions for corporate social responsibility [J]. Journal of Business Ethics, 2006, 67: 241-256.

[183] Ji, H. , Miao, Z. Corporate social responsibility and collaborative innovation: The role of government support [J]. Journal of Cleaner Production, 2020, 260: 121028.

[184] Jiang, Z. , Wang, Z. , Li, Z. The effect of mandatory environmental regulation on innovation performance: Evidence from China [J]. Journal of Cleaner Production, 2018, 203: 482-491.

[185] Joanna, D. , Jörg, N. Value chain management through cloud-based platforms [J]. Procedia-social and Behavioral Sciences, 2018, 238: 177-181.

[186] Jones, B. F. The burden of knowledge and the "death of the renaissance

man": Is innovation getting harder? [J]. The Review of Economic Studies, 2009, 76 (1): 283-317.

[187] Joseph J, Ocasio W. Architecture, attention, and adaptation in the multibusiness firm: General Electric from 1951 to 2001 [J]. Strategic Management Journal, 2012, 33 (6): 633-660.

[188] Kabanoff, B., Brown, S. Knowledge structures of prospectors, analyzers, and defenders: Content, structure, stability, and performance [J]. Strategic Management Journal, 2008, 29 (2): 149-171.

[189] Kabir, R., Thai, H. M. Does corporate governance shape the relationship between corporate social responsibility and financial performance? [J]. Pacific Accounting Review, 2017, 29 (2): 227-258.

[190] Kang, J., Kim, S. J. Performance implications of incremental transition and discontinuous jump between exploration and exploitation [J]. Strategic Management Journal, 2020, 41 (6): 1083-1111.

[191] Kaplan, S. Cognition, capabilities, and incentives: Assessing firm response to the fiber-optic revolution [J]. Academy of Management Journal, 2008, 51 (4): 672-695.

[192] Katila, R., Ahuja, G. Something old, something new: a longitudinal study of search behavior and new product introduction [J]. Academy of Management Journal, 2002, 45 (6): 1183-1194.

[193] Katz, B., Preez, N. D. The role of knowledge management in supporting a radical innovation project: Methods and tools for effective knowledge life-cycle-management [M]. Springer Berlin Heidelberg, 2008: 331-345.

[194] Kelly, D., Amburgey, T. L. Organizational inertia and momentum: A dynamic model of strategic change [J]. Academy of Management Journal, 1991, 34 (3): 591-612.

[195] Kelly, J. R., Karau, S. J. Group decision making: The effects of initial preferences and time pressure [J]. Personality and Social Psychology Bulletin, 1999, 25 (11): 1342-1354.

[196] Kelly, J. R., Loving, T. J. Time pressure and group performance: Exploring underlying processes in the attentional focus model [J]. Journal of Experimental

Social Psychology, 2004, 40 (2): 185-198.

[197] Yasukata, K. Are "Sticky costs" the result of deliberate decision making by managers? [J]. Ssrn Electronic Journal, 2009 (10):101-116.

[198] Kim, B., Kim, E., Foss, N. J. Balancing absorptive capacity and inbound open innovation for sustained innovative performance: An attention-based view [J]. European Management Journal, 2016, 34 (1): 80-90.

[199] Kim, G., Huh, M. G. Innovation and survival in Korean SMEs: The moderating effect of competitive strategy [J]. Asian Journal of Technology Innovation, 2015, 23 (1): 107-119.

[200] Kim, L., Lim, Y. Environment, generic strategies, and performance in a rapidly developing economy: a taxonomic approach [J]. Academy of Management Journal, 1988, 31 (4): 802-827.

[201] Kim, M. Cross-industry distribution of R&D investments and economic growth [J]. Applied Economics Letters, 2020, 27 (8): 679-684.

[202] Kollmann, T., Stöckmann, C. Filling the entrepreneurial orientation performance gap: The mediating effects of exploratory and exploitative innovations [J]. Entrepreneurship Theory and Practice, 2014, 38 (5): 1001-1026.

[203] Kor, Y. Y., Mahoney, J. T. How dynamics, management, and governance of resource deployments influence firm-level performance [J]. Strategic Management Journal, 2005, 26 (5): 489-496.

[204] Koryak, O., Lockett, A., Hayton, J., et al Disentangling the antecedents of ambidexterity: Exploration and exploitation [J]. Research Policy, 2018, 47 (2): 413-427.

[205] Kostova, T., Zaheer, S. Organizational legitimacy under conditions of complexity: The case of the multinational enterprise [J]. Academy of Management Review, 1999, 24 (1): 64-81.

[206] Kozlowski, S. W. J., Bell, B. S. Work groups and teams in organizations [M]. Handbook of Psychology, 2003.

[207] Kraffl, J., Quatraro, F., Saviotti, P. P. The knowledge-base evolution in biotechnology: a social network analysis [J]. Economics of Innovation and New Technology, 2011, 20 (5): 445-475.

[208] Kruglanski, A. W. , Webster, D. M. , & Klem, A. Motivated resistance and openness to persuasion in the presence or absence of prior information [J]. Journal of Personality and Social Psychology, 1993, 65 (5): 861.

[209] Kyriakopoulos, K. , Hughes, M. , Hughes, P. The role of marketing resources in radical innovation activity: Antecedents and payoffs [J]. Journal of Product Innovation Management, 2016, 33 (4): 398-417.

[210] Lahr, H. , Mina, A. Venture capital investments and the technological performance of portfolio firms [J]. Research Policy, 2015, 45 (1): 303-318.

[211] Lakonishok, J. , Shleifer, A. , & Vishny, R. W. Contrarian investment, extrapolation, and risk [J]. The Journal of Finance, 1994, 49 (5): 1541-1578.

[212] Lang, L. H. , Stulz, R. M. Tobin's q, corporate diversification, and firm performance [J]. Journal of Political Economy, 1994, 102 (6): 1248-1280.

[213] Lanjouw, J. O. , Pakes, A. , Putnam, J. How to count patents and value intellectual property: The uses of patent renewal and application data [J]. The journal of Industrial Economics, 1998, 46 (4): 405-432.

[214] Lau, D. C. , Murnighan, J. K. Demographic diversity and faultlines: The compositional dynamics of organizational groups [J]. Academy of Management Review, 1998, 23 (2): 325-340.

[215] Laureiro-Martínez, D. , Brusoni, S. Cognitive flexibility and adaptive decision-making: Evidence from a laboratory study of expert decision makers [J]. Strategic Management Journal, 2018, 39 (4): 1031-1058.

[216] Lavie, D. Capability reconfiguration: An analysis of incumbent responses to technological change [J]. Academy of Management Review, 2006, 31 (1): 153-174.

[217] Lavie, D. , Rosenkopf, L. Balancing exploration and exploitation in alliance formation [J]. Academy of Management Journal, 2006, 49 (4): 797-818.

[218] Leder, J. , Schilbach, L. , Mojzisch, A. Strategic decision-making and social skills: Integrating behavioral economics and social cognition research [J]. International Journal of Financial Studies, 2016, 4 (4): 22.

[219] Lee C Y. Firm density and industry R & D intensity: Theory and evidence [J]. Review of Industrial Organization, 2003, 22: 139-158.

[220] Lee, C. Y. , Wu, H. L. , Pao, H. W. How does R&D intensity influ-

ence firm explorativeness? Evidence of R&D active firms in four advanced countries [J]. Technovation, 2014, 34 (10): 582-593.

[221] Lee, I., Shin, Y. J. Fintech: Ecosystem, business models, investment decisions, and challenges [J]. Business Horizons, 2018, 61 (1): 35-46.

[222] Lee, K., Ki, J. H. Rise of latecomers and catch-up cycles in the world steel industry [J]. Research Policy, 2017, 46 (2): 365-375.

[223] Lee V, Herstatt C. How firms can strategically influence open source communities: The employment of "men on the inside" [M]. Open Source Innovation. Routledge, 2015: 229-263.

[224] Leonard-Barton, D. Core capabilities and core rigidities: A paradox in managing new product development [J]. Strategic Management Journal, 1992, 13 (S1): 111-125.

[225] Leonidou, L. C., Fotiadis, T. A., Christodoulides, P., et al. Environmentally friendly export business strategy: Its determinants and effects on competitive advantage and performance [J]. International Business Review, 2015, 24 (5): 798-811.

[226] Leten, B., Belderbos, R., Looy, B. V. Technological diversification, coherence, and performance of firms [J]. Journal of Product Innovation Management, 2007, 24 (6): 567-579.

[227] Levinthal, D. A., March, J. G. The myopia of learning [J]. Strategic Management Journal, 1993, 14 (S2): 95-112.

[228] Levy, O. The influence of top management team attention patterns on global strategic posture of firms [J]. Journal of Organizational Behavior: The International Journal of Industrial, Occupational and Organizational Psychology and Behavior, 2005, 26 (7): 797-819.

[229] Lewis, B. W., Walls, J. L., & Dowell, G. W. Difference in degrees: CEO characteristics and firm environmental disclosure [J]. Strategic Management Journal, 2014, 35 (5): 712-722.

[230] Li, J., Hambrick, D. C. Factional groups: A new vantage on demographic faultlines, conflict, and disintegration in work teams [J]. Academy of Management Journal, 2005, 48 (5): 794-813.

参考文献

［231］Li, M. , Jones, C. D. The effects of TMT faultlines and CEO-TMT power disparity on competitive behavior and firm performance ［J］. Group & Organization Management, 2019, 44（5）：874-914.

［232］Li, Q. , Maggitti, P. G. , Smith, K. G. , et al Top management attention to innovation：The role of search selection and intensity in new product introductions ［J］. Academy of Management Journal, 2013, 56（3）：893-916.

［233］Li, X. H. , Liang, X. A Confucian social model of political appointments among Chinese private-firm entrepreneurs ［J］. Academy of Management Journal, 2015, 58（2）：592-617.

［234］Li, Z. , Liao, G. , & Albitar, K. Does corporate environmental responsibility engagement affect firm value? The mediating role of corporate innovation ［J］. Business Strategy and the Environment, 2020, 29（3）：1045-1055.

［235］Limaj, E. , Bernroider, E. W. The roles of absorptive capacity and cultural balance for exploratory and exploitative innovation in SMEs ［J］. Journal of Business Research, 2019, 94：137-153.

［236］Lin, H. E. , Mcdonough, E. F. Cognitive frames, learning mechanisms, and innovation a mbidexterity ［J］. Journal of Product Innovation Management, 2014, 31（S1）：170-188.

［237］Lou, Z. , Ye, A. , Mao, J. , et al. Supplier selection, control mechanisms, and firm innovation：Configuration analysis based on fsQCA ［J］. Journal of Business Research, 2022, 139：81-89.

［238］Luetkenhorst, W. Corporate social responsibility and the development agenda ［J］. Intereconomics, 2004, 39（3）：157-166.

［239］Ma, J. , Qi, L. , Deng, L. Efficiency measurement and decomposition in hybrid two-stage DEA with additional inputs ［J］. Expert Systems With Applications, 2017, 79：348-357.

［240］Magistretti, S. , Dell'Era, C. Unveiling opportunities afforded by emerging technologies：evidences from the drone industry ［J］. Technology Analysis & Strategic Management, 2019, 31（5）：606-623.

［241］Mansfield, E. Academic research and industrial innovation：An update of empirical findings ［J］. Research Policy, 1998, 26（7-8）：773-776.

［242］March，J. G. Exploration and exploitation in organizational learning ［J］. Organization Science，1991，2（1）：71-87.

［243］March，J. G. ，Shapira，Z. Variable risk preferences and the focus of attention ［J］. Psychological Review，1992，99（1）：172-183

［244］Martin，J. A. Dynamic managerial capabilities and the muti - business team：the role of episodic teams in executive leadership groups ［J］. Organization Science，2011，22（1）：118-140.

［245］Martin，K. Ethical implications and accountability of algorithms ［J］. Journal of Business Ethics，2019，160（4）：835-850.

［246］Martinezferrero，J. ，Garciasanchez，I. M. Coercive，normative and mimetic isomorphism as determinants of the voluntary assurance of sustainability reports ［J］. International Business Review，2017，26（1）：102-118.

［247］Martini，A. ，Neirotti，P. ，Aloini，D. Finding the way to ambidexterity：exploring the relationships among organisational design，knowledge creation and innovation ［J］. International Journal of Innovation Management，2015，19（4）：32-63.

［248］Mathews，J. A. Dragon multinational：A new models for global growth ［M］. New York：Oxford University Press，2002.

［249］Maula，M. V. ，Keil，T. ，Zahra，S. A. Top management's attention to discontinuous technological change：Corporate venture capital as an alert mechanism ［J］. Organization Science，2013，24（3）：926-947.

［250］Maxwell，J. ，Rothenberg，S. ，Briscoe，F. ，& Marcus，A. et al. Green schemes：corporate environmental strategies and their implementation ［J］. California Management Review，1997，39（3）：118-134.

［251］McCall，M. W. ，Kaplan，R. E. Whatever it takes：Decision makers at work ［M］. Prentice Hall，1985.

［252］McCorduck，P. ，Cfe，C. Machines who think：A personal inquiry into the history and prospects of artificial intelligence ［M］. CRC Press，2004.

［253］Mcmullen，J. S. ，Shepherd，D. A. ，Patzelt，H. Managerial（in）attention to competitive threats ［J］. Journal of Management Studies，2009，46（2）：157-181.

[254] McWilliams, A., Siegel, D. Corporate social responsibility and financial performance: correlation or misspecification? [J]. Strategic Management Journal, 2000, 21 (5): 603-609.

[255] McWilliams, A., Siegel, D. Corporate social responsibility: A theory of the firm perspective [J]. Academy of Management Review, 2001, 26 (1): 117-127.

[256] Meng, X. H., Zeng, S. X., Leung, A. W., et al. Relationship between top executives' characteristics and corporate environmental responsibi-lity: Evidence from China [J]. Human and Ecological Risk Assessment: An International Journal, 2015, 21 (2): 466-491.

[257] Meng, X. H., Zeng, S. X., Tam, C. M., et al. Whether top executives' turnover influences environmental responsibility: From the perspective of environmental information disclosure [J]. Journal of Business Ethics, 2013, 114: 341-353.

[258] Menke, M. M. Managing R&D for competitive advantage [J]. Research-technology Management, 1997, 40 (6): 40-42.

[259] Meyer, B., Glenz, A. Team faultline measures: A computational comparison and a new approach to multiple subgroups [J]. Organizational Research methods, 2013, 16 (3): 393-424.

[260] Meyer, B., Schermuly, C. C. When beliefs are not enough: Examining the interaction of diversity faultlines, task motivation, and diversity beliefs on team performance [J]. European Journal of Work and Organizational Psychology, 2012, 21 (3): 456-487.

[261] Meyer, B., Glenz, A., Antino, M., Rico, R., et al. Faultlines and subgroups: A meta-review and measurement guide [J]. Small Group Research, 2014, 45 (6): 633-670.

[262] Meyer, B., Shemla, M., Li, J., et al. On the same side of the faultline: Inclusion in the leader's subgroup and employee performance [J]. Journal of Management Studies, 2015, 52 (3): 354-380.

[263] Meyer, J. W., Rowan, B. Institutionalized organizations: Formal structure as myth and ceremony [J]. American Journal of Sociology, 1977, 83 (2): 340-363.

[264] Mikalef, P., Gupta, M. Artificial intelligence capability: Conceptualiza-

tion, measurement calibration, and empirical study on its impact on organizational creativity and firm performance [J]. Information & Management, 2021, 58 (3): 103434.

[265] Miles, R. E., Snow, C. C., Meyer, A. D., et al. Organizational strategy, structure, and process [J]. Academy of Management Review, 1978, 3 (3): 546-562.

[266] Miller, D. J., Fern, M. J., Cardinal, L. B. The use of knowledge for technological innovation within diversified firms [J]. Academy of Management Journal, 2007, 50 (2): 308-326.

[267] Min, H. Artificial intelligence in supply chain management: theory and applications [J]. International Journal of Logistics—research and Applications, 2010, 13 (1): 13-39.

[268] Mo, S., Ling, C. D., Xie, X. Y. The curvilinear relationship between ethical leadership and team creativity: The moderating role of team faultlines [J]. Journal of Business Ethics, 2019, 154: 229-242.

[269] Mom, T. J. M., Chang, Y. Y., Cholakova, M., et al. A multilevel integrated framework of firm HR practices, individual ambidexterity, and organizational ambidexterity [J]. Journal of Management, 2018, 45 (7): 3009-3034.

[270] Mu, Q., Lee, K. Knowledge diffusion, market segmentation and technological catch-up: The case of the telecommunication industry in China [J]. Research Policy, 2005, 34 (6): 759-783.

[271] Mudambi, R., Swift, T. Knowing when to leap: Transitioning between exploitative and explorative R&D [J]. Strategic Management Journal, 2014, 35 (1): 126-145.

[272] Mudambi, R., Swift, T. Proactive R&D management and firm growth: A punctuated equilibrium model [J]. Research Policy, 2011, 40 (3): 429-440.

[273] Mulsu, V., Radhakrishnan, S., Subramanyam, K. R., et al. Forword—looking MD&A disclosures and the information environment [J]. Management Science, 2014, 61 (5): 931-948.

[274] Murray, A. I. A contingency view of Porter's "generic strategies" [J]. Academy of Management Review, 1988, 13 (3): 390-400.

[275] Murray, A., Rhymer, J. E. N., Sirmon, D. G. Humans and technology:

Forms of conjoined agency in organizations [J]. Academy of Management Review, 2021, 46 (3): 552-571.

[276] Myers, S., Marquis, D. G. Successful industrial innovations: A study of factors underlying innovation in selected firms [M]. National Science Foundation, 1969.

[277] Nadkarni, S., Barr, P. S. Environmental context, managerial cognition, and strategic action: An integrated view [J]. Strategic Management Journal, 2008, 29 (13): 1395-1427.

[278] Nadkarni, S., Narayanan, V. K. Strategic schemas, strategic flexibility, and firm performance: The moderat－ing role of industry clockspeed [J]. Strategic Management Journal, 2007, 28 (3): 243-270.

[279] Narayanan, V. K., Zane, L., Kemmerer, B. The cognitive perspective in strategy: An integrative review [J]. Journal of Management, 2011, 37 (1): 305-351.

[280] Narin, F., Noma, E., Perry, R. Patents as indicators of corporate technological strength [J]. Research Policy, 1987, 16 (2-4): 143-155.

[281] Nayyar, P. R. On the measurement of competitive strategy: Evidence from a large multiproduct U. S. firm [J]. Academy of Management Journal, 1993, 36 (6): 1652-1669.

[282] Nguyen, T. H., Elmagrhi, M. H., Ntim, C. G., et al. Environmental performance, sustainability, governance and financial performance: Evidence from heavily polluting industries in China [J]. Business Strategy and the Environment, 2021, 30 (5): 2313-2331.

[283] Nickerson, J. A., Zenger, T. R. A knowledge－based theory of the firm——The problem－solving perspective [J]. Organization Science, 2004, 15 (6): 617-632.

[284] Nieuwenhuis, L. F. M. Innovation and learning in agriculture [J]. Journal of European Industrial Training, 2002, 26 (6): 283-291.

[285] Nohria, N., Gulati, R. Is slack good or bad for innovation? [J]. Academy of Management Journal, 1996, 39 (5): 1245-1264.

[286] Nooteboom, B., Van Haverbeke, W., Duysters, G., et al. Optimal

cognitive distance and absorptive capacity ［J］. Research Policy, 2007, 36（7）: 1016-1034.

［287］Ntim, C. G. , Soobaroyen, T. Black economic empowerment disclosures by South African listed corporations: The influence of ownership and board characteristics ［J］. Journal of Business Ethics, 2013, 116: 121-138.

［288］O'Connor, G. C. , McDermott, C. M. The human side of radical innovation ［J］. Journal of Engineering and Technology Management, 2004, 21（1）: 11-30.

［289］O'Brien, J. P. , David, P. Reciprocity and R&D search: Applying the behavioral theory of the firm to a communitarian context ［J］. Strategic Management Journal, 2014, 35（4）: 550-565.

［290］Ocasio, W. Attention to attention ［J］. Organization Science, 2011, 22（5）: 1286-1296.

［291］Ocasio, W. Towards an attention-based view of the firm ［J］. Strategic Management Journal, 1997, 18（S1）: 187-206.

［292］Ocasio, W. , Laamanen, T. , Vaara, E. Communication and attention dynamics: An attention-based view of strategic change ［J］. Strategic Management Journal, 2018, 39（1）: 155-167.

［293］Oliver, C. Sustainable competitive advantage: combining institutional and resource-based views ［J］. Strategic Management Journal, 1997, 18（9）: 697-713.

［294］Onraet, E. , Van Hiel, A. , Roets, A. , et al. The closed mind: "Experience" and "cognition" aspects of openness to experience and need for closure as psychological bases for right-wing attitudes ［J］. European Journal of Personality, 2011, 25（3）: 184-197.

［295］Orsato, R. J. Competitive environmental strategies: When does it pay to be green? ［J］. California Management Review, 2006, 48（2）: 127-143.

［296］Ortiz, De. , Mandojana, N. , Bansal, P. The long-term benefits of organizational resilience through sustainable business practices ［J］. Strategic Management Journal, 2016, 37（8）: 1615-1631.

［297］Padgett, R. C. , Galan, J. I. The effect of R&D intensity on corporate social responsibility ［J］. Journal of Business Ethics, 2010, 93（3）: 407-418.

参考文献

［298］Pearsall, M. J. , Ellis, A. P. , Evans, J. M. Unlocking the effects of gender faultlines on team creativity: Is activation the key? ［J］. Journal of Applied Psychology, 2008, 93（1）: 225-234.

［299］Pelled, L. H. , Eisenhardt, K. M. , Xin, K. R. Exploring the black box: An analysis of work group diversity, conflict and performance ［J］. Administrative Science Quarterly, 1999, 44（1）: 1-28.

［300］Peloza, J. Using corporate social responsibility as insurance for financial performance ［J］. California Management Review, 2006, 48（2）: 52-72.

［301］Peng, M. W. , Sun, S. L. , Pinkham, B. , et al. The institution-based view as a third leg for a strategy tripod ［J］. Academy of Management Perspectives, 2009, 23（3）: 63-81.

［302］Pierro, A. , Mannetti, L. , De Grada, E. , Livi, S. , et al. Autocracy bias in informal groups under need for closure ［J］. Personality and Social Psychology Bulletin, 2003, 29（3）: 405-417.

［303］Piezunka, H. , Dahlander, L. Distant search, narrow attention: How crowding alters organizations'filtering of suggestions in crowdsourcing ［J］. Academy of Management Journal, 2015, 58（3）: 856-880.

［304］Polzer, J. T. , Crisp, C. B. , Jarvenpaa, S. L. , et al. Extending the faultline model to geographically dispersed teams: How colocated subgroups can impair group functioning ［J］. Academy of Management Journal, 2006, 49（4）: 679-692.

［305］Porac, J. F. , Thomas, H. Taxonomic mental models in competitor definition ［J］. Academy of Management Review, 1990, 15（2）: 224-240.

［306］Porter, M. E. Industry structure and competitive strategy: Keys to profitability ［J］. Financial Analysts Journal, 1980, 36（4）: 30-41.

［307］Porter, M. E. The structure within industries and companies'performance ［J］. Review of Economics and Statistics, 1979, 61（2）: 214-227.

［308］Porter, M. E. , Linde, C. V. D. Toward a new conception of the environment-competitiveness relationship ［J］. Journal of Economic Perspectives, 1995, 9（4）: 97-118.

［309］Post, C. , Rahman, N. , Rubow, E. Green governance: Boards of directors'composition and environmental corporate social responsibility ［J］. Business &

Society, 2011, 50 (1): 189-223.

[310] Ragin, C. C. Redesigning social inquiry: Fuzzy sets and beyond [M]. University of Chicago Press, 2009.

[311] Ragin, C. C. User's guide to fuzzy – set/qualitative comparative analysis [R]. University of Arizona, 2008.

[312] Ransbotham, S., Gerbert, P., Reeves, M., et al. Artificial intelligence in business gets real [R]. MIT Sloan Management Review, 2018.

[313] Rao, H. The social construction of reputation: Certification contests, legitimation, and the survival of organizations in the American automobile industry: 1895-1912 [J]. Strategic Management Journal, 1994, 15 (S1): 29-44.

[314] Raymond, W., Mairesse, J., Mohnen, P., et al. Dynamic models of R&D, innovation and productivity: Panel data evidence for Dutch and French manufacturing [J]. European Economic Review, 2015, 78: 285-306.

[315] Reid, E. M., Toffel, M. W. Responding to public and private politics: Corporate disclosure of climate change strategies [J]. Strategic Management Journal, 2009,30 (11): 1157-1178.

[316] Ren, C. R., Guo, C. Middle managers' strategic role in the corporate entrepreneurial process: Attention-based effects [J]. Journal of Management, 2011, 37 (6): 1586-1610.

[317] Rico, R., Molleman, E., Sánchez-Manzanares, M., et al. The effects of diversity faultlines and team task autonomy on decision quality and social integration [J]. Journal of Management, 2007, 33 (1): 111-132.

[318] Roberts, P. W., Dowling, G. R. Corporate reputation and sustained superior financial performance [J]. Strategic Management Journal, 2002, 23 (12): 1077-1093.

[319] Roets, A., Van Hiel, A. Need for closure relations with authoritarianism, conservative beliefs and racism: The impact of urgency and permanence tendencies [J]. Psychologica Belgica, 2006, 46 (3): 235-252.

[320] Roets, A., Van Hiel, A. The role of need for closure in essentialist entitativity beliefs and prejudice: An epistemic needs approach to racial categorization [J]. British Journal of Social Psychology, 2011, 50 (1): 52-73.

参考文献

［321］Roper, S. , Hewitt-Dundas, N. Knowledge stocks, knowledge flows and innovation: Evidence from matched patents and innovation panel data ［J］. Research Policy, 2015, 44 (7): 1327-1340.

［322］Rosenkopf, L. , Almeida, P. Overcoming local search through alliances and mobility ［J］. Management Science, 2003, 49 (6): 751-766.

［323］Rotolo, D. , Hicks, D. , Martin, B. R. What is an emerging technology? ［J］. Research Policy, 2015, 44 (10): 1827-1843.

［324］Rotolo, D. , Rafols, I. , Hopkins, M. M. , et al. Strategic intelligence on emerging technologies: scientometric overlay mapping ［J］. Journal of the Association for Information Science and Technology, 2017, 68 (1): 214-233.

［325］Rupert, J. , Homan, A. C. , Jehn, K. A. , et al. Diversity composition and team learning: the moderating role of error culture ［J］. Group Decision and Negotiation, 2019, 28: 695-722.

［326］Russell, R. S. , Taylor, B. W. Operations management: Creating value along the supply chain ［M］. John Wiley & Sons, Incorporated, 2008.

［327］Russell, S. J. , Norvig, P. Artificial intelligence a modern approach ［M］. Pearson Education, Inc, 2010.

［328］Russo, A. , Perrini, F. Investigating stakeholder theory and social capital: CSR in large firms and SMEs ［J］. Journal of Business Ethics, 2010, 91 (2): 207-221.

［329］Russo, M. V. , Fouts, P. A. A resource-based perspective on corporate environmental performance and profitability ［J］. Academy of Management Journal, 1997, 40 (3): 534-559.

［330］Sainsbury, D. The race to the Top: A review of government's science and innovation policies ［M］. London: Stationery Office, 2007.

［331］Sakhdari, K. , Burgers, J. H. The moderating role of entrepreneurial management in the relationship between absorptive capacity and corporate entrepreneurship: an attention-based view ［J］. International Entrepreneurship And Management Journal, 2017, 14 (4): 927-950.

［332］Sampson, R. C. R&D alliances and firm performance: The impact of technological diversity and alliance organization on innovation ［J］. Academy of Management

Journal, 2007, 50 (2): 364-386.

[333] Sapienza, H. J. , De Clercq, D. , Sandberg, W. R. Antecedents of international and domestic learning effort [J]. Journal of Business Venturing, 2005, 20 (4): 437-457.

[334] Sapir, E. Grading, a study in semantics [J]. Philosophy of Science, 1944, 11 (2): 93-116.

[335] Mohan, S. Institutional change in value chains: Evidence from tea in Nepal [J]. World Development, 2016, 78: 52-65.

[336] Savrul, M. , Incekara, A. The effect of R&D intensity on innovation performance: A country level evaluation [J]. Procedia-social and Behavioral Sciences, 2015, 210: 388-396.

[337] Schankerman, M. , Pakes, A. Estimates of the value of patent rights in European countries during thePost-1950 period [R]. National Bureau of Economic Research, 1985.

[338] Scherer, F. M. Firm size, market structure, opportunity, and the output of patented inventions [J]. The American Economic Review, 1965, 55 (5): 1097-1125.

[339] Schmuck, D. , Matthes, J. , Naderer, B. Misleading consumers with green advertising? An affect-reason-involvement account of greenwashing effects in environmental advertising [J]. Journal of Advertising, 2018, 47 (2): 127-145.

[340] Seidel, S. , Berente, N. , Lindberg, A. , et al. Autonomous tools and design: a triple-loop approach to human-machine learning [J]. Communications of the ACM, 2018, 62 (1): 50-57.

[341] Shahab, Y. , Ntim, C. G. , Chengang, Y. , et al. Environmental policy, environmental performance, and financial distress in China: Do top management team characteristics matter? [J]. Business Strategy and the Environment, 2018, 27 (8): 1635-1652.

[342] Shefer, D. , Frenkel, A. R&D, firm size and innovation: an empirical analysis [J]. Technovation, 2005, 25 (1): 25-32.

[343] Shimizu, K. , Hitt, M. A. What constrains or facilitates divestitures of formerly acquired firms? The effects of organizational inertia [J]. Journal of Manage-

ment, 2005, 31 (1): 50-72.

[344] Shu, C., Zhou, K. Z., Xiao, Y., et al. How green management influences product innovation in China: The role of institutional benefits [J]. Journal of Business Ethics, 2016, 133 (3): 471-485.

[345] Silverman, I. W. Gender differences in delay of gratification: A meta-analysis [J]. Sex Roles, 2003, 49: 451-463.

[346] Simsek, Z. Organizational ambidexterity: Towards a multilevel understanding [J]. Journal of Management Studies, 2009, 46 (4): 597-624.

[347] Solomonoff, R. J. A formal theory of inductive inference. Part I [J]. Information and Control, 1964, 7 (1): 1-22.

[348] Song, M., Thieme, J. The role of suppliers in market intelligence gathering for radical and incremental innovation [J]. Journal of Product Innovation Management, 2009, 26 (1): 43-57.

[349] Sorenson, O., McEvily, S., Ren, C. R., et al. Niche width revisited: Organizational scope, behavior and performance [J]. Strategic Management Journal, 2006, 27 (10): 915-936.

[350] Sosa, M. E. Where do creative interactions come from? The role of tie content and social networks [J]. Organization Science, 2011, 22 (1): 1-21.

[351] Spoelma, T. M., Ellis, A. P. Fuse or fracture? Threat as a moderator of the effects of diversity faultlines in teams [J]. Journal of Applied Psychology, 2017, 102 (9): 1344.

[352] Stabell, C. B. Integrative complexity of information environment perception and information use: An empirical investigation [J]. Organizational Behavior & Human Performance, 1978, 22 (1): 116-142.

[353] Staw, B. M., Sandelands, L. E., Dutton, J. E. Threat rigidity effects in organizational behavior: A multilevel analysis [J]. Administrative Science Quarterly, 1981, 26 (4): 501-524.

[354] Stern, P. C., Dietz, T., Kalof, L. Value orientations, gender, and environmental concern [J]. Environment and Behavior, 1993, 25 (5): 322-348.

[355] Stevens, R., Moray, N., Bruneel, J., et al. Attention allocation to multiple goals: The case of for-profit social enterprises [J]. Strategic Management

Journal, 2015, 36 (7): 1006-1016.

[356] Stimpert, J. L. , Duhaime, I. M. In the eyes of the beholder: Conceptualizations of relatedness held by the managers of large diversified firms [J]. Strategic Management Journal, 1997, 18 (2): 111-125.

[357] Streiner, D. L. Starting at the beginning: An introduction to coefficient alpha and internal consistency [J]. Journal of Personality Assessment, 2003, 80 (1): 99-103.

[358] Strumsky, D. , Lobo, J. , Tainter, J. A. Complexity and the productivity of innovation [J]. Systems Research and Behavioral Science, 2010, 27 (5): 496-509.

[359] Subramaniam, M. , Youndt, M. A. The influence of intellectual capital on the types of innovative capabilities [J]. Academy of Management Journal, 2005, 48 (3): 450-463.

[360] Sullivan, B. N. Competition and beyond: Problems and attention allocation in the organizational rulemaking process [J]. Organization Science, 2010, 21 (2): 432-450.

[361] Surroca, J. , Tribó, J. A. , Waddock, S. Corporate responsibility and financial performance: The role of intangible resources [J]. Strategic Management Journal, 2010, 31 (5): 463-490.

[362] Swift, T. The perilous leap between exploration and exploitation [J]. Strategic Management Journal, 2016, 37 (8): 1688-1698.

[363] Sydow, J. , Schreyögg, G. , Koch, J. Organizational path dependence: Opening the black box [J]. Academy of Management Review, 2009, 34 (4): 689-709.

[364] Tajfel, H. E. Differentiation between social groups: Studies in the social psychology of intergroup relations [M]. Academic Press, 1978.

[365] Tang, X. , Wei, G. , Gao, H. Pythagorean fuzzy Muirhead mean operators in multiple attribute decision making for evaluating of emerging technology commercialization [J]. Economic Research-Ekonomska Istraivanja, 2019, 32 (1): 1667-1696.

[366] Tang, Y. C. , Liou, F. M. Does firm performance reveal its own causes: The

role of bayealian inference [J]. Strategic Management Journal, 2010, 31: 39-57.

[367] Tarba, S. Y. , Jansen, J. J. , Mom, T. J. , et al. A microfoundational perspective of organizational ambidexterity: Critical review and research directions [J]. Long Range Planning, 2020, 53 (6): 102048.

[368] Teece, D. J. Business models, business strategy and innovation [J]. Long range Planning, 2010, 43 (2): 172-194.

[369] Tegarden, D. P. , Tegarden, L. F. , Sheetz, S. D. Cognitive factions in a top management team: Surfacing and analyzing cognitive diversity using causal maps [J]. Group Decision and Negotiation, 2009, 18: 537-566.

[370] Terjesen, S. , Patel, P. C. In search of process innovations: The role of search depth, search breadth, and the industry environment [J]. Journal of Management, 2017, 43 (5): 1421-1446.

[371] Thatcher, S. M. , Jehn, K. A. , Zanutto, E. Cracks in diversity research: The effects of diversity faultlines on conflict and performance [J]. Group Decision and Negotiation, 2003, 12: 217-241.

[372] Thatcher, S. , Patel, P. C. Demographic faultlines: A meta-analysis of the literature [J]. Journal of Applied Psychology, 2011, 96 (6): 1119-1139.

[373] Thoben, K. D. , Wiesner, S. , Wuest, T. "Industrie 4.0" and smart manufacturing——A review of research issues and application examples [J]. International Journal of Automation Technology, 2017, 11 (1): 4-19.

[374] Thornton, P. H. , Ocasio, W. Institutional logics and the historical contingency of power in organizations: Executive succession in the higher education publishing industry, 1958-1990 [J]. American Journal of Sociology, 1999, 105 (3): 801-843.

[375] Tilley, F. The gap between the environmental attitudes and the environmental behaviour of small firms [J]. Business Strategy and the Environment, 1999, 8 (4): 238-248.

[376] Trappey, A. J. C. , Trappey, C. V. , Wu, C. Y. , et al A patent quality analysis for innovative technology and product development [J]. Advanced Engineering Informatics, 2012, 26 (1): 26-34.

[377] Tuggle, C. S. , Sirmon, D. G. , Reutzel, C. R. , et al. Commanding

board of director attention: investigating how organizational performance and CEO duality affect board members attention to monitoring [J]. Strategic Management Journal, 2010, 31 (9): 946-968.

[378] Turner, J. C. Toward a cognitive definition of the group (social identity and intergroup relations) [M]. Cambridge University Press, 1982.

[379] Turner, J. C., Oakes, P. J., Haslam, S. A., et al. Self and collective: Cognition and social context [J]. Personality and Social Psychology Bulletin, 1994, 20 (5): 454-463.

[380] Van Knippenberg, D., Dawson, J. F., West, M. A., et al. Diversity faultlines, shared objectives, and top management team performance [J]. Human Relations, 2011, 64 (3): 307-336.

[381] Van Knippenberg, D., De Dreu, C. K., Homan, A. C. Work group diversity and group performance: an integrative model and research agenda [J]. Journal of Applied Psychology, 2004, 89 (6): 1008-1022.

[382] Vithessonthi, C., Racela, O. C. Short-and long-run effects of internationalization and R&D intensity on firm performance [J]. Journal of Multinational Financial Management, 2016, 34: 28-45.

[383] Volberda, H. W., Foss, N. J., Lyles, M. A. Absorbing the concept of absorptive capacity: how to realize its potential in the organization field [J]. Organization Science, 2010, 21 (4): 931-951.

[384] Vuković, B., Peštović, K., Mirović, V., et al. The analysis of company growth determinants based on financial statements of the European companies [J]. Sustainability, 2022, 14 (2): 1-17.

[385] Walsh, J. P. Managerial and organizational cognition: Notes from a trip down memory lane [J]. Organization Science, 1995, 6 (3): 280-321.

[386] Wang, C., Rodan, S., Fruin, M., et al. Knowledge networks, collaboration networks, and exploratory innovation [J]. Academy of Management Journal, 2014, 57 (2): 484-514.

[387] Wang, E. C., Huang, W. Relative efficiency of R&D activities: A cross-country study accounting for environmental factors in the DEA approach [J]. Research Policy, 2007, 36 (2): 260-273.

参考文献

[388] Webster, D. M. Motivated augmentation and reduction of the overattribution bias [J]. Journal of Personality and Social Psychology, 1993, 65 (2): 261-271.

[389] Webster, D. M., Richter, L., Kruglanski, A. W. On leaping to conclusions when feeling tired: Mental fatigue effects on impressional primacy [J]. Journal of Experimental Social Psychology, 1996, 32 (2): 181-195.

[390] Weick, K. E. Sensemaking in organizations [M]. Sage, 1995.

[391] Wernerfelt, B. A resource-based view of the firm [J]. Strategic Management Journal, 1984, 5 (2): 171-180.

[392] Weyer, S., Schmitt, M., Ohmer, M., et al. Towards industry 4. 0-standardization as the crucial challenge for highly modular, multi-vendor production systems [J]. Ifac-papersonline, 2015, 48 (3): 579-584.

[393] White, R. E. Generic business strategies, organizational context and performance: An empirical investigation [J]. Strategic Management Journal, 1986, 7 (3): 217-231.

[394] Wiklund, J., Shepherd, D. Knowledge-based resources, entrepreneurial orientation, and the performance of small and medium-sized businesses [J]. Strategic Management Journal, 2003, 24 (13): 1307-1314.

[395] Winter, D. G. The role of motivation, responsibility, and integrative complexity in crisis escalation: comparative studies of war and peace crises [J]. Journal of Personality and Social Psychology, 2007, 92 (5): 920-937.

[396] Wittman, S. Lingering identities [J]. Academy of Management Review, 2019, 44 (4): 724-745.

[397] Wu, W., Huang, T., Gong K. Ethical principles and governance technology development of AI in China [J]. Engineering, 2020, 6 (3): 302-309.

[398] Wu, W., Liang, Z., Zhang, Q. Effects of corporate environmental responsibility strength and concern on innovation performance: The moderating role of firm visibility [J]. Corporate Social Responsibility and Environmental Management, 2020, 27 (3): 1487-1497.

[399] Xiao, Y., Tylecote, A., Liu, J. Why not greater catch-up by Chinese firms? The impact of IPR, corporate governance and technology intensity on late-com-

er strategies [J]. Research Policy, 2013, 42 (3): 749-764.

[400] Xu, Z. Economic policy uncertainty, cost of capital, and corporate innovation [J]. Journal of Banking & Finance, 2020, 111: 105698.

[401] Yadav, M. S., Prabhu, C. J., Chandy, R. K. Managing the future: CEO attention and innovation outcomes [J]. Journal of Marketing, 2007, 74 (1): 84-101.

[402] Yoo, Y., Henfridsson, O., Lyytinen, K. Research commentary——the new organizing logic of digital innovation: an agenda for information systems research [J]. Information Systems Research, 2010, 21 (4): 724-735.

[403] Yu, F., Cao, J., Shi, Y. Double-threshold effect of technological innovation on environmental-responsibility fulfillment: Evidence from high-polluting SMEs in China [J]. Journal of Small Business Management, 2023, 61 (4): 1871-1895.

[404] Yu, F., Shi, Y., Wang, T. R&D investment and Chinese manufacturing SMEs' corporate social responsibility: The moderating role of regional innovative milieu [J]. Journal of Cleaner Production, 2020, 258: 120840.

[405] Zhang, A., Zhang, Y., Zhao, R. A study of the R&D efficiency and productivity of Chinese firms [J]. Journal of Comparative Economics, 2003, 31 (3): 444-464.

[406] Zhang, B., Wang, Z., Lai, K. H. A. Mediating effect of managers "environmental concern: Bridge between external pressures and firms" practices of energy conservation in China [J]. Journal of Environmental Psychology, 2015, 43 (2): 203-215.

[407] Zhang, S., Yuan, C. C., Chang, K. C., et al. Exploring the nonlinear effects of patent H index, patent citations, and essential technological strength on corporate performance by using artificial neural network [J]. Journal of Informetrics, 2012, 6 (4): 485-495.

[408] Zhao, X., Tan, J. The performance implications of patenting-the moderating effect of informal institutions in emerging economies [J]. R&D Management, 2021, 51 (5): 468-483.

[409] Zhou, K. Z., Li, C. B. How knowledge affects radical innovation:

参考文献

Knowledge base，market knowledge acquisition，and internal knowledge sharing［J］. Strategic Management Journal，2012，33（9）：1090-1102.

［410］Zhu，H.，Zhao，S.，Abbas，A. Relationship between R&D grants，R&D investment，and innovation performance：The moderating effect of absorptive capacity［J］. Journal of Public Affairs，2020，20（1）：1973.

［411］Zott，C.，Amit，R. The fit between product market strategy and business model：implications for firm performance［J］. Strategic Management Journal，2008，29（1）：1-26.

［412］安志，路瑶. 科技项目、科技认定与企业研发投入［J］. 科学学研究，2019，37（4）：617-624.

［413］鲍世赞，陈万明，昌佳. 从知识共享视角展开的智能制造创新研究［J］. 科学管理研究，2018，36（3）：44-47.

［414］鲍新中，孙晔，陶秋燕等. 竞争战略、创新研发与企业绩效的关系研究［J］. 中国科技论坛，2014，30（6）：63-69.

［415］蔡虹，刘岩，向希尧. 企业知识基础对技术合作的影响研究［J］. 管理学报，2013，10（6）：875-881+889.

［416］蔡瑞林，陈万明，陈圻. 低成本创新驱动制造业高端化的路径研究［J］. 科学学研究，2014，32（3）：384-391.

［417］曹兴，宋长江. 认知临近性、地理临近性对双元创新影响的实证研究［J］. 中国软科学，2017，32（4）：120-131.

［418］曹正汉. 无形的观念如何塑造有形的组织对组织社会学新制度学派的一个回顾［J］. 社会，2005，25（3）：207-216.

［419］曾庆生，周波，张程等. 年报语调与内部人交易："表里如一"还是"口是心非"？［J］. 管理世界，2018，34（9）：143-160.

［420］常依. 制度压力、企业社会责任与财务绩效研究［D］. 华中科技大学，2019.

［421］陈凡，彭康宁. 新兴技术实践伦理的困境与应对［J］. 科学学研究，2022，41（1）：11-17.

［422］陈力田，岑杰. 专利质量导向下企业专利数量增长能力重塑［J］. 科学学研究，2018，36（7）：1215-1223.

［423］陈力田，常欣冉，吴蕊. 创新能力异变事件对企业专利质量的影响路

径［J］．科研管理，2024，45（1）：143-152.

［424］陈力田，张媚媚．价值创造效率导向下企业创新能力异变策略［J］．科学学研究，2021，39（5）：951-960.

［425］陈力田，朱亚丽，郭磊．多重制度压力下企业绿色创新响应行为动因研究［J］．管理学报，2018，15（5）：710-717.

［426］陈晓红，王艳，关勇军．财务冗余、制度环境与中小企业研发投资［J］．科学学研究，2012，30（10）：1573-1575.

［427］陈晓萍，徐淑英，樊景立．组织与管理研究的实证方法［M］．北京大学出版社，2012.

［428］陈星平，毕利娜，吴道友．中国政府推进科技人才创新创业的注意力测量——中央政府工作报告（1978-2017）文本分析［J］．科技进步与对策，2018，35（23）：155-160.

［429］成力为，李翘楚．企业研发投入结构特征与经济增长模式——基于中国与主要国家企业研发数据的比较［J］．科学学研究，2017，35（5）：700-708.

［430］成力为，刘诗雨．研发投入跳跃、吸收能力与企业动态绩效［J］．科学学研究，2021，39（4）：683-694.

［431］程聪，钟慧慧，郭元源等．企业线上/线下创新协同机制研究——网络协同与资源配置的视角［J］．科学学研究，2018，36（4）：723-731.

［432］党兴华，孙永磊．技术创新网络位置对网络惯例的影响研究——以组织间信任为中介变量［J］．科研管理，2013，34（4）：1-8.

［433］邓少军．高层管理者认知与企业动态能力演化［D］．复旦大学，2010.

［434］方润生，龚毅．企业的冗余资源及其潜在价值［J］．经济经纬，2003，20（6）：85-87.

［435］冯文娜．高新技术企业研发投入与创新产出的关系研究——基于山东省高新技术企业的实证［J］．经济问题，2010，32（9）：74-78.

［436］龚志文．成本领先与差异化战略融合模式及其选择研究［J］．知识经济，2017，19（10）：9-10.

［437］谷丽，郝涛，任立强等．专利质量评价指标相关研究综述［J］．科研管理，2017，38（S1）：27-33.

［438］郭磊，贺芳兵，李静雯．中国智能制造发展态势分析——基于制造业

参考文献

上市公司年报的文本数据［J］.创新科技，2020，20（2）：61-71.

［439］郭立新，陈传明.模块化网络中企业技术创新能力系统演进的驱动因素——基于知识网络和资源网络的视角［J］.科学学与科学技术管理，2010，31（2）：59-66.

［440］海本禄，高庆祝，尹西明等.高管过度自信，研发投入跳跃与企业绩效——来自中国上市公司的经验证据［J］.科技进步与对策，2020，37（12）：136-145.

［441］韩岚岚.创新投入、内部控制与成本粘性［J］.经济与管理研究，2018，39（10）：131-144.

［442］郝瑾，王凤彬，王璁.海外子公司角色分类及其与管控方式的匹配效应—— 一项双层多案例定性比较分析［J］.管理世界，2017（10）：150-171.

［443］郝云宏，唐茂林，王淑贤.企业社会责任的制度理性及行为逻辑：合法性视角［J］.商业经济与管理，2012，32（7）：74-81.

［444］郝政，何刚，王新媛等.创业生态系统组态效应对乡村产业振兴质量的影响路径——基于模糊集定性比较分析［J］.科学学与科学技术管理，2022，43（1）：57-75.

［445］贺卫，王浣尘.知识经济中知识的测度问题初探［J］.软科学，2001，15（3）：11-13.

［446］胡华夏，洪荭.成本粘性刺激了公司研发创新投入吗？［J］.科学学研究，2017，35（4）：632-640.

［447］黄群慧，贺俊.中国制造业的核心能力、功能定位与发展战略——兼评《中国制造 2025》［J］.中国工业经济，2015，33（6）：7-19.

［448］蒋仁爱，张路路，石皓月.专利发明人合作对中国专利质量的影响研究［J］.科学学研究，2020，38（7）：1215-1226.

［449］金子祺，王晓红，刘绮莉等.智能制造跨学科研究团队知识关联整合的影响因素——扎根理论的应用案例［J］.科技管理研究，2018，38（23）：137-144.

［450］康志勇.技术选择、投入强度与企业创新绩效研究［J］.科研管理，2013，34（6）：42-49.

［451］康志勇.政府补贴促进了企业专利质量提升吗？［J］科学学研究，2018，36（1）：69-80.

［452］雷辉，王亚男，聂珊珊．基于财务绩效综合指数的竞争战略绩效时滞效应研究［J］．会计研究，2015，36（5）：66-73+97．

［453］李彬，谷慧敏，高伟．制度压力如何影响企业社会责任：基于旅游企业的实证研究［J］．南开管理评论，2011，14（6）：67-75．

［454］李虹，张希源．管理层能力与企业环境责任关系研究——基于模仿压力和强制压力调节作用视角［J］．华东经济管理，2016，30（8）：139-146．

［455］李健，陈传明，孙俊华．企业家政治关联、竞争战略选择与企业价值——基于上市公司动态面板数据的实证研究［J］．南开管理评论，2012，15（6）：147-157．

［456］李健旋．中国制造业智能化程度评价及其影响因素研究［J］．中国软科学，2020，35（1）：154-156．

［457］李廉水，石喜爱，刘军．中国制造业40年：智能化进程与展望［J］．中国软科学，2019，34（1）：1-9+30．

［458］李琳，卢佳佳．中国省域城镇化的资源环境承载力响应及影响因素［J］．经济经纬，2018，184（3）：14-21．

［459］李敏波．中国制造企业差异化的竞争战略与信息化策略［J］．智能制造，2006，13（8）：21-23．

［460］李牧南，褚雁群，王流云．专利质量的不同维度指标与托宾Q值的关系测度［J］．科学学研究，2019，37（7）：1164-1173．

［461］李牧南，梁欣谊，朱桂龙．专利与理想度提升法则视角的石墨烯技术创新演化阶段识别［J］．科研管理，2017，38（2）：10-17．

［462］李娜，陈君．负责任创新框架下的人工智能伦理问题研究［J］．科技管理研究，2020，40（6）：258-264．

［463］李强，顾新，胡谍．专利数量和质量与企业业绩的相关性研究——基于中国创业板上市公司的实证分析［J］．科技管理研究，2016，36（4）：157-161．

［464］李强，郑江淮．基于产品内分工的我国制造业价值链攀升：理论假设与实证分析［J］．财贸经济，2013，34（9）：95-102．

［465］李巧华，雷家骕，孟猛猛．企业科技向善：概念、逻辑起点与实践路径［J］．科学学研究，2023，41（4）：698-707．

［466］李仕明，李平，肖磊．新兴技术变革及其战略资源观［J］．管理学

报，2005，2（3）：304-306.

［467］李顺才，邹珊刚，常荔．知识存量与流量：内涵、特征及其相关性分析［J］．自然辩证法研究，2001，17（4）：42-45.

［468］李晓翔，霍国庆，刘春林．基于可用资源的冗余资源测量、分布和作用研究［J］．管理评论，2014，26（9）：22-33.

［469］李欣，范明姐，黄鲁成．基于机器学习的专利质量评价研究［J］．科技进步与对策，2020，37（24）：116-124.

［470］李怡娜，叶飞．制度压力、绿色环保创新实践与企业绩效关系——基于新制度主义理论和生态现代化理论视角［J］．科学学研究，2011，29（12）：1884-1894.

［471］李忆，马莉，苑贤德．企业专利数量、知识离散度与绩效的关系——基于高科技上市公司的实证研究［J］．情报杂志，2014，33（2）：194-200.

［472］李玉花，简泽．从渐进式创新到颠覆式创新：一个技术突破的机制［J］．中国工业经济，2021，39（9）：5-24.

［473］李正，向锐．中国企业社会责任信息披露的内容界定、计量方法和现状研究［J］．会计研究，2007，28（7）：3-11+95.

［474］里豪克斯．QCA 设计原理与应用：超越定性与定量研究的新方法［M］．机械工业出版社，2017.

［475］连军．组织冗余、政治联系与民营企业 R&D 投资［J］．科学学与科学技术管理，2013，34（1）：3-11.

［476］林红珍．企业环境责任的法律分析［J］．武汉科技大学学报（社会科学版），2011，13（5）：574-578.

［477］林炜．企业创新激励：来自中国劳动力成本上升的解释［J］．管理世界，2013，29（10）：95-105.

［478］刘计含．我国企业社会责任履行行为特征及影响研究［D］．西南交通大学，2016.

［479］刘睿智，胥朝阳．竞争战略、企业绩效与持续竞争优势——来自中国上市公司的经验证据［J］．科研管理，2008，29（6）：36-43.

［480］刘岩，蔡虹，裴云龙．如何成为关键研发者——基于企业技术知识基础多元度的实证分析［J］．科学学研究，2019，37（8）：1471-1480.

［481］刘岩，蔡虹，向希尧．企业技术知识基础多元度对创新绩效的影

响——基于中国电子信息企业的实证分析 [J]. 科研管理，2015，36（5）：1-9.

［482］楼旭明，徐聪聪. 智能制造企业技术创新效率及其影响因素研究 [J]. 科技管理研究，2020，40（4）：1-7.

［483］卢代富. 国外企业社会责任界说述评 [J]. 现代法学，2001，23（3）：137-144.

［484］芦锋，韩尚容. 我国科技金融对科技创新的影响研究——基于面板模型的分析 [J]. 中国软科学，2015，30（6）：139-147.

［485］鲁钊阳，廖杉杉. FDI 技术溢出与区域创新能力差异的双门槛效应 [J]. 数量经济技术经济研究，2012，29（5）：75-88.

［486］陆庆平. 以企业价值最大化为导向的企业绩效评价体系——基于利益相关者理论 [J]. 会计研究，2006，27（3）：56-62+96.

［487］吕荣杰，张思佳，吴超. 高管团队注意力对企业技术获取模式的影响——基于智能制造视角 [J]. 科技管理研究，2020，40（8）：166-175.

［488］吕斯尧，赵文红，杨特. 知识基础，战略导向对新创企业绩效的影响——基于注意力基础的视角 [J]. 研究与发展管理，2019，31（2）：1-10.

［489］马德芳，叶陈刚，王孜. 社会责任视角下企业科技创新与文化创新协同效应研究 [J]. 科技进步与对策，2014，31（6）：20-23.

［490］马鸿佳，宋春华，郭海. 战略选择、双元创新与天生国际化企业绩效关系研究 [J]. 科学学研究，2016，34（10）：1550-1560.

［491］马蓝. 资源拼凑、双元创新能力与企业商业模式创新的关系研究 [J]. 科技管理研究，2019，39（16）：18-26.

［492］梅亮，陈劲，李福嘉. 责任式创新："内涵—理论—方法"的整合框架 [J]. 科学学研究，2018，36（3）：521-530.

［493］梅亮，陈劲，吴欣桐. 责任式创新范式下的新兴技术创新治理解析——以人工智能为例 [J]. 技术经济，2018，37（1）：1-7+43.

［494］梅亮，臧树伟，张娜娜. 新兴技术治理：责任式创新视角的系统性评述 [J]. 科学学研究，2021，39（12）：2113-2120.

［495］孟凡生. 新能源装备智造发展影响因素作用机理研究 [J]. 科研管理，2019，40（5）：57-70.

［496］孟猛猛，雷家骕，焦捷. 专利质量、知识产权保护与经济高质量发展 [J]. 科研管理，2021，42（1）：135-145.

参考文献

［497］邱玉霞，孙晓燕．企业网络学习能力提升路径研究——网络结构与治理机制的交互作用［J］．科技进步与对策，2017，34（1）：83-89.

［498］裴江南，张野．中国高技术企业国际化中的专利布局研究［J］．科研管理，2016，37（11）：43-51.

［499］饶品贵，岳衡，姜国华．经济政策不确定性与企业投资行为研究［J］．世界经济，2017，40（2）：27-51.

［500］任宏达，王琨．社会关系与企业信息披露质量——基于中国上市公司年报的文本分析［J］．南开管理评论，2018，21（5）：128-138.

［501］任娟，陈圻．基于竞争战略类型识别的中国制造业上市公司创新效率研究［J］．科技管理研究，2015，35（3）：54-58.

［502］尚航标，李卫宁，黄培伦．两类环境中的管理认知与战略变革关系研究［J］．科技管理研究，2014，34（11）：167-175.

［503］尚航标．动态环境下战略决策者管理认知对战略反应速度与动态能力的影响研究［D］．华南理工大学，2010.

［504］尚洪涛，黄晓硕．政府补贴、研发投入与创新绩效的动态交互效应［J］．科学学研究，2018，36（3）：446-455.

［505］沈洪涛，苏亮德．企业信息披露中的模仿行为研究——基于制度理论的分析［J］．南开管理评论，2012，15（3）：82-90+100.

［506］沈奇泰松，蔡宁，孙文文．制度环境对企业社会责任的驱动机制——基于多案例的探索分析［J］．自然辩证法研究，2012，28（2）：113-119.

［507］石军伟，胡立君，付海艳．企业社会责任、社会资本与组织竞争优势：一个战略互动视角——基于中国转型期经验的实证研究［J］．中国工业经济，2009，27（11）：87-98.

［508］史会斌，杨东．研发投入和双元创新的战略协同效应研究［J］．技术经济与管理研究，2019，40（12）：16-20.

［509］宋伟，夏辉．地方政府人工智能产业政策文本量化研究［J］．科技管理研究，2019，39（10）：192-199.

［510］宋艳，常菊，陈琳．专利质量对企业绩效的影响研究——技术创新类型的调节作用［J］．科学学研究，2021，39（8）：1459-1466.

［511］苏敬勤，单国栋．复杂产品系统企业的主导逻辑——以大连机车为例［J］．科研管理，2016，37（6）：92-102.

［512］孙铮，刘浩．中国上市公司费用"粘性"行为研究［J］．经济研究，2004，50（12）：26-34+84.

［513］田虹，姜雨峰．企业社会责任履行的动力机制研究［J］．审计与经济研究，2014，29（6）：65-74.

［514］万伦来，吴少卿．组织冗余对企业创新绩效的影响研究——基于战略性新兴产业上市公司的面板数据分析［J］．财会通讯，2016，37（33）：29-33+129.

［515］万兴，杨晶．互联网平台选择、纵向一体化与企业绩效［J］．中国工业经济，2017，35（7）：156-174.

［516］王烽权，江积海，王若瑾．人工智能如何重构商业模式匹配性？［J］．外国经济与管理，2020，42（7）：48-63.

［517］王坚．工业大数据助力智能制造知识创新［J］．上海信息化，2018，15（12）：18-21.

［518］王康，周孝．企业R&D投入对技术创新绩效的非线性影响——基于微观数据的实证分析［J］．统计与信息论坛，2017，32（12）：86-93.

［519］王玲．知识基础、竞争导向与企业对新兴技术的注意力——基于智能制造背景的实证研究［D］．浙江工商大学，2021.

［520］王文华，叶沁瑶．双元创新视角下竞争战略对企业绩效影响研究［J］．华东经济管理，2019，33（9）：127-133.

［521］王文静．企业人工智能责任注意力与短期绩效研究：舆论监督和破产威胁的调节效应［D］．浙江工商大学，2022.

［522］王萧萧，朱桂龙．产学合作提升专利质量了吗？［J］．科学学研究，2019，37（8）：1461-1470.

［523］王雄元，李岩琼，肖忞．年报风险信息披露有助于提高分析师预测准确度吗？［J］．会计研究，2017，38（10）：37-43.

［524］王亚妮，程新生．环境不确定性、沉淀性冗余资源与企业创新——基于中国制造业上市公司的经验证据［J］．科学学研究，2014，32（8）：1242-1250.

［525］王宇峰．人工智能企业双元创新与运营效率的关系研究——价值认知复杂度和成本粘性的调节效应［D］．浙江工商大学，2023.

［526］卫武，赵鹤，肖德云．组织学习与企业预测能力——基于组织注意力视角［J］．科研管理，2019（2）：144-153.

参考文献

［527］魏佳丽，苏成，高继平．专利质量视角下的我国人工智能领域存在问题的分析及对策［J］．科技管理研究，2020，40（23）：213-221.

［528］吴东．略谋划、产业变革与对外直接投资进入模式研究［D］．浙江大学，2011.

［529］吴家喜．企业社会责任与技术创新绩效关系研究：基于组织学习的视角［J］．工业技术经济，2009，28（12）：99-102.

［530］吴建祖，龚敏．基于注意力基础观的CEO自恋对企业战略变革影响机制研究［J］．管理学报，2018，15（11）：1638-1646.

［531］吴建祖，关斌．高管团队特征对企业国际市场进入模式的影响研究——注意力的中介作用［J］．管理评论，2015，27（11）：118-131.

［532］吴建祖，肖书锋．创新注意力转移、研发投入跳跃与企业绩效——来自中国A股上市公司的经验证据［J］．南开管理评论，2016，19（2）：182-192.

［533］吴建祖，肖书锋．研发投入跳跃对企业绩效影响的实证研究——双元性创新注意力的中介作用［J］．科学学研究，2015，33（10）：1538-1546.

［534］吴梦婷．政治关联、企业社会责任与研发投入［J］．财会通讯，2017，38（36）：48-51.

［535］吴义爽，盛亚，蔡宁．基于互联网+的大规模智能定制研究——青岛红领服饰与佛山维尚家具案例［J］．中国工业经济，2016，34（4）：127-143.

［536］夏海力，李卿，吴松强．装备制造业技术创新效率及其影响因素研究——以苏州为例［J］．科技进步与对策，2016，33（6）：65-70.

［537］肖华，张国清，李建发．制度压力、高管特征与公司环境信息披露［J］．经济管理，2016，38（3）：168-180.

［538］肖静华，毛蕴诗，谢康．基于互联网及大数据的智能制造体系与中国制造企业转型升级［J］．产业经济评论，2016，4（2）：5-16.

［539］肖延高，刘鑫，童文锋等．研发强度、专利行为与企业绩效［J］．科学学研究，2019，37（7）：1153-1163.

［540］谢获宝，惠丽丽．投资效率、成本粘性与企业风险——基于宏观经济不确定性的视角［J］．南京审计学院学报，2016，13（2）：3-11.

［541］谢昕琰，楼晓玲．制度压力下的企业研发投入与社会责任——基于中国私营企业调查数据的实证研究［J］．华东理工大学学报（社会科学版），2018，

33（1）：9-20+58.

［542］谢兴敏，郑双林．面向智能制造的知识管理［J］．现代商业，2016，11（30）：79-80.

［543］徐建中，贯君，林艳．制度压力、高管环保意识与企业绿色创新实践——基于新制度主义理论和高阶理论视角［J］．管理评论，2017，29（9）：72-83.

［544］徐宁，姜楠楠，张晋．股权激励对中小企业双元创新战略的影响研究［J］．科研管理，2019，40（7）：163-172.

［545］许晖，郭净．中国国际化企业能力——战略匹配关系研究：管理者国际注意力的调节作用［J］．南开管理评论，2013，16（4）：133-142.

［546］许庆瑞，李杨，吴画斌．市场机制与非市场机制下的技术转移，哪种有利于提升创新能力？［J］．管理工程学报，2020，34（4）：196-206.

［547］薛赛戈．研发强度对企业人工智能责任的影响研究——制度压力的调节作用［D］．浙江工商大学，2022.

［548］杨柏，林川．企业社会责任与研发投入——代理成本缓解还是财务压力？［J］．云南财经大学学报，2016，32（4）：124-131.

［549］杨德明，刘泳文．"互联网+"为什么加出了业绩［J］．中国工业经济，2018，36（5）：80-98.

［550］杨汉明，吴丹红．企业社会责任信息披露的制度动因及路径选择——基于"制度同形"的分析框架［J］．中南财经政法大学学报，2015，58（1）：55-62+159.

［551］杨青，周绍妮．技术并购能够带来技术创新效应吗——收购公司成长潜力视角［J］．科技进步与对策，2019，36（24）：100-108.

［552］杨志锋，邹珊刚．知识资源、知识存量和知识流量：概念、特征和测度［J］．科研管理，2000，21（4）：106-112.

［553］姚柱，张显春，熊正德．TMT工作使命感、双元创新与企业创新绩效［J］．科技进步与对策，2020，37（5）：87-94.

［554］叶陈毅，管晓．成本粘性、低流动性组织与企业绩效研究［J］．会计之友，2020，38（14）：95-102.

［555］叶竹馨，买忆媛．创业团队的认知结构与创新注意力：基于TMS视角的多案例研究［J］．管理评论，2016，28（4）：225-240.

参考文献

［556］尤力，王金顺．论企业的社会责任［J］．四川大学学报（哲学社会科学版），1990，36（1）：41-46.

［557］袁野，汪书悦，陶于祥．人工智能关键核心技术创新能力测度体系构建：基于创新生态系统视角［J］．科技进步与对策，2021，38（18）：84-93.

［558］韵江．竞争战略新突破：来自低成本与差异化的融合［J］．中国工业经济，2003，21（2）：90-96.

［559］张晨宇，白朴贤．上市大学衍生企业的研发强度与创新绩效研究［J］．软科学，2019，33（9）：128-133.

［560］张成岗．人工智能的社会治理：构建公众从"被负责任"到"负责任"的理论通道［J］．中国科技论坛，2019（9）：1-4.

［561］张杰，何晔．人口老龄化削弱了中国制造业低成本优势吗？［J］．南京大学学报（哲学·人文科学·社会科学），2014，60（51）：24-36.

［562］张洁．企业研发投入、资源特征与创新绩效关系研究［J］．科技进步与对策，2018，35（2）：82-89.

［563］张劲松．基于知识管理的智能化制造企业研究［J］．图书情报导刊，2006，16（24）：208-209.

［564］张辽，黄蕾琼．技术多元化，创新开放度与企业绩效——来自我国制造业上市公司的证据［J］．科技进步与对策，2020，37（5）：104-113.

［565］张辽，王俊杰．中国制造业两化融合水平测度及其收敛趋向分析——基于工业信息化与信息工业化视角［J］．中国科技论坛，2018，34（5）：32-40.

［566］张璐，梁丽娜，苏敬勤等．破茧成蝶：创业企业如何突破能力的刚性束缚实现进阶？［J］．管理世界，2020，36（6）：189-201.

［567］张青雷，徐欣，郑茂宽等．新能源装备研发设计服务平台业务模式及技术框架研究［J］．科技进步与对策，2015，32（10）：9-13.

［568］张庆垒，乔均，刘春林等．转型经济下研发强度对利用式创新和探索式创新的影响研究［J］．软科学，2018，32（10）：1-4.

［569］张文红，赵亚普．组织冗余与制造企业的服务创新［J］．研究与发展管理，2015，27（5）：78-87.

［570］张晓黎，覃正．知识基础能力、研发投入与技术创新绩效关系研究——基于全球 R&D 领先通信及技术设备制造类企业的实证分析［J］．科技进步与对策，2013，30（11）：140-144.

［571］张兆国，靳小翠，李庚秦．企业社会责任与财务绩效之间交互跨期影响实证研究［J］．会计研究，2013，34（8）：32-39+96.

［572］张兆国，梁志钢，尹开国．利益相关者视角下企业社会责任问题研究［J］．中国软科学，2012，27（2）：139-146.

［573］赵晨，高中华，陈国权．问题情境，注意力质量与组织从偶发事件中学习：以民用航空事故为例［J］．2017，37（1）：191-204.

［574］赵文，赵会会，吉迎东．双元创新跃迁与企业失败：社会关系网络的调节作用［J］．科研管理，2022，43（1）：124-133.

［575］赵亚普，李立．开放情境下组织冗余对企业创新的影响研究［J］．科学学与科学技术管理，2015，36（7）：84-92.

［576］郑兵云，陈圻，李邃．差异化战略对企业绩效的影响研究——基于创新的中介视角［J］．科学学研究，2011，29（9）：1406-1414.

［577］郑莹，陈传明，张庆垒．企业政策敏感性研究——制度逻辑和企业所有权的作用［J］．经济管理，2015（9）：42-50.

［578］钟和平，张旭梅，方润生等．冗余资源配置条件下的企业技术创新激励［J］．管理学报，2010，7（2）：204-211.

［579］钟俊红．研发强度与人工智能企业专利数量和专利质量研究：研发跳跃和价值认知的调节效应［D］．浙江工商大学，2023.

［580］周方召，符建华，仲深．外部融资、企业规模与上市公司技术创新［J］．科研管理，2014，35（3）：116-122.

［581］周佳军，姚锡凡．先进制造技术与新工业革命［J］．计算机集成制造系统，2015，21（8）：1963-1978.

［582］周健明，陈明，刘云枫．知识惯性，知识整合与新产品开发绩效研究［J］．科学学研究，2014，32（10）：1531-1538.

［583］周健明，刘云枫，陈明．知识隐藏，知识存量与新产品开发绩效的关系研究［J］．科技管理研究，2016，36（4）：162-168.

［584］周克放，乔永忠．基于无效程序的 ICT 领域专利质量影响因素研究［J］．科研管理，2021，42（10）：148-155.

［585］周璐，王前锋．企业社会责任对技术创新影响研究［J］．财会通讯，2013，34（3）：91-94+129.

［586］朱乃平，朱丽，孔玉生等．技术创新投入、社会责任承担对财务绩效

的协同影响研究［J］. 会计研究，2014，35（2）：57-63+95.

［587］朱雪忠，乔永忠，万小丽 . 基于维持时间的发明专利质量实证研究——以中国国家知识产权局 1994 年授权的发明专利为例［J］. 管理世界，2009，25（1）：174-175.

［588］朱永明，刘敏 . 我国制造业企业社会责任与研发投入关系研究——基于融资约束的中介作用［J］. 会计之友，2019，37（6）：83-88.